四川省教育厅 2022—2024 年职业教育人才培养和教育教学改革研究项目"高职学生人文素质培养体系建构与课程开发研究"（GZJG2022-399）阶段性成果

高职学生人文素质培养体系与课程建设研究

马经义　主编

西南交通大学出版社

·成　都·

图书在版编目（CIP）数据

高职学生人文素质培养体系与课程建设研究 / 马经义主编. -- 成都：西南交通大学出版社，2024.12.
ISBN 978-7-5774-0314-4
Ⅰ.G718.5
中国国家版本馆 CIP 数据核字第 2025F3R416 号

Gaozhi Xuesheng Renwen Suzhi Peiyang Tixi yu Kecheng Jianshe Yanjiu
高职学生人文素质培养体系与课程建设研究
马经义　主编

策 划 编 辑	胡　军　黎　赞
责 任 编 辑	秦　薇
封 面 设 计	墨创文化
出 版 发 行	西南交通大学出版社 （四川省成都市金牛区二环路北一段 111 号 　西南交通大学创新大厦 21 楼）
营销部电话	028-87600564　028-87600533
邮 政 编 码	610031
网　　　址	https://www.xnjdcbs.com
印　　　刷	成都蜀通印务有限责任公司
成 品 尺 寸	170 mm×240 mm
印　　　张	17
字　　　数	296 千
版　　　次	2024 年 12 月第 1 版
印　　　次	2024 年 12 月第 1 次
书　　　号	ISBN 978-7-5774-0314-4
定　　　价	85.00 元

图书如有印装质量问题　本社负责退换
版权所有　盗版必究　举报电话：028-87600562

前 言

在职业教育蓬勃发展，却又亟待深化内涵建设的当下，高职学生人文素质的培养愈发凸显其关键意义。本书作为四川省教育厅 2022—2024 年职业教育人才培养和教育教学改革研究重点项目"高职学生人文素质培养体系建构与课程开发研究"（项目编号：GZJG2022—399）的阶段性成果，凝聚着众多职教研究者与一线教师的心血，承载着为高职人文教育破局开路的重任。

聚焦于高职学生人文素质培养体系与课程建设这一核心议题，本书从多维度展开精耕细作。

于培养体系的建构层面，基于精准的人文素质界定，紧密贴合高职教育所独具的"三重特质"与学生实际学情，匠心独运地打造出"一心、两导、三阶、四入、五德、六能"的立体式培养构架。这一体系以学生人文素质培育为靶心，牢牢把握立德树人及专业赋能双导向，依循基础奠基、拓展深化、知行合一的三阶课程进阶路径，巧妙融入多元文化元素，重拾传统"五德"精魂，全方位锤炼学生六大核心能力，为高职人文素质培育的实践描摹出清晰可行的路线图。

课程开发研究同样成果斐然。先是抽丝剥茧般剖析当下高职人文素质教育在宏观政策、中观院校布局、微观课堂实操的全景现状；进而锚定人文素质课程建设的关键逻辑，确立"一心、两导、四方、八维"准则，围绕课程建设四大维度，精雕细琢涵盖认知、行为、精神层次的教学目标，道德、文学、史学、哲学、审美交织的教学内容，"三纵、四横、五融通"协同的教学策略以及动态灵活的多维度评价体系，步步为营，夯实课程建设根基。

秉持"一心、两径、三阶、四入、五德、六能"先进理念，本书以别具一格的"三阶人文课程体系"为纲领，纲举目张，将课程建设与开发置于重中之重，有序集结各方灼见。详细来看，一阶课程稳扎第一课堂主阵地，四门思政课程领航，心理健康、汉语应用、信息技术、礼仪涵养、职业规划等多元课程协同发力；二阶课程巧借网络东风，以线上形式延展文化视野；三阶课程扎根第二课堂土壤，劳动实践、素养淬炼、社团历练百花齐放，各阶课程特色鲜明又一脉相承。

  翻阅集中篇章，每篇文章紧扣具体课程关键节点，深挖开发理念之泉，打磨实施策略之器，校准教学评价之尺，点亮课程思政之火，筑牢资源建设之基，合力为高职人文素质培育呈上一套兼具专业性与实操性的完备范式，从理论高度到实践深度，从模式普适到机制推广，皆蕴含宝贵借鉴价值，有望成为高职教育人文深耕旅程中的关键航标，助力万千高职学子人文素养拔节生长，推动高职教育迈向素质育人新征程。

马经义

2024 年 12 月 10 日

目 录

一阶课程建设研究

- 高职学生人文素质培养体系建构研究……………马经义/002
- 高职学生人文素质课程建设研究……………马经义/009
- 基于核心素养的高等职业教育"六维同构、三课
  协同"通识课程体系构建研究……………秦佳梅/019
- 高职院校优秀传统文化育人机制建设研究……………秦佳梅/027
- 高职思政课"双线同行 三堂联动 五步递进"育人
  教学模式研究……………文　金/033
- 构建高职院校思想政治教育"三堂联动"实践体系……文　金/042
- 高职思政课教学方式转变的思考……………杨娅妮/048
- 互联网条件下高职思政课教学改革研究
  ——以四川国际标榜职业学院为例……………杨娅妮/053
- 高职院校大学生思想政治教育路径研究……………王馨馥/058
- "大思政"格局下高职院校学生思想政治教育
  创新研究……………王馨馥/064
- 《中华人民共和国民法典》融入"思想道德与法治"课程
  教学研究……………马晓英/070
- 问题教学法在《中华人民共和国民法典》融入"思想道德与法治"
  课程教学中的应用……………马晓英/078
- 课程思政教学资源平台建设的内涵、路径与措施……马晓英/085
- 以有意授无意
  ——基于项目教学法的高职语文课程教学改革………秦佳梅/091

- 劳动教育背景下高职语文教学设计研究
  ——以四川国际标榜职业学院为例…………… 蒲钰萍/097
- 课程思政背景下高职语文提升少数民族学生语文核心素养
  的教学策略研究………………………………… 蒲钰萍/104
- 巴蜀文化视域下四川民办高职语文课教学改革
  策略研究………………………………………………… 黄　怡/111
- 美育视角下高职语文课程培养学生审美能力的方法研究
  ——以四川国际标榜职业学院为例…………… 黄　怡/118
- "大学生心理健康教育"课程思政建设探究与实践……… 杨小莉/122
- "三全育人"背景下高职心理健康教育课程育心
  模式探析………………………………………………… 杨小莉/127
- "教学做合一"视野下高职心理健康教育课程
  教学设计探析…………………………………………… 杨小莉/134
- 大学"礼仪与修养"课程建构探析
  ——以四川国际标榜职业学院"礼仪与修养"课程建构
  为例……………………………………………………… 段　玲/142
- 高职院校礼仪课程融入中华传统礼仪文化的课程思政实践研究
  ——以四川国际标榜职业学院为例……………… 段　玲/145
- 中华优秀传统礼仪文化在高职院校育人模式的建构与实践
  ——以四川国际标榜职业学院为例……………… 段　玲/152
- 高职计算机基础课程中学生信息素养培养途径研究…… 马　莉/158
- 基于新课标下的"信息技术"课程思政研究………… 马　莉/162

- "三全育人"理念下高职院校网络育人探索与实践 …… 马　莉/169
- "大学生职业生涯规划与就业指导"课程三层三阶全程化
  教学模式的探索与研究……………………………… 马晓龙/176

二阶课程建设研究

- 高职学生经典诵读能力培养现状分析……………… 马经义/185
- 高职学生经典诵读能力培养策略与方法研究……… 马经义/190
- 中国古典诗词的"三维读法"……………………… 马经义/198
- 中国古典小说的"三层读法"……………………… 马经义/203
- 中国古典散文的"三境读法"……………………… 马经义/207
- 《红楼梦》课程建设与实施现状研究……………… 马经义/211
- 高职院校《红楼梦》课程建设路径与方法研究…… 马经义/217
- 《红楼梦》"三层三阶"视频课程建设研究………… 马经义/224

三阶课程建设研究

- 高职学生劳动素质养成长效机制及其协同推进模式建立
  的实践研究…………………………………………… 张　元/233
- 新时代高职劳动教育生活化实施路径研究………… 张　元/241
- 高职院校美育途径研究……………………………… 秦佳梅/248
- 以环保社团为载体推进大学生生态文明教育实践探索
  ——以四川国际标榜职业学院绿世界环保协会为例…… 杨小平/254

一阶课程建设研究

高职学生人文素质培养体系建构研究

马经义

四川国际标榜职业学院,四川成都,610103

【摘　要】本文基于人文素质的界定,根据人文素质教育的内涵与现状,立足高职教育的"三重特质"以及基本学情,建构了适合高职学生的"一心、两导、三阶、四入、五德、六能"人文素质培养体系。"一心"是指以培养高职学生人文素质为中心;"两导"是指以立德树人与为专业赋能为导向;"三阶"是指建设并实施人文基础、人文拓展、知行合一三阶课程;"四入"是指传统文化融入、企业文化输入、革命文化植入、校园文化切入;"五德"是指仁、义、礼、智、信;"六能"是指学生获得自主学习、信息处理、数字运用、表达沟通、团队合作、创新创业六大能力。此体系的建构为高职院校培养学生人文素质提供了可借鉴的方法与实施路径。

【关键词】高职教育;人文素质;培养体系;建构研究

2019年1月24日,国务院印发了《国家职业教育改革实施方案》的通知,其中明确指出:"职业教育与普通教育是两种不同教育类型,具有同等重要地位",并且要大力"推进高等职业教育高质量发展,着力培养高素质技术技能人才"。这使得高等职业教育兼具"高等性""职业性""教育性"三重特质,而高职学生人文素质培养正是高职"教育性"最直接的体现,也是培养"高素质"人才的重要组成部分。

如何培养高职学生的人文素质呢?首先要理清人文素质以及人文素质教育的内涵与界定,其次要弄清高职院校人文素质教育的现状与问题,最后建立一套适合高职学生人文素质培养的体系。

一、人文素质的内涵与界定

什么是人文素质?这看似一个简单的问题,但回答起来却并不容易,因为它包含"人文"与"素质"两个维度，需要站在人的素质组成框架之下（图1），才能说清其中的逻辑关系。

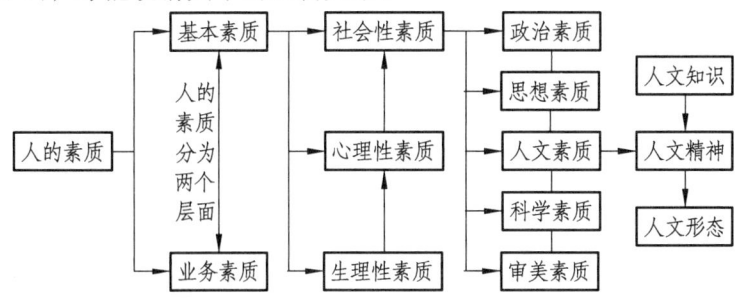

图1 人的素质组成框架图

人的素质是"人在先天生理基础上，通过环境和教育的影响所形成和发展起来的人的内在的、稳定的、基本的品质"[1]。所以人的素质一般具有内在性、稳定性、可塑性与整体性等特征。人的素质分为业务素质和基本素质两个层面，它们虽然属于不同的维度，但是彼此关联，互为表里。所谓业务素质，是指一个人在通过专业学习与技能训练之后，所表现出来的业务活动水平与专业技术能力。如果站在高等职业教育的特性上看，业务素质体现在它的"职业性"范畴。所谓基本素质是指包括了一个人的生理性素质、心理性素质、社会性素质在内的综合素质。生理、心理、社会三类素质是层层递进的关系，生理性素质是基础，心理性素质是中介，社会性素质是外现。

从图1可知，人文素质属于社会性素质范畴。对于人文素质的定义，学界并没有一个标准而统一的答案。钱源伟认为："人文素质就是由知识、能力、观念、情感、意志等因素综合而成的。"[2]沈湘平认为："人文素质就是具有对感性生命深切的关怀，以及对个体能动性积极倡导的相对稳定的气质、修养和行为方式，包括哲学思想素质、审美素质和行为素质等方面，具体体现为一个人的思想品位、道德水准、心理素质、思维方式、人际交往、情感、人生观、价值观等个性品格。"[3]从现有的人文素质定义来看，学者们都会从"人文"和"素质"两个方面加以阐释。什么是人文？《辞源》上说，人文就是"泛指人类社会的各种文化现象。"不难看出，这种解释关注的是实际现象。《现代汉语词典》对人文的解释："是指人文社会的各种文化现象，强调以人为主体，尊重人的价值，关心人的利益的思想观念。"相比较而言，《现代汉语词典》关注的是文化现象背后的思想观念。

  其实人文素质的内涵是一个动态系统，对它的定义表述也会因为社会背景、时代变迁、生产发展而发生变化。然而人文素质的特性与组成它的基本要素是相对不变的，这是阐释"什么是人文素质"最重要的内核。首先从特性上看，人文素质不是与生俱来的，是人在后天通过学习而形成的。其次从基本要素上看，人文素质是由人文知识、人文精神、人文形态三个层面叠加组成。人文知识属于认知范畴，一般是指历史与传统、哲学与社会、文学与艺术等方面的知识，人文知识是人文素质的基础。人文精神属于品质范畴，一般是指人的价值观、人生观、世界观以及理想与信念，人文精神是人文素质的内在支撑。人文形态属于行动范畴，一般是指人的言谈举止、待人接物、为人处世的具体行为，人文形态是"衡量或评价一个人是否具有一定人文素质的主要指标和外显标志。"[4]

  从上述可知，一个人的人文素质养成，需要对人文知识进行吸取，而后升华为人文精神，最后转化成人文形态。需要注意的是，人文素质虽然被细分成了多个维度和层面，但是它们之间是一个有机的整体，既相互独立又彼此关联，既相互制约又彼此促进。站在高等职业教育的特性上来看，人文素质体现在它的"教育性"范畴。

二、人文素质教育的内涵与界定

  前文曾提到，人文素质不是先天的，而是一个人在后天习得的，所以人文素质教育就成了特定组织对于个体人文素质养成过程进行引导、干预、控制的一种教育性行为。学界对于人文素质教育也有多种定义，内容归纳起来主要涉及五个方面：是人文知识的教育；是培养人文精神的教育；是传授知识、培养能力、树立精神的教育；是关于做人的品质教育；是区别于专业性的教育。将这五个方面综合起来，我们可以将人文素质教育定义为"是指教育者通过人文知识传授、环境熏陶等多种教育途径，对受教育者进行文、史、哲、真、善、美的基本常识、意识、价值观和行为的教育，并引导受教育者进行人文体验和人文实践，从而促进受教育者人文素质及整体素质全面发展的教育"[5]。需要注意的是，对于人文素质教育的定义，是建立在人文素质内涵的界定之上的，也就是说，对人文素质内涵阐释得不同，就会导致对人文素质教育的定义不同。

三、高职院校人文素质教育的现状

经过调查与研究，当下高职院校人文素质教育的现状可以总结为"四大特点"与"四大问题"。四大特点分别是：第一、人文素质的教学内容突出思想政治性，其中爱国主义、集体主义、社会主义核心价值观占据主导地位。第二、人文素质教育的课程设置多以"主干＋补充"的方式进行，"主干"课程以国家要求的必修课为主，"补充"课程以文、史、哲类的知识为主。第三、人文素质课程的教学设计与课堂教学以讲授法为主，以假期社会实践为辅，零星添加一些讲座和人文基地参观。第四、人文素质教育师资多为学校现有师资整合而成，并没有专门的人文素质教师团队。四大问题分别是：第一、人文素质教育的目标不明确，内容选择随意且具体解决什么问题含糊不清。第二、教师在人文素质教育过程中呈现"重教轻育"的现象，教学过程偏重知识的传授。第三、人文素质教育知识化，学生在接受教育的过程中偏向于显性知识的积累。第四、人文素质教育与专业技能教学呈现平行态势，人文素质的教学内容无法赋能专业教学。

四、高职学生人文素质培养体系建构

有了人文素质的界定与内涵阐释，分析了高职院校人文素质教育的现状，我们如何培养高职学生的人文素质呢？最重要的是应该站在高职"教育性""教育类型""基本学情"三个基点上，建立一套适合于高职学生的人文素质培养体系。从宏观上说，这里的"教育性"是指高职教育不能等同于一般的技能培训，它"要服务于学生的全面发展，关注学生的全面素质，包括思想品德素质、文化素质与身心素质，关心学生的人格成长。"[6] 这里的"教育类型"是指高职教育是培养"高素质技术技能人才"。这里的"基本学情"是指高职的学制时长与国家对专业课程设置的基本要求。鉴于此，我们站在三个基点上建构了"一心、两导、三阶、四入、五德、六能"高职学生人文素质培养体系（图 2）。

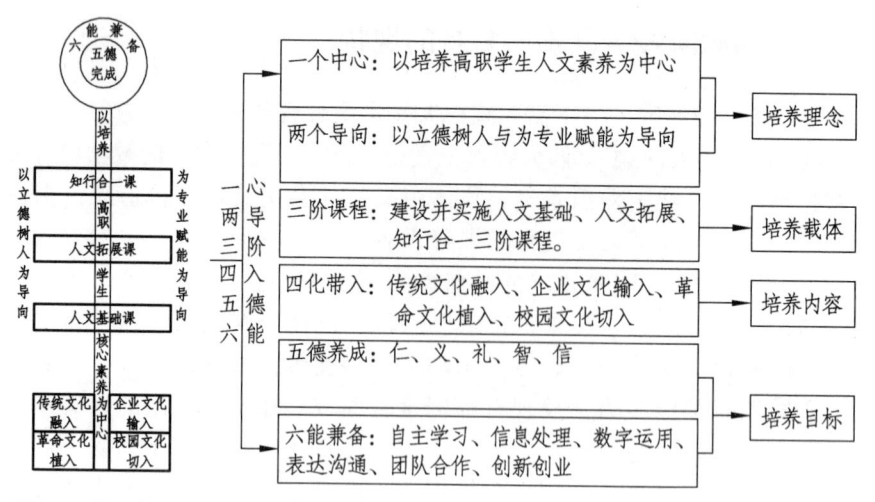

图2 "一心、两导、三阶、四入、五德、六能"高职学生人文素质培养体系

"一心"是指以培养高职学生人文素质为中心。"两导"是指以立德树人与为专业赋能为导向。"一心"与"两导"是整个人文素质培养体系的理念。因为立德树人是教育的根本，为党育人、为国育才是我们教育的使命。此时有个问题出现了，为什么要将"专业赋能"作为导向之一呢？因为高等职业教育培养的是"高素质技术技能人才"，这是高职教育类型特征所决定的。换言之，人文素质教育虽然是培养学生"高素质"的重要组成部分，但它依旧是为学生专业技术"赋能"的，人文素质与专业能力之间是一体两面、互为本末的关系。再加之人文素养属于一个人的基本素质层面，它是以支撑业务素质为目标的。另外从高职人文素质教育的现状而言，专业教育与人文素质教育始终呈平行线趋势，将立德树人与为专业赋能作为导向其实质就是打破平行态势，让二者互通互融。

"三阶"是指建设并实施人文基础、人文拓展、知行合一三阶课程。这是整个人文素质培养体系能得以实施的载体。人文基础课是第一阶，以国家要求的必修课程为主，例如思政课程、体育、美育、劳动教育、心理健康、就业指导、计算机基础与信息素养，等等。人文基础课以线下教学为主，属于传统第一课堂，它要达到国家对公共基础课的学分规定。人文拓展课是第二阶，以文、史、哲、科、教、艺等学科门类为主，其目的在于拓宽与延展学生的人文知识与眼界，人文拓展课以线上教学为主。需要注意的是，第二阶课程能否得以实施需要一个前提，那就是要有大量的精品在线开放课程作为支撑，这样才能满足学生的选择，真正起到知识与眼界的拓展。知行合一课是第三阶，以实践教学为主，以行动导向为设计原则，教学实施多在校园内外，属于传统第二课堂。

三阶课程的设置从能力培养上是层层递进的关系，在教学实施上则从八个维度展开：从时间上看有课内与课外的融通；从空间上看有线上与线下的融合；从性质上看有一课堂与二课堂的融洽；从地理上看有校内与校外的融会。所以三阶课程是践行"知是行之始，行是知之成"最为有效的路径，也是培养高职学生人文素质最重要的环节。

"四入"是指传统文化融入、企业文化输入、革命文化植入、校园文化切入。中华文明，悠悠五千年的历史，沉淀出的中华优秀传统文化是培养学生人文素质、树立文化自信最直接的养分来源。企业文化输入是契合了职业教育的"校企合作、工学结合、产教融合"的整体思想。革命文化植入是满足课程思政的要求，牢记为党育人的宗旨。校园文化切入是因为人文素质培养除了老师言传身教以外，环境的熏陶也是必不可少的。所以"四入"就构成了高职学生人文素质培养在课程内容层面上的主要选择范围。

"五德"是指仁、义、礼、智、信，这是中华优秀传统文化最有价值的精神指标。"六能"是指学生获得自主学习、信息处理、数字运用、表达沟通、团队合作、创新创业六大能力，这是作为一个现代职业人的通用能力。"五德"与"六能"构成了高职学生人文素质培养的实际目标。对于职业教育而言，所谓好的学习不仅仅是知识的积淀，更重要的是能力的养成。人文素质培养体系的搭建是以立德树人和为专业赋能为导向，而"五德"正是立德树人的具体表现，"六能"是为技术赋能的具体措施。

人文素质教育是解决培养什么人、怎样培养人的重要环节。高职院校人文素质培养体系的建构不仅有利于全面提高职业教育质量，培养信念执着、品德优良的高素质技术技能人才，更有利于人文教育和科学教育的整合，有利于人与社会、经济的协调发展。

参考文献

[1] 石亚军主编. 人文素质论[M]. 北京：中国人文大学出版社，2008.
[2] 钱源伟. 社会素质教育论[M]. 广州：广东教育出版社，2001.
[3] 沈湘平. 高度重视人文素质现状的调查研究[J]. 北京师范大学学报，2003(1).

[4] 王文奎,宋振航,王玥. 复杂性视角下中国大学人文素质教育创新研究[M]. 北京：中国社会科学出版社，2018.
[5] 石亚军,赵伶俐. 人文素质教育：制度变迁与路径选择[M]. 北京：中国人民大学出版社，2008.
[6] 平若媛,李明. 高职大学生人文素养教育实践和探索[M]. 北京：清华大学出版社，2020.

高职学生人文素质课程建设研究

马经义

四川国际标榜职业学院，四川成都，610103

【摘　要】高职院校人文素质课程的建设与实施是培养"高素质技术技能人才"的重要组成部分。本文首先从宏观、中观、微观三个层面分析了当下高职学生人文素质教育的现状；其次基于人文素质课程建设的四个逻辑点，设置了"一心、两导、四方、八维"的课程体系建设原则；最后围绕高职学生人文素质课程建设的四个维度，分别提出了"认知、行为、精神"三个领域的教学目标，"道德、文学、史学、哲学、审美"五个层面的教学内容，"三纵、四横、五融通"的教学策略以及多维度考核相结合的动态评价体系。

【关键词】高职学生；人文素质；课程建设；教学实施

为推进高等职业院校人文素质教育的持续发展，国家曾先后出台了一系列重要文件：2014年国务院印发了《关于加快发展现代职业教育的决定》，提出了"文化素质+职业技能"的育人理念；2015年教育部印发了《关于深化职业教育教学改革 全面提高人才培养质量的若干意见》，把"加强思想道德、人文素质教育"作为核心；2017年中共中央办公厅、国务院办公厅印发了《关于实施中华优秀传统文化传承发展工程的意见》，要求把中华优秀传统文化作为必修课；2019年国务院印发了《国家职业教育改革实施方案》，明确指出要"着力培养高素质技术技能人才。"通过这一系列的政策可见，人文素质教育不仅是培养"高素质"人才的重要组成部分，更是检验高职院校教育教学质量的第一维度。

一、高职学生人文素质教育的现状

在国家相关政策的引领与指导下，各高职院校积极开展人文素质教育的研究与实践。通过多年努力，现已初见成效，但是依旧存在很多有待解决的问题，主要表现在以下三个方面：

第一，从宏观层面上看，高职院校的人文素质教育还没有纳入学校的整体发展规划，它与专业技能教育还未形成有机整体。无论是专业发展还是专业群建设，人文素质教育仅停留在理念之上，而未真正落实到目标的达成。人文素质教育的实施也还停留在课程领域，并未扩展到学校的管理、服务等环节。学校对人文素质教育的投入与资助力度明显不够，高职院校突出"双师型"教师队伍的建设而忽略人文素质教师队伍的培养。人文素质教育师资多为学校现有师资整合而成，并没有专门的人文素质教师团队。

第二，从中观层面上看，高职院校人文素质教育没有独立且相对完整的培养体系。人文素质课程的开设随意性较大，课程设置多以"主干+补充"的方式进行。所谓"主干"课程，是以国家要求的必修课为主，目的在于达到教育行政部门的规定。所谓"补充"课程，是以文、史、哲类的知识为主，且因人设课的现象比较普遍。

第三，从微观层面上看，高职院校人文素质教学内容科目繁多，内容庞大，但缺少有机整合，拼凑痕迹明显，而且教学设计单调，多以课堂讲授为主。在这种情况下，大多数高职院校往往把人文素质教育等同于文化知识教育，教学过程偏重知识的单向传递，"重教轻育"现象突出。此外，人文素质教育评估体系不健全，评价方法单一，多以笔试的方式来评定人文素质成绩。

从上述宏观、中观、微观三个层面可见，高职学生人文素质教育的现状不容乐观且问题错综复杂，解决起来难度也极大。然而当我们抓住其中的一个关键点，提纲挈领，理顺其中的关系与逻辑，问题的解决也是有章可循的。那么这个"关键点"是什么呢？它就是人文素质课程建设。课程是教学的"深水区"，也是联系学校所有教育领域的纽带。它既能支撑学校的顶层设计，又能推动教师、教材、教法的"三教"改革。它既是教学目标、内容、方法、评价的载体，又是教学实施的具体依据。它既能彰显学校的教育理念，又能落实教学目标的达成。那么高职学生人文素质课程如何建设呢？在回答这个问题之前，我们首先要厘清高职学生人文素质课程建设的逻辑起点。

二、高职学生人文素质课程建设的逻辑起点

所谓"逻辑起点"，就是要弄清楚四个基本问题：

第一，什么是人文？人文是区别于自然的一种存在，它包含社会道德、

思想观念、思维方式、审美情趣以及文、史、哲等方面的知识。从教育的角度而言，人文的含义是"教育人们懂得人和人类社会之道、自由自主地做人和创造与享受属于人自己的社会生活，努力做一个人格健全、关爱人生与社会的自我实现的人。"

第二，什么是素质？从教育学层面上论，"素质是人在先天的生理基础上，经过后天教育和社会环境的影响，通过个体自身的认识与社会实践，养成的比较稳定的身心发展的基本品质和素养。"从这个定义可知，一个人的生理条件是素质养成的基础，而素质的养成是需要后天的学习以及环境的熏陶，素质一旦养成，就是一个人内在且相对稳定的品质了。

第三，什么是人文素质？从字面上看，它是"人文"和"素质"的结合，但实际上并非二者的简单相加。所谓人文素质是指经过教育、实践以及环境的熏陶与磨砺，内化于一个人的内在的稳定品质，"其外显为人的理想志向、道德情操、文化修养、思维方式、言谈举止和行为方式等。"对人文素质定义的表述，虽然各有不同，但分析其内涵，组成它的四个基本要素是学界所公认的：人文知识、人文思想、人文方法和人文精神。所谓人文知识就是人类文化艺术、思想哲学等方面的知识总称，它是人文素质养成的基础。所谓人文思想就是人文知识能得以建构的理论基础和内在逻辑。所谓人文方法就是从人文思想中提炼出来的方法论和实践论，它是人们发现问题和解决问题的基本方法。所谓人文精神就是基于人文知识、思想、方法而升华出来的思想观念和意识形态。这四个基本要素是互为因果、相互支撑、层层递进的关系。

第四，什么是人文素质教育？所谓人文素质教育，就是在相应的人文环境下，教师将人文知识传授给学生，并引导学生通过相关实践，将人文知识、思想、方法、精神内化为属于自己的内在修养和品质，最终处理好"人与自然、人与社会、人与人的关系以及自身的理性、情感、意志等方面的问题。"所以，人文素质教育既是人文知识的传递，又是人文精神的塑造，更是人文方法的运用与人文行为的外化。

有了人文素质课程建设的逻辑起点，是否就可以直接进入高职学生人文素质课程建设了呢？回答是否定的，因为还需要一个体系建构的"基本原则"。

三、高职学生人文素质课程体系建设的基本原则

任何一个专业的人才培养都是通过课程实施达成的。然而从现有的专

业人才培养方案来看，课程并非孤立，而是多门课程以一个有机的整体存在。所以一个专业的课程体系是由公共基础课、专业基础课、专业核心课、专业拓展课等多维度叠加而成。人文素质课程属于公共基础课范畴。但需要注意的是人文素质课程不是指一门课，而应该是一个课程群或者说是一个任务群。所以当我们在进入高职学生人文素质课程建设之前，首先需要搭建适合于高职学生的人文素质课程体系。当然，高职学生人文素质课程体系的呈现可能会因学校不同而变得千差万别，但课程体系建设的基本原则却是一致的，可以将其归纳为：一个中心、两个导向、四个方面、八个维度（见图1）。

图1 高职学生人文素质课程体系建构原则图

"一个中心"是指以学生为中心，因为人文素质教育是以人为本的教育。"两个导向"是指以立德树人和为专业技术赋能为导向，因为立德树人是教育的根本，是为党育人、为国育才的起点。再加之职业教育和普通教育是两种不同的教育类型，高职教育的不同就在于它培养的是高素质技术技能人才，所以高职人文素质教育始终要为培养技术技能而服务。"四个方面"是指人文素质的内涵，即人文知识、人文思想、人文方法、人文精神。"八个维度"是指人文素质教育教学的时间、空间和地理位置，即课内课外、校内校外、线上线下、第一课堂和第二课堂。

在"一心、两导、四面、八维"的高职学生人文素质课程体系建构原则下，具体的课程应该如何建设呢？接下来我们将从课程建设的基本维度逐一论述。

四、高职学生人文素质课程建设的基本维度

无论是公共课还是专业课，每一门都是由教学目标、教学内容、教学策略、教学评价四个维度构成，人文素质课程建设也不例外。

1. 高职学生人文素质课程的教学目标

上文提到，高职学生的人文素质课程并非是指一门课，而是课程群或者任务群，所以这里的目标是指人文素质教学的总目标。总目标要紧扣所属专业的特点，从认知、行为、精神三个领域进行目标的设定。所谓认知领域是指对相关知识的记忆、理解和运用。所谓行为领域是指学生能表现出来的生活、学习、工作状态。所谓精神领域是指学生最终树立形成的态度与价值观。高职学生人文素质课程的终极目的是首先树立学生的世界观、人生观、价值观，让学生能坚守正确的政治立场，热爱自己的祖国。其次根据岗位特点培养学生良好的职业道德，包括爱岗敬业、诚实守信、遵纪守法，等等。最后帮助学生树立积极进取的精神，塑造健全人格，具有自我认识与情绪调节的能力以及适应环境、社会的能力。

2. 高职学生人文素质课程的教学内容

人文素质是由人文知识、人文思想、人文方法和人文精神四要素组成的。对于高职学生而言，需要学习哪些方面的内容才能具备这四个要素进而达到教学目标呢？这个问题似乎很难回答，如果我们转换一个角度思考，它就迎刃而解了。对于高职学生而言，人文素质等于哪些方面的素质相加？总括起来主要有五个方面的素质：道德素质、文学素质、史学素质、哲学素质、审美素质（见表1）。换言之，高职学生人文素质课程的教学内容就应该围绕道德、文学、史学、哲学、审美等五个方面进行选择。需要注意的是，教学内容的选择只是达成教学目标的载体，所以在同一个"素质"方面，作为教学的具体内容选择就因人而异了。

表1 高职学生人文素质内容框架

领域	方面				
	道德素质	文学素质	史学素质	哲学素质	审美素质
认知领域	社会、职业、家庭等道德的含义	文学常识	历史常识	哲学常识	美学常识

续表

领　域	方　面				
	道德素质	文学素质	史学素质	哲学素质	审美素质
行为领域	社会、职业、家庭等道德行为	自我修养与行为，影响他人	自我修养与行为，影响他人	自我修养与行为，影响他人	欣赏自然、社会、艺术等
精神领域	道德价值、道德意识、道德倾向	文化价值与观念	社会理想与观念	情感、生活、消费等观念	审美的价值、意识、倾向

教学内容选定之后，还需要根据高职院校的教学特性，将教学内容划分为"认知模块"和"行动模块"。"认知模块"实行线上教学，资源按照精品在线开放课程的要求进行建设。"行动模块"实行线下教学，教学内容基于成果导向而建设开发成多个任务。这样做的目的在于课程后期教学的具体实施：每一门课程中的任务，设置必选与任选两种类型；学生除修完必选内容外，任选部分可以在其他学期内根据喜好选择完成；必选与任选内容相加，达到学分要求，并完成相应的"成果"即为合格。

3. 高职学生人文素质课程的教学策略

所谓教学策略是指在特定的教学环境下，根据学生的实际情况制定的教学步骤与方法，并通过实施最终达成教学目标。教学策略并没有好坏优劣之分，只有适合与不适合之别，所以教学策略本身并无定法，但是构成教学策略的内在要素和逻辑是相同的，概括起来就是"三纵、四横、五融通"（见图 2）。所谓"三纵"是指课前、课中、课后，这是任何教学实施的时间维度。所谓"四横"是指在教学实施过程中的四条并行线路，即教学内容线、教师活动线、教学方法线、学生活动线。所谓"五融通"是指将教学理念、教学模式、教学资源、教学评价以及课程思政融为一体，最终形成属于自己的教学策略。

"三纵、四横、五融通"是构成任何教学策略的元素。对于高职人文素质教学而言，在设计教学策略的时候，还要有属于自己的特殊方法。例如将知识积累"前置"，即通过课前的线上学习，达到知识层面的积累。能力训练"居中"，也就是将学生的能力训练放在课中进行，这样方便老师及时评价与纠正偏差。素质拓展"靠后"，即将需要拓展的知识以及实践性、体悟性的内容放在课后。

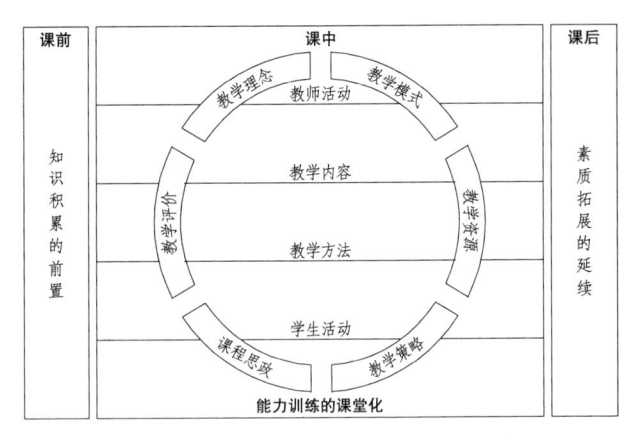

[图示：高职学生人文素质课程教学策略图，包含课前"知识积累的前置"、课中（教学理念、教学模式、教师活动、教学内容、教学资源、教学方法、教学评价、学生活动、课程思政、教学策略、能力训练的课堂化）、课后"素质拓展的延续"]

图 2　高职学生人文素质课程教学策略图

4. 高职学生人文素质课程的教学评价

教学评价是对教育质量的高低以及是否达到教学目标的判断。一般是由评价依据、评价主体、评价方式、评价比例四部分构成。评价依据是指以什么作为评价的标准。评价主体是指谁来评，一般而言，有老师评价、专家评价、学生互评以及教学平台测评。评价方式包括过程性评价、总结性评价、阶段性评价和增值性评价。评价比例是指评价主体与评价方式的占比。

对于高职学生人文素质课程教学评价的设定，需要遵循三个原则：一是导向性原则，即评价指标要起到对高职学生全面发展的引领作用；二是可操作性原则，避免评价指标的抽象化和概念化；三是自我教育原则，即把人文素质的评价指标外显为学生自我激励的参照系，做到自查自评进而调动学生参与的积极性。

因为素质培养的效果呈现有延迟性特征，所以高职学生人文素质课程的教学评价应该是一个动态过程。要从评价主体、评价内容、评价方式等多个维度设置动态性评价，只有如此，才能客观、公正、准确地考量高职学生人文素质真实状况。

接下来我们以《〈红楼梦〉中的建筑文化》这堂课为例，本着高职学生人文素质课程建设的基本原则与维度，说一说"三纵、四横、五融通"的具体用法。

"《红楼梦》中的建筑文化"是"红楼梦与中国传统文化"这门人文素质课程中的一个章节。它的教学目标是从整门课的总目标中分解而来的：从知识层面上说是了解林黛玉进贾府的故事情节，以及众多红楼人物出场描写的特点，理解贾府的建筑布局及其所包含的文化内涵；从能力层面上说是能够运用"集、归、探、表"四步分析法，解读贾府建筑所包含的文化内涵；从素质层面上说是养成善于观察、积极思考的良好习惯，并树立文化自信。那么如何达到教学目标呢？

首先要确定"五融通"，即秉持"以学生为中心"的教学理念，在课堂上突出学生的主体地位；采用基于行动导向的线上线下混合式教学模式；借助信息化课堂平台，以"全时全程跟踪，多元多维评价"的方式进行考核；在教学资源方面运用视听微课资源；以文化浸润的方式实现"树立文化自信"的课程思政。有了"五融通"的确立，理念、模式、资源、评价等等都要在"三纵""四横"中体现。

"一纵"课前。老师在"线上"发起学习任务，学生在超星学习通平台自主学习"红楼建筑文化"系列微课，共计 12 集，并完成相关知识的考查。此时的考查是教学评价的一个部分，评价的主体是"学习平台"，它对客观题进行评判，并给出相应的课前学习分数。课前的线上学习可以让学生理解贾府的建筑布局以及所涵盖的文化内涵。这样一来，"知识前置"的目的就达到了。需要注意的是，实现线上线下结合是需要教学资源做支撑的，资源的开发需要系统化设计。例如"红楼建筑文化"系列微课，首先将学生需要掌握的知识点解构出来，然后针对每一个知识点录制一期微课，时长控制在 3 分钟左右。每一个微课相对独立，但微课之间又呈现系统关联状态。单独看一集微课是一个知识点，看完一个系列的微课就是一个知识面。

"二纵"课中。对于职业院校的学生而言，因为时间的局限以及固有学情，所以"知识积累前置"后，能力训练一定是在课中完成，这就需要老师的辅助与监控。课中的教学实施分为四线并行，这是"四横"的体现，具体如下：

第一横为"教学内容"线。本章节以《红楼梦》第三回"林黛玉进贾府"为主线，将教学内容分为三个情境：林黛玉进贾母院；林黛玉进贾赦院；林黛玉进贾政院。学生在三个故事情境中体会作者创作人物的技法，赏析红楼人物的特点。需要注意的是，教学内容只是一个载体，它是为教学目标而服务的。

第二横为"教师活动"线。老师首先归纳出解读建筑文化现象的四个步骤即建筑文化现象收集整理、建筑文化现象分类归纳、建筑文化现象内涵探源及建筑文化现象语言表述。我们将其简要概括并拟为"集、归、探、表"四步分析法。然后按照这四个步骤带领学生一起分析"林黛玉进贾母院"的故事情境，收集这个情境中的建筑文化现象，并将所收集到的建筑文化进行归类整理，然后对不同类别的建筑文化进行内涵解析，最后将解析的内容用自己的语言表述出来。老师讲授完毕之后，马上发起线上考核，学生在课堂上登录超星学习通平台，对老师提出的问题进行回答，平台自动做出评判，学生将获得这个环节的分数。这个部分以老师引领讲授为主，其教学目标是让学生理解"集、归、探、表"四步分析法的顺序以及操作方法，所以线上考核也主要是理论认知层面。

第三横为"学生活动"线。学生在掌握了"集、归、探、表"四步分析法之后，自由组合成小组，每组不超过5人。然后各小组对"林黛玉进贾赦院"这个故事情境进行分析。分析的步骤与方法依旧是"四步分析法"，只是此时分析对象已经不是贾母院而是贾赦院了。换而言之，学生在不同的建筑文化内容之下，重复使用分析方法以加深对"集、归、探、表"四步分析法的理解。最后，每组选派一名代表进行建筑文化内涵解析的总结。老师进行小组评价，小组之间也互相评价并打分。两方评价的分数就是这一任务的得分。

当学生以组为单位，完成了第二个故事情境中的建筑文化分析之后，便进入第三个故事情境的分析。此时教师不再引导讲授，也不分组讨论，而是学生独立完成。学生以个人为单位，依旧使用"集、归、探、表"四步分析法对贾政院中所包含的建筑文化信息进行收集、归纳、探源，最后用口语将其表述出来。此时老师对学生的口语表述进行点评，并给出相应的分数。

第四横为"教学方法"线。课中所使用的方法是基于行动导向的任务教学法。在这三个任务中，分别通过教师引领、小组讨论、个人分析来完成。第一个任务的目的在于"集、归、探、表"四步分析法的提炼，第二个任务的目的在于方法的初步使用，以小组为单位，发挥团队优势，通力配合完成，同时养成学生之间的协作意识。第三个任务的目的在于学生能够独立运用"四步分析法"，进而达成能力目标。需要注意的是，"教学方法"线并非完全独立存在，它是融合在教师线、学生线之中的，同时覆盖课前、课中和课后。此处为了叙述得方便与清晰，故而将其单列出来。

"三纵"课后。学生完成一篇1000字的小文章，将"林黛玉进贾府"这个故事情境中所看到的建筑文化现象进行归纳总结。总结完毕，将文章上传到超星学习通平台。老师和校外专家将对学生上传的文章进行评价打分。

从"三纵""四横"的教学实施来看，再一次落实印证了"五融通"的理念。首先，本堂课以学生为中心，以任务驱动使得学生成为课堂的主体，在整个教学过程中老师只是一个穿针引线的人。其次，资源的使用支持了线上教学，落实了"知识前置"的目的。最后，教学过程贯通了"全时全程，多元多维"评价。这堂课的教学评价一共是5次，分别是课前1次、课中3次、课后1次。方式为线上线下结合，评价的主体有老师、学生、校外专家以及学习平台，这样一来便能全面评测学生的学习状态与效果。

参考文献

[1] 王文奎，宋振航，王玥. 复杂性视角下中国大学人文素质教育创新研究[M]. 北京：中国社会科学出版社，2018.

[2] 刘鸿，胡弼成. 对人文素质教育的再思考[J]. 航海教育研究，1998(2).

[3] 唐英，王洁，张雪永，汪铮. 人文科学与人文素质导论[M]. 成都：西南交通大学出版社，2004: 18.

[4] 石亚军，赵伶俐. 人文素质教育：制度变迁与路径选择[M]. 北京：中国人民大学出版社，2008: 3.

[5] 杨叔子. 中国大学人文启思录（第二卷）[M]. 武汉：华中理工大学出版社，1997: 30.

[6] 浙江建设职业技术学院高职教育研究所. 高职院校人文素质教育论纲[M]. 北京：学苑出版社，2012: 29-36.

基于核心素养的高等职业教育"六维同构、三课协同"通识课程体系构建研究

秦佳梅

四川国际标榜职业学院，四川成都，610103

【摘　要】高等职业教育落实立德树人根本任务，提质培优、实现高质量发展的重要途径是"通专结合"。立足高等职业教育人才培养的特点，坚持"以通识教育促进专业教育更完善、以专业教育带动通识教育更有效"的通专协同育人理念，通过"顶层设计育人理念，构建协同育人体系；明确职教育人核心，形成通专育人合力；逐层叠加教学效果，有效落实多元评价"等一系列方法，基于中国学生发展核心素养，设计"六维同构、三层延展"的通识课程目标逻辑体系，构建"六维同构、三课协同"的中国特色通识教育课程体系，可以针对性地解决目前我国高等职业教育在人才培养上普遍存在的"重技能、轻素养""通专结合"力度不够、通识课程不成体系等一系列问题，使高等职业教育中通识课程与专业课程有效协同、合力育人成为可能。

【关键词】核心素养；高等职业教育；通识课程；课程体系

落实立德树人根本任务是我国教育工作的重点，是高等职业教育的育人核心，也是引领职业教育提质培优、实现高质量发展的出发点。高等职业教育作为教育的一种类型，与普通高等教育一样担负着为国家培养和输送优秀人才的重任。"德技并修、全面发展"是国家对职业教育人才培养的目标要求，也是高等职业教育为国家输送高质量技术技能型人才的标准。而目前我国高等职业教育在人才培养方面却普遍存在重技能、轻素养，通专结合力度不够，通识课程不成体系等一系列问题。为有效发挥高等职业教育的育人功能，高职院校应从顶层设计入手，明确职业教育"立德树人"的育人核心，形成通专协同育人合力，构建与专业教育相结合的通识教育课程体系，使学生"德技并修"，从而实现高等职业教育"高素质全面发展"

的人才培养目标。

一、顶层设计育人理念，构建协同育人体系

高等职业教育领域落实"立德树人"的根本任务，就是要培养学生"德技并修"。所谓"把职业院校的孩子培养好"首先是品德，其次是技术技能。在党和国家教育方针的指引下，高等职业院校应围绕人才培养定位，坚持德育为先、能力为重、全面育人的办学宗旨，把素质教育纳入人才培养的顶层设计。主动适应新发展阶段职业教育内外部的深刻变革，强调学生个人品德、社会公德、职业道德、家庭美德教育，把社会主义核心价值观体现到教书育人全过程，把对学生德、智、体、美、劳全面发展的总体要求和社会主义核心价值观的有关内容具体化、详细化。高等职业院校应明确高职教育阶段学生应具有的适应终身发展和社会发展需要的必备品格和关键能力，以学生发展和社会需求为出发点设计育人理念，科学制订人才培养方案，为学生的专业发展、全面发展、终生发展奠定坚实的基础。

高等职业院校在办学实践中要坚决落实"立德树人"根本任务，确保方向不偏、底色不改。应始终把"为谁培养人""培养什么人"和"怎样培养人"作为首要问题，牢记为社会主义培养建设者和接班人的使命，将习近平新时代中国特色社会主义思想贯穿立德树人工作全过程，加强德育教育，引导学生积极践行社会主义核心价值观，厚植爱国主义情怀。

在顶层设计育人理念的过程中，应成立专门负责"通专结合"研究工作的机构，立足社会和市场对高职人才的需求，找准现阶段高职人才培养通专分离的短板，打通高职教育通识教育与专业教育之间的壁垒，落实"以通识教育促进专业教育更完善、以专业教育带动通识教育更有效"的职教理念。

学校的办学理念直接关乎各职能部门对育人工作的开展。通识教育与专业教育合力育人的实现，需要全校上下一心，共同努力。学生的全面发展不能只依赖教学部门，需要整合资源，举全校之力齐抓共管。教学部门和学生工作部门发挥核心骨干作用，全体教职员工重视教育工作，共同参与育人工作，逐渐形成全员、全程、全方位育人新格局。

二、明确职教育人核心，形成通专育人合力

"通专结合育人"的理念明确了通识教育与专业教育相互影响、相互辅

助的协同关系。强调了通识教育于高等职业教育的育人核心价值，也强调了专业教育的通识教育功能。说到底是厘清了"使学生成为人的教育"和"使学生成为某一种人的教育"哪个在先的问题。明确回答了高等职业教育"为谁培养人、培养什么人"的问题。

高等职业院校要通过培训与研讨，强化专业教师对"立德树人"根本任务的理解，对"德技并修"培养目标的认同。明确通识教育作为"成人"教育，是教育的核心内容，职业教育作为教育的一种类型，不能否定这一核心内容。

（一）基于学生发展核心素养，构建"六维同构、三层延展"的通识课程体系

高等职业教育阶段的通识教育包含哪些内容，不能与中等教育脱节。因此围绕"通识教育是专业教育的坚实基础和必然延伸，专业教育是对通识教育知识和功能的深化"这一关系，以通专合力育人为顶层理念，围绕为社会培养全面发展的高素质创新型技能人才这一目标，可以将高等职业教育阶段的通识教育内容与中等教育阶段的通识教育内容进行有效衔接。以"中国学生发展核心素养体系"为理论依据，将高等职业教育中通识教育课程的内容对应"人文底蕴、科学精神、学会学习、健康生活、责任担当、实践创新"六大核心素养，形成具有中国特色的通识教育内容框架体系。依据此框架体系，高等职业院校可根据学生发展过程中必备品格的形成与关键能力的提升，从核心素养的六个维度出发，设置公共通识、专业通识、通识实践三类通识课程，实现"六维同构、三课协同"。

公共通识课程以必修课的形式面向全校学生开设，为学生的通识素养奠定基础。公共通识课程的内容与门数，在教育部印发的《关于职业院校专业人才培养方案制订与实施工作的指导意见》及《高等职业学校专业教学标准》的指导下，各高职院校可根据本校专业开设情况及人才培养特色进行设置。

专业通识课程设置的依据是各高等职业院校专业人才培养目标。根据专业（群）特点和培养目标，与公共通识课进行"六维同构"，从核心素养的六个维度出发，开设与本专业（群）相关的专业通识课程，以拓宽和延伸学生在专业领域的通识素养。

通识实践课程的开设有赖于全校的共同努力。各高职院校可根据自己的实际情况由学生工作部门联合校团委，从已构建的"人文底蕴、科学精

神、学会学习、健康生活、责任担当、实践创新"通识教育六个维度出发，进行模块化通识实践课程的设计与开发。全校各职能部门共同参与，在学生日常行为规范与综合素质养成方面进行理论与实践的指导，真正实现"三全育人"。

通专结合的教学模式使高职阶段通识教育目标非常明确，更符合学生发展规律，使高等职业教育有效衔接了中等教育对学生核心素养的培养任务，具有鲜明的中国特色。由此形成学校层面通识教育"六维同构、三课协同"课程体系，实现通识教育与专业教育合力育人（图1）。

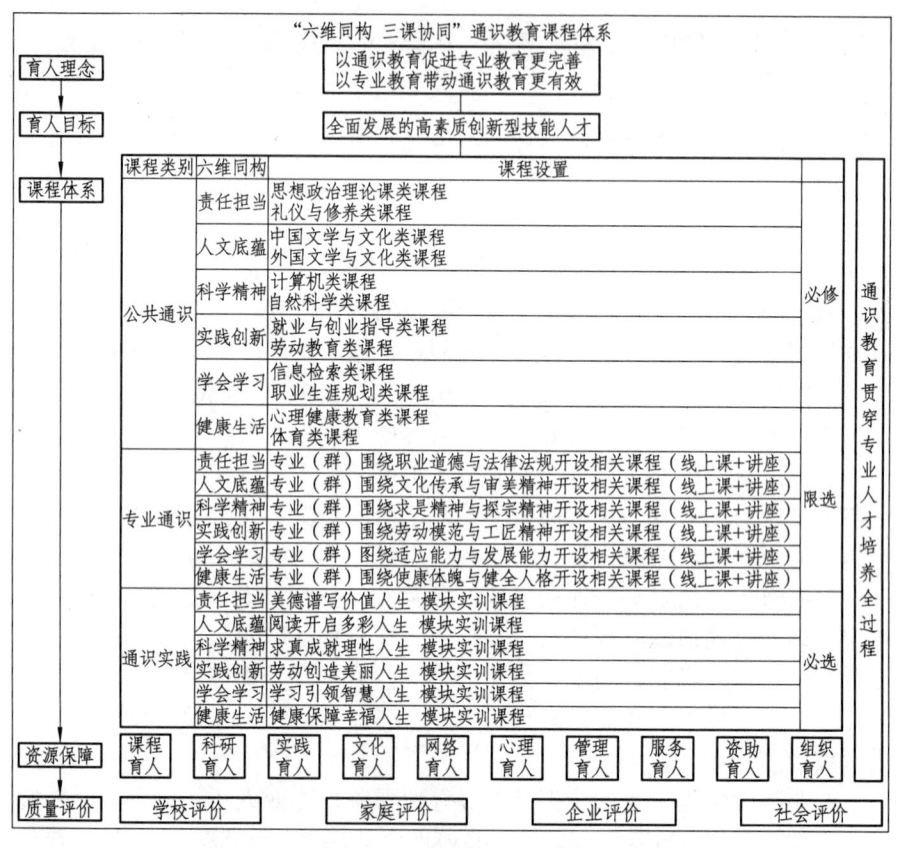

		"六维同构 三课协同"通识教育课程体系		
育人理念		以通识教育促进专业教育更完善 以专业教育带动通识教育更有效		
育人目标		全面发展的高素质创新型技能人才		
课程体系	课程类别	六维同构	课程设置	
	公共通识	责任担当	思想政治理论课类课程 礼仪与修养类课程	必修
		人文底蕴	中国文学与文化类课程 外国文学与文化类课程	
		科学精神	计算机类课程 自然科学类课程	
		实践创新	就业与创业指导类课程 劳动教育类课程	
		学会学习	信息检索类课程 职业生涯规划类课程	
		健康生活	心理健康教育类课程 体育类课程	
	专业通识	责任担当	专业（群）围绕职业道德与法律法规开设相关课程（线上课+讲座）	限选
		人文底蕴	专业（群）围绕文化传承与审美精神开设相关课程（线上课+讲座）	
		科学精神	专业（群）围绕求是精神与探索精神开设相关课程（线上课+讲座）	
		实践创新	专业（群）围绕劳动模范与工匠精神开设相关课程（线上课+讲座）	
		学会学习	专业（群）围绕适应能力与发展能力开设相关课程（线上课+讲座）	
		健康生活	专业（群）围绕健康体魄与健全人格开设相关课程（线上课+讲座）	
	通识实践	责任担当	美德谱写价值人生 模块实训课程	必选
		人文底蕴	阅读开启多彩人生 模块实训课程	
		科学精神	求真成就理性人生 模块实训课程	
		实践创新	劳动创造美丽人生 模块实训课程	
		学会学习	学习引领智慧人生 模块实训课程	
		健康生活	健康保障幸福人生 模块实训课程	
资源保障	课程育人	科研育人	实践育人	文化育人	网络育人	心理育人	管理育人	服务育人	资助育人	组织育人
质量评价	学校评价		家庭评价		企业评价		社会评价			

（通识教育贯穿专业人才培养全过程）

图1 "六维同构、三课协同"通识教育课程体系

（二）基于人才培养目标，确定"六维同构、三层延展"的通识课程实施方案

高等职业教育的人才培养目标是打造高素质技术技能型人才，通识教

育"六维同构、三课协同"课程体系的构建正是基于此目标。相互协同的三类课程中,公共通识课的教学目标直接指向对学生必备品格的塑造,以必修课的形式开设,要求全校学生接受此类课程的学习任务。通过此类课程的教学,使学生学习到一定的人文、科学知识,成为具有基本的文化基础、基本的自我认知和基本的社会责任感的人。专业通识课的教学目标指向学生关键能力的提升,是针对学生的专业领域开设的限选课程。学生通过专业限选的通识类课程,可以有效拓宽专业知识面,对专业能力的提升起到辅助作用。通识实践课的教学目标指向学生对知行合一的实践精神的追求。学生以已有的通识理论知识为指导,在日常校园学习和社会生活中不断实践,将理论与实践相结合,逐渐获取有效的经验并内化为自己的精神与品格。

课程体系的构建是个宏观的设计,教学目标的实现有赖于明确的课程教学思路和科学的课程实施方案。为更有效地实现高素质技术技能型人才的培养目标,通识课程体系中公共通识课、专业通识课、通识实践课要在横向上"三课协同",纵向上"三层延展"以完成通识教育的实施,强化通识教育效果。在此实施方案的指导下,使学生持续获得六大核心素养的提升,依据"从必备品格塑造到关键能力提升再到实践知行合一的三层延展",形成完整的教学思路,使专业教育不只是技术技能培训,也能发挥素质教育的作用,真正使学生"德技并修"。进而形成"在学校通识教育大体系下,各专业(群)拥有自己的通识教育小体系"的分层构建。充分实现通识教育与专业教育交叉互补,共同服务于高等职业教育人才培养,形成通专结合、合力育人的总格局。

所谓大体系是指学校层面"六维同构、三课协同"的通识教育总体系,小体系是专业(群)层面"六维同构、三层延展"的通识课程实施小体系。"六维同构"不只在学校层面发生,也在专业(群)层面发生,甚至在课程的各模块间发生。通识教育的课程体系实施方案是一个大体系统领若干小体系的分层结构模式,以核心素养的六个维度为基本框架,从六个方面无限创新通识教育的内容与形式,形成高等职业教育人才培养过程中通识教育课程体系的有效实施方案(图2)。

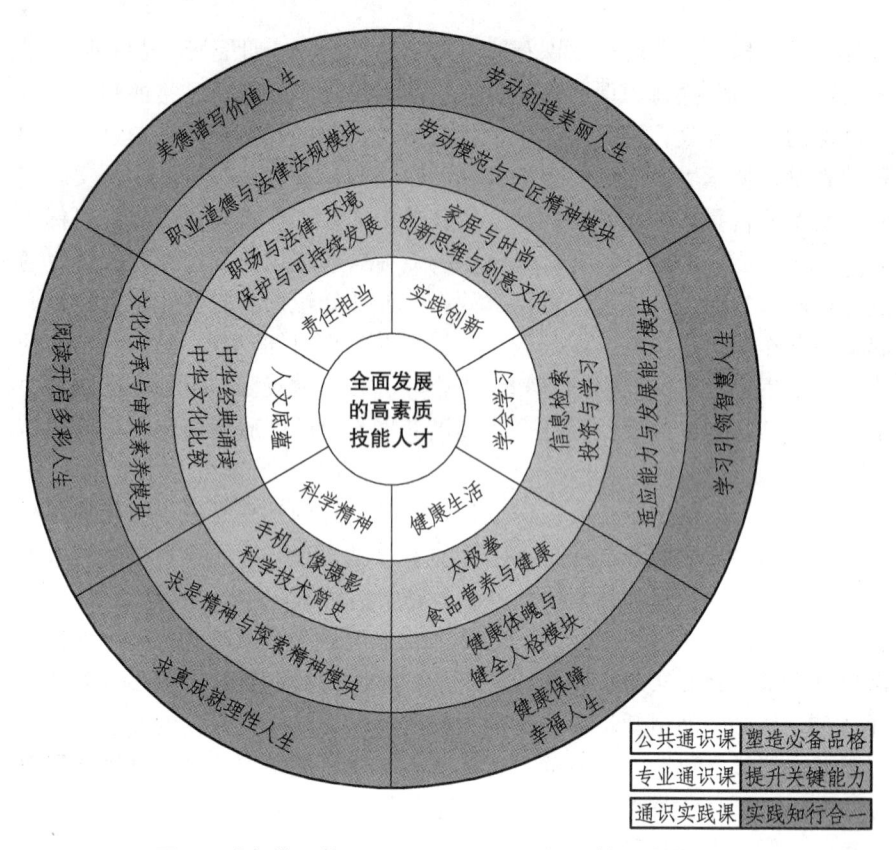

图 2 "六维同构、三层延展"通识课程体系实施方案

三、逐层叠加教学效果，有效落实多元评价

教学评价是任何教学活动都不可或缺的一个基本环节，它在教学过程中发挥着多方面作用，从整体上调节、控制着教学活动的进行，保证教学活动向预定目标前进，尤其对教学效果的评价直接决定教学任务是否最终达到教学目标。

通识教育的教学目标大多指向学生的核心素养，因此通识教育教学效果的评价除了学生对各学科基本知识的掌握外，更多的是一种发展性指标，即学生核心素养的提升。核心素养所关涉的必备品格的形成与关键能力的提升不能只依靠理论知识，还需要在一定的理论指导下不断探索，拓展新知并付诸实践。核心素养的形成和发展是一个长期的过程，不是一蹴而就的，因此任何终结性评价都会带有片面性。为更好地掌握教学效果，及时调整教学方式和方法，必须采用多元评价的方式对通识教育教学效果进行检验。

首先，理清通识教育"六维同构、三课协同"课程体系中，公共通识课、专业通识课和通识实践课三者之间的关系，提炼通识课程"从必备品格塑造到关键能力提升再到实践知行合一的三层延展"的教学逻辑。通过三种通识课程教学效果的叠加，实现学校三全育人功能最大化，使课堂育人效果得到强化与延展。

其次，对通识教育评价方式进行多元化设计。多元化设计包括对评价主体、评价方式、评价内容的综合考量，将显性评价与隐性评价相结合，结果评价与过程评价相结合。除在校期间对理论知识进行测试，对行为规范进行考核等显性评价方式外，还要把学生身心健康状况、创新思维品质和发展潜力等方面表现出来的情况列入隐性评价范围。考察主体除了学校外，还应包括家庭、社区以及学生实习实训的企业等。将在校期间的考查、来自家庭与社区的评价与实习实训期间企业反馈的评价相结合，成为学生通识教育的最终成绩。

多元评价的设计不仅针对教学效果的检验，评价过程对学生的学习也是一种督促。通识教育课程体系的设置面向全校学生。全校必修的公共通识课，教学目标指向学生必备品格的塑造；专业通识课的教学目标指向学生关键能力的提升；通识实践课的教学目标指向学生对知行合一的实践精神的追求。职业院校有一部分学生学习能力较弱、学习习惯较差，通过通识教育系统的课程学习和评价，在人际关系、沟通交流、团队合作、时间管理、生活管理、环境保护、劳动习惯等方面都将有明显的进步空间。因此，对通识教育效果的多元评价不仅检验了通专结合育人的成效，更从多方面引导和影响了学生的自主发展，使学生具有可持续发展的能力与潜力。

综上，坚持"以通识教育促进专业教育更完善、以专业教育带动通识教育更有效"的通专协同育人理念，系统构建高职阶段的通识教育课程体系是高等职业教育通专结合育人的重要内容，是高等职业教育提质培优、实现高质量发展的重要手段。为实现高等职业教育为国家输送"德技并修、全面发展"的高素质技术技能人才的教学目标，高职院校应从顶层设计入手，明确职业教育"立德树人"的育人核心，形成通专协同育人合力，构建与专业教育相结合的通识教育课程体系，以解决目前职业教育普遍存在的重技能、轻素养，通专结合力度不够，通识课程不成体系等问题。有效发挥高等职业教育的育人功能，使学生"德技并修"，从而实现高等职业教育"高素质全面发展"的人才培养目标。

参考文献

[1] 核心素养研究课题组. 中国学生发展核心素养[J]. 中国教育学刊, 2016(10).

[2] 刘国飞, 张莹, 冯虹. 核心素养研究述评[J]. 教育导刊, 2016(3).

[3] 林崇德. 中国学生核心素养研究[J]. 心理与行为研究, 2017(2).

[4] 金龙.基于"六个共同"的设计类专业产教融合人才培养模式研究[J]. 美术教育研究, 2022(11).

[5] 张艳丽, 李建辉, 武俊丽, 吴桂云. 通识教育和专业教育相融合的电气专业教学改革探索[J]. 中国电力教育, 2014(21).

[6] 陈剑波, 叶瑞娟. 通识教育与专业教育相结合——独立学院人才培养模式探析[J]. 沈阳大学学报（社会科学版）, 2012(2).

[7] 杨春梅. 英国大学专业教育和通识教育融合的实践及其启示[J]. 教育探索, 2011(2)

[8] 吴峰山. 通识教育与专业教育结合的探索与实践——山西师范大学体育学院课程改革个案研究[J]. 山西师大体育学院学报, 2009(3).

[9] 陆一. 从"通识教育在中国"到"中国大学的通识教育"——兼论中国大学专业教育与通识教育多种可能的结合[J]. 中国大学教学, 2016(9).

高职院校优秀传统文化育人机制建设研究

秦佳梅

四川国际标榜职业学院，四川成都，610103

【摘　要】现代教育改革不断深化的背景下，高职院校教育教学改革已经成为必然趋势。但事实上，专业教学在某些方面并不符合现代教育要求，为充分发挥育人作用，促使学生成长为德才兼备的人才，应当积极构建优秀传统文化育人机制，优化调整教育系统，提高其育人作用。本文从概述高职院校弘扬优秀传统文化的时代价值展开，分析优秀传统文化育人机制构建的作用，探讨优秀传统文化育人机制构建的策略，希望能够起到一定的参考作用。

【关键词】高职院校；传统文化；育人机制；构建

高职院校应正确认识到中华民族优秀传统文化的教育价值，科学合理地构建优秀传统文化育人机制，促进教育教学创新与改革，促使教学活动中能够融合优秀传统文化，积极正面地影响学生，使之更好地成长。使学生成长为理想信念坚定、价值观念正确的优秀人才。

一、高职院校弘扬优秀传统文化的时代价值

当今世界，随着科技的迅速发展和全球化的推进，许多年轻人将学习和理解现代技术作为首选。然而，这种趋势似乎忽略了一个重要的事实，那就是在历史长河中，我们的祖先积累的优秀传统文化。在高职院校中弘扬优秀传统文化，可以提高学生的文化素养，有助于学生更好地在现代社会中立足。首先，优秀传统文化是中华民族的瑰宝，这些文化包括诗词、书法、绘画、音乐、舞蹈、戏剧、曲艺等。这些艺术形式不仅仅是娱乐，更是表达情感、引人思考和宣扬道德的方式。通过学习这些艺术形式，可以促使学生更好地理解文化根源，从而更好地融入现实社会。其次，传统优秀文化也是德育教育的重要资源。例如儒家的"仁爱""诚信"和"礼义廉耻"等道德理念已经深深植根于中国人的心中。通过学习优秀传统文化，

可以促使学生掌握以上道德理念,提高品质品德,使之未来进入社会后良好生存与发展。最后,高职院校弘扬传统优秀文化,有助于学生适应社会发展的需求。在现代社会中,技术的进步有时会以牺牲传统文化为代价。高职院校的学生在未来职业生涯中需要处理与技术相关的各种问题。在这种情况下,他们应该具备传统文化知识,并能在实践中应用这些知识。

二、高职院校优秀传统文化育人机制构建的作用

职业教育改革不断深化对优秀传统文化与现代教育有机融合提出更高要求,意在保障现代教育教学能够充分发挥育人作用,促使学生逐渐成长为德才兼备的人才。所以,高职院校积极构建优秀传统文化育人机制是非常必要的。

(一)优秀传统文化融入教学实践,激发学生学习兴趣

以职业教育改革为背景,根据高职院校专业教学实际情况及学生实际情况,以人才培养为导向,科学合理地构建优秀传统文化育人机制,指导教育系统纳入优秀传统文化,如此即可促使专业课程教学之中融入适合的传统文化,比如历史故事、历史典故等,丰富教学内容,增强教学活动的吸引力、感染力及影响力,那么课程教学的过程中势必能够吸引学生的注意力,激发学生的参与兴趣,促使学生全身心地投入其中;还可以组织开展实践教学活动,比如参观博物馆、历史古迹,等等,促使学生能够深刻感受优秀传统文化的韵味,深受熏陶和影响,唤醒他们的爱国情怀,提高他们的道德品质,等等,促使他们逐渐成长为有涵养、有素养的新时代青年。

(二)优秀传统文化融入教学内容,提高教学效率

将优秀传统文化与育人相结合,科学合理地构建优秀传统文化育人机制,以立德树人为根本,对专业教学予以指导、规范及约束,既可促使教师重新定义人才,根据学生的学情,将优秀传统文化巧妙地融入专业教学之中,系统地教授学生专业知识与专业技能,同时又促使学生学习优秀传统文化,提高他们的认知水平和文化素养等,最终对于提高教学效率有积极的促进作用。中职院校积极构建优秀传统文化育人机制,还要求教育工作者积极挖掘、甄别优秀传统文化,将其作为教学资源,应用于专业教学之中,并且选择适合的教学方式,尤其是现代化教学方式方法,对优秀传

统文化予以创新，良好的教授和培养，可充分发挥育人作用，促进学生良性发展，也可以促使专业教学水平螺旋式上升。

三、高职院校优秀传统文化育人机制构建面临的挑战

无论是从理论还是从实践的角度来讲，高职院校优秀传统文化育人机制构建是非常有意义的，既有利于实现人才培养目标又可以促进专业教学优化，助力高职院校良好发展。但对近些年高职院校优秀传统文化育人机制构建实际情况予以了解，其面临诸多挑战，影响育人机制落地。

（一）学生对优秀传统文化认识不足

要想优秀传统文化育人机制真正落地，发挥指导作用、约束作用及规范作用，指导专业教学更新与革新，可以通过融入优秀传统文化，教授和培养学生，促使学生认知水平、知识水平、关键能力及综合素质等方面有所提升，助力他们逐渐成长为与时俱进的优秀人才。首先就需要学生能够正确认识优秀传统文化及其传承的重要性，在课堂上积极参与优秀传统文化的学习。但实际情况则不然。目前许多学生对优秀传统文化认识不足。经进一步分析，造成以上情况发生的主要原因是：①传统文化教育不足。也就是部分高职院校侧重现代文化教育，传统文化教育并未被充分重视。此外，传统文化的教育方式比较单一，缺乏生动性和趣味性，无法吸引学生的注意力。②社会环境的变化。随着社会的发展，现代化的生活方式和娱乐方式，使得学生接触优秀传统文化的机会较少。他们在日常生活学习中更加关注网络、游戏、娱乐等，对于传统文化的认识和兴趣不高。③家庭环境的影响。家庭教育对于学生的成长和发展具有重要影响，如果家庭中缺乏传统文化的氛围和传承，学生也很难对传统文化产生浓厚的兴趣。④学生自身的原因。一些学生可能对传统文化感到陌生或者难以理解，或者对于传统文化的价值和意义缺乏认识，因此对于传统文化的学习和了解缺乏主动性和积极性。

（二）优秀传统文化与现代教育融合不当

无论是从理论层面还是从实践层面来讲，优秀传统文化与现代教育有机融合是非常必要的，既可以推动教育教学改革，又可以促进学生全面发展。事实上，尽管现代教育强调多元化，但传统文化的融入仍然面临困难。究其原因，主要是部分教育工作者对传统文化教育认识不足，认为传统文

化的形式和内容过于陈旧，无法与现代社会相适应。这就使得优秀传统文化未能有效融入现代教育之中，其包含的价值观、道德观念和行为准则等未能在教育教学中体现出来，积极正面地影响学生，提高学生的认知水平、学习能力及综合素质等。因此，要想构建完善的、健全的优秀传统文化育人机制，推动专业教育改革，就需要探索传统文化与现代教育相结合的方法，使传统文化在现代教育中得以传承和发扬。

（三）优秀传统文化创新发展程度较低

尽管传统文化教育已经取得了一定的成效，但仍然需要不断创新以适应现代社会的需求，包括教育内容、教育方法和教育手段的创新。例如，可以通过数字化、网络化和智能化的方式，将传统文化教育变得更加生动、有趣和互动。但实际情况则不然。目前，优秀传统文化创新发展程度较低，也就是教师未能通过多种渠道、多种方式了解学生的实际情况，客观分析学生与成为创新型人才、复合型人才或综合型人才之间的距离，进而未能从人才培养的角度出发，积极开发、创新传统优秀文化，使之与现代教育的融合程度较低，未能将其育人作用充分发挥出来，不利于促进学生良好成长与发展。

四、高职院校优秀传统文化育人机制构建的有效策略

当前优秀传统文化育人机制建设不佳，存在诸多有待解决的问题，应当探究行之有效措施来改变现状，以便指导现代教育改革，注重融合优秀传统文化，科学合理地教授和培养学生，促使学生学识、认知水平、关键能力、综合素养等方面均良好发展。

（一）坚持文化引领

高职院校学生身心发展程度较高，但他们尚未成长为成年人，具有思想意志不坚定，容易受某些思想或者文化的影响，进而形成不同的价值观念，最终影响他们未来的发展。为了将学生培养成为新时代的优秀青年，促使他们逐渐成长为国之栋梁，为国家繁荣昌盛贡献力量，就需要在教育教学中通过主流文化来引导学生，帮助他们树立正确的价值观念。为此，教师应当深入研究我国优秀传统文化，准确把握住主流文化，即社会主义核心价值观。深入挖掘其与专业教学之间的内在联系，搜集并处理相关资源或者素材，进而将文化巧妙融入其中，以便促进专业教学改革，在教授

和培养学生专业知识与技能的同时，自然而然地引出优秀传统文化，积极正面地影响学生，促使他们能够深刻理解中国特色社会主义核心价值观的深刻内涵，从而改变他们的思想、品质、品德及个人精神，提高他们综合素养。

（二）注重文化创新

科学合理地构建优秀传统文化育人机制，还需要学生能够继承传统文化，促使他们未来进入社会能够弘扬和发展传统文化。为此，就需要准确把握当下专业教学的实际情况及学生学习的实际情况，客观分析优秀传统文化融合面临的困难或者挑战，以此为切入点来创新优秀传统文化，比如录制微课视频，编制通俗版本，等等，并将其巧妙地融入专业教学之中。与此同时，根据学生个性化学习需求，创设形式多样的教学活动，比如交流活动、教学讲堂、发展社团，等等，让学生在参与专业教学的过程中能够自然而然地受到优秀传统文化的熏陶，积极主动地学习，加深对传统文化的理解，真正感受和体会传统文化的深刻内涵，进而更好地继承传统文化。

（三）注重文化融合

这里所说的"文化融合"是提取国内外优秀文化，将其予以融合，使之在高职院校教育教学之中充分发挥育人作用，助力学生逐渐成长为德才兼备的优秀人才。具体的做法是，在建立传统优秀文化育人机制之际，教师应也可适当引进国外优秀文化，严格把好引入关卡，避免"糟粕"融入专业教育之中，并且根据学生的实际情况，采取一种或者多种教学方式，使融合优秀文化的专业教学更具吸引力、感染力及影响力，吸引学生的目光，使之积极主动地参与其中，比如开展电影赏析会等，引导学生辩证分析"好莱坞优秀影片"的文化内涵。对于精华的部分予以学习，对于糟粕的部分予以摈弃，并通过比较分析法，引导青年树立对于中华文化和社会主义文化的自信心。其次，注重"走出去"，也就是组织大学生进行优秀传统文化宣传，丰富宣传方式、拓展宣传渠道，以使国内外友人对优秀传统文化有更深入的了解，同时强化自身的民族自豪感和荣誉感，更好地继承传统文化。还可以组织参与国际文化交流的青年人在回国后举办报告会和交流会，激发深入、持久学习中华优秀传统文化的内在动力。

五、结束语

综上所述，新时代背景下高职院校大学生在生活与学习的过程中甚少接触优秀传统文化，未能理解优秀传统文化的内涵，也未能体会传统文化的韵味，无法受其影响产生新感悟、新体验，未能提高自身认识水平并树立正确价值观，也不能提高自身的道德品质。对此，应当准确把握优秀传统文化的教育价值，根据教育改革需要及人才培养需要，科学合理地构建优秀传统文化育人机制，将优秀传统文化融入专业教学中，积极正面地影响学生，使之健康成长、全面发展，为成为德才兼备的优秀人才奠定基础。

参考文献

[1] 王加昌. 高职院校文化建设与文化育人的机制创新——以校企合作办学为视角[J]. 华东科技，2023(7): 145-148.

[2] 杨芳，吕冰玉. 基于阅读学分制的高校图书馆文化育人机制构建及实践路径研究[J]. 河北科技图苑，2023，36(2): 66-70.

[3] 高汉忠. 高校图书馆文化育人机制的实践探析[J]. 福建医科大学学报（社会科学版），2021，22(6): 47-50.

[4] 刘星喜. 基于"国际理解"的大学隐性文化育人机制[J]. 教书育人（高教论坛），2021(2): 14-15.

[5] 曲弋. 高校二级学院文化育人机制的创新实践探究[J]. 中外交流，2021，28(4): 423-424.

[6] 孟庆海. 高职院校文化育人机制建设的路径分析[J]. 广东蚕业，2019，53(4): 93-94.

[7] 冉聪聪. 文化传承与创新背景下高校文化育人机制研究[J]. 宿州教育学院学报，2019，22(2): 65-67.

[8] 王松林，丁仁娟，陈萍. 民办高校文化育人机制研究——以上海民办高校名人馆文化育人平台为例[J]. 山东图书馆学刊，2020(4): 8-12.

高职思政课"双线同行 三堂联动 五步递进"育人教学模式研究

文 金

四川国际标榜职业学院，四川成都，610103

【摘 要】思想政治理论课（思政课）是高职院校落实立德树人根本任务的关键课程，按照"八个统一"要求，以教学内容有思想性、理论性、亲和力和针对性为指导，结合高职院校德技兼备的育人目标，与专业同向同行，构建以一二三课堂实践基地为依托，打造以学生为中心的实践课堂，实施"五步递进"专题教学的活动课堂，构建"双线同行、三堂联动、五步递进"育人教学模式，实现知、情、意、信、行，培育新时代中国特色社会主义合格接班人。

【关键词】思政课；同向同行；一二三课堂；教学模式

一、"双线同行、三堂联动、五步递进"育人教学模式研究背景

当前高职院校思政课教学改革应依据高职院校的学情特点，正视问题，守正创新，不断提高思政课的思想性、理论性和亲和力、针对性，真正落实立德树人根本任务。习近平总书记提出"八个统一"的具体要求，为思政课的教学改革指明了方向：思政小课堂应同社会大课堂结合起来，教育引导学生立鸿鹄志、做奋斗者；积极发挥教师主导性作用，落实学生主体性作用。因此，创新教学方法，融合多种教学资源，探索适合高职院校思政课的教学模式，是新时代思政教育教学改革的迫切任务。

研究组在部分高职院校进行了学情调查、学生认知座谈、辅导员交流，得知学生基本情况如下：

思想认知三不足：对"五史"认知不足，对新时代背景下中国特色社会主义如何发展认知不足，对个人应如何为中华民族伟大复兴做贡献认知

不足。学习动力三不足：新思想学习动力不足，身体力行动力不足，主动研究动力不足。自身优势：动手能力强，善于观察，认可小组协作学习方式，习惯线上学习。基于以上学情分析，思政课教学改革可探索与专业相结合、联动一二三课堂、创新课堂教学方法三者相融通的育人模式，有效提升学生学习动力与行动能力，实现立德树人、德技兼备的育人目标。

二、"双线同行、三堂联动、五步递进"育人教学模式内涵

本文将从三个方面进行论述：①思政课融入专业，与专业课同向同行；②构建一二三课堂实践基地，实施思政课实践教学；③创新融通课前、课中、课后的"五步递进"专题教学。

（一）思政课与专业同向同行，培养德技兼备人才

新时代高校思想政治（以下简称思政）教育有两条主线，一是思政课程，二是课程思政。推进思政课与专业课同向同行，既可以端正政治思想，又可以运用专业技术，坚持德智并重、德业融合，最终实现德技兼备的育人目标。具体可从以下三方面着手实施：

1. 构建具有专业属性的中国故事库

思政课与专业协同推进，相互促进。思政教学不仅需要提高大学生思想道德素质和政治素养，也需要挖掘教学内容中蕴含的专业文化意蕴。将中国故事与专业结合，针对不同专业领域挖掘典范故事作为教学案例，在实施教学时，根据专业特点选择有代表性的故事进行讲解与引导，从而提升学生学习兴趣并产生强烈的共鸣与认同，以达到更好的教育教学效果。以《习近平新时代中国特色社会主义思想概论》中"以人民为中心"理论讲解为例，影视多媒体技术专业可选取中国香港主持人陈贝儿的故事作为教学案例，通过她拍摄的纪录片《无穷之路》，让学生了解国家扶贫工作的政策要点和实施成效，也确定作为媒体人应有的责任与使命；中文专业可选用作家何建明的故事为教学案例，通过他的文学作品《精彩吴仁宝》，解析华西村的致富之路，让学生理解实现共同富裕需要集体的实践，也促使其坚定做新时代"灵魂工程师"的奋斗目标。

2. 创设融合专业特点的课堂活动

在课堂教学过程中，创设多种融合专业特点的实践活动，旨在提升学

生通用技能和专业技能。比如：展示影视多媒体技术专业摄影摄像技能的照片展和微视频活动，展示人物形象设计专业动手能力的主题创作活动，展示市场营销专业调研能力的校园大调查活动，展示学前教育专业语言运用的主题演讲活动等。力求在实践中充分发挥学生的专业技能，将价值认同与行为实践有机结合。

3. 将专业导师纳入思政评价体系

思政教育成效评价融入专业评价，在专题评价中将专业导师纳入评价主体，旨在学生完成专题学习后，考察其在生活中思政思维与行为表现是否有所提升，专业作品设计是否更具爱国情怀。

（二）打造一二三课堂实践基地，培育"四同四化四心"

思政课实践教学，是整个思政课教学体系中不可分割的重要组成部分，是思政课实践育人的有效载体，是提高思政课教学质量的关键环节。高校要充分挖掘、有效运用校内校外各种实践教学资源，使课内课外、校内校外、网上网下、集中与分散的实践教学活动有机结合，构建完善的多层面立体化的实践育人体系。按照以上要求，联动一二三课堂，挖掘线上虚拟资源、校内活动资源、校外实践资源，打造一二三课堂思想政治教育实践基地，构建课堂认知实践、校内体验实践、社会服务实践和线上虚拟实践的"三堂联动"实践体系，最终实现培育学生"四同四化四心"，即政策认同、文化认同、道德认同、职业认同；知识强化、思维强化、行为强化、能力强化，中国心、自信心、责任心、利他心。具体如下：

打造第一课堂实践基地，利用多媒体教室、党团教室，实施活动课堂，创设以学生为中心的多样化课堂活动，如校园调查、照片展示、主题演讲、知识竞赛、社会调查、新闻观察等，达成政策认同、知识强化、思维强化及中国心的素质素养目标。

打造第二课堂实践基地，利用思政大讲堂、专业实训室、多彩社团、党史馆、图书馆，实施体验课堂，开展"一讲座一思想""一人一社团""我是党史讲解员"等活动，达成道德认同、文化认同、思维强化、自信心、责任心的素质素养目标。

打造第三课堂实践基地，利用线上平台、社区党建中心、古镇"红色驿站"、特色示范村、黄继光纪念馆，实施社会课堂，开展家乡主题调研、联动社区共讲党史、"文化传承"志愿服务、参观特色示范村、"一帮一助"公益助农、"致敬革命英雄"专题讲座等，达成政策认同、职业认同、行为强化、能力强化、中国心、利他心的素质素养目标。

（三）实施五步递进教学，实现知情意信行融合

新时代的思政课，仍要以课堂教学为主，辅之网络教学、实践教学等，但要将学生的主体地位凸显出来，让学生投入课堂，耐心细心精心，引导他们扣好人生第一粒扣子。因此，改变以讲授为主的传统课堂模式，实行以学生主导、教师辅导开展课堂教学，采用互动式、讨论式、任务型教学启发式、案例式、虚拟式、研究式、总结式等教学方法，从课前微课探学，经课中故事引学、活动研学、总结固学，到课后行为展学，构建"探、引、研、固、展"五步递进教学法，旨在实现内容认知、情感共鸣、政策认同、意识形成、影响他人的知情意信行递进转化（见图1）。

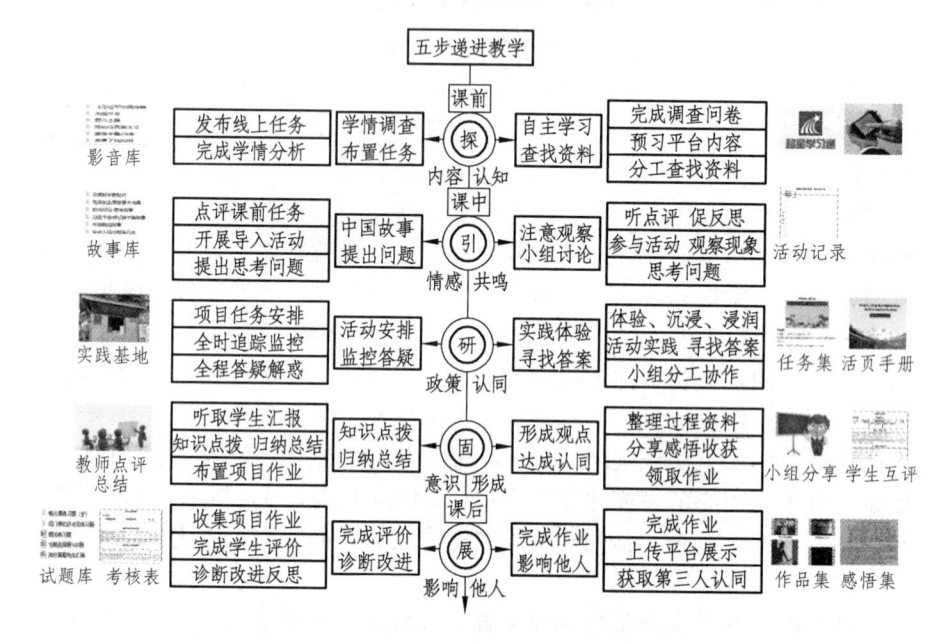

图 1　五步递进教学

1. 以《习近平新时代中国特色社会主义思想概论》课程为例，构建"五步递进"教学体系

（1）依据课程标准，重构课程模块专题。

依据课程标准，紧跟党的十八大以来国家发展政策的实施及成果，从国家层面、人民层面、保障层面对课程内容进行模块专题设计。本课程共

计 4 个模块：课程认知、面向中国梦精准绘制蓝图、致力人民幸福共赴美好生活、掌控天下变局共享安乐盛世；13 个专题：课程导论、走进新时代、百年复兴中国梦、党的领导葆本色、民主政治现平等、依法治国图发展、生活富裕物质幸福、生态宜居环境幸福、文化自信精神幸福、社会和谐安全幸福、安全发展奠基石、保家卫国促统一、共建命运共同体。

（2）依据专题知识点，构建"三段共学"线上微课。

将各专题知识点分解成为课前、课中、课后三段，课前微课为政策要点展示，课中微课为理论知识解析，课后微课为素质素养总结。构建课前政策共学、课中理论共学、课后知行共学的"三段共学"系列微课。内容设计如下：

专题 1 政策共学：新的历史方位；理论共学：21 世纪中国的马克思主义；知行共学：政治信仰；

专题 2 政策共学：新的中心任务；理论共学：中国特色社会主义新时代；知行共学：道路自信；

专题 3 政策共学：战略支撑；理论共学：中华民族伟大复兴、中国特色社会主义现代化建设；知行共学：民族自豪；

专题 4 政策共学：最本质特征；理论共学：党的全面领导、全面从严治党；知行共学：廉洁自律；

专题 5 政策共学：根本立场；理论共学：发展全过程人民民主；知行共学：制度自信；

专题 6 政策共学：重要保障；理论共学：全面依法治国；知行共学：遵纪守法；

专题 7 政策共学：首要任务；理论共学：高质量发展；知行共学：改革创新；

专题 8 政策共学：重要目标；理论共学：社会主义生态文明；知行共学：责任意识；

专题 9 政策共学：应有之义；理论共学：社会主义文化强国；知行共学：文化传承；

专题 10 政策共学：出发落脚点；理论共学：社会治理现代化；知行共学：爱岗敬业；

专题 11 政策共学：头等大事；理论共学：总体国家安全观；知行共学：爱国意识；

专题 12 政策共学：战略支撑；理论共学：国防和军队建设、祖国统一；知行共学：奉献意识；

专题 13 政策共学：外部环境；理论共学：中国特色大国外交；知行共学：大局意识。

（3）依托实践基地，实施课堂活动。

打造一二三课堂实践基地，创设多样化的实践活动。教学实施过程中，以《学生活动手册》为指导，开展校外实践活动和校内课堂活动。内容如下：

专题 1："思想之树"思维导图；专题 2："礼赞校园"照片展示；专题 3："复兴与梦想"主题创作；专题 4："初心与使命"党史故事讲解；专题 5："建言献策"模拟两会；专题 6："法治社会"主题调查；专题 7："家乡美"调研汇报，专题 8："美丽中国"知识竞赛；专题 9："文化传承"古镇研学；专题 10："致敬平凡英雄"主题演讲；专题 11："热点事件"新闻解读；专题 12："士兵突击"晋级赛；专题 13："美好世界 你我同行"微视频。

2. 以"习近平新时代中国特色社会主义思想概论"中"建设社会主义生态文明"为例，实施"五步递进"教学过程

（1）课前微课探学：教师在超星学习通发布微课《建设美丽中国》，学生利用线上资料进行自主学习，完成课前任务。教师批阅学生任务并分析学情，优化教学内容。

（2）课中故事引学：教师展示中国故事"安吉的生态文明实践"，设置问题导入，引导学生读懂中国故事，分析具体问题，突出教学的重点与难点。

活动研学：教师开展"美丽中国"生态文明知识竞赛，学生以小组为单位，完成非你莫属、心有灵犀、手比脑快、一锤定音的竞赛环节，通过体验式、沉浸式的学习方法，完成知识点的掌握。

总结固学：使用《学生活动手册》完成教师评价、学生自评、小组互评，学生总结收获、分享感悟，教师总结。

（3）课后行为展学：学生完成建设"美丽中国"倡议书，利用新媒体平台获取他人点赞，影响第三人。

三、"三元三维五层"并举，完善教学评价标准

高校思政课过程性评价属于形成性评价，主要通过系统收集思政课教学过程各个环节的信息资料，以实现对教学的各个环节进行动态跟踪。为了保障教学成效的真实与科学，评价主体的多元化，评价维度的多层次，本教学模式下的"三元三维五层"评价体系设计如下：

（一）强增值性评价，助力推进知行转化，"三元三维五层"并进

思政教师协同专业教师、学生组成三元评价主体，围绕知识、能力、素质三维目标，运用五步递进教学，关注"知识、情感、意识、信念、行为"递进转化的五层目标，最终实现内容认知、情感共鸣、政策认同、意识形成、影响他人的目的（见图2）。

（二）全时全程把控，注重教学过程评价，融专业结果性评价

通过平台测试、实践活动、个人表现、课后延伸多种评价方式，达到全程学习质量监控。关注学生的长期发展，注重学生政治素养融入专业学习，联动专业导师，结合导师的反馈信息，对学生政治思维培养进行全程跟踪，实现思政教育长效育人。

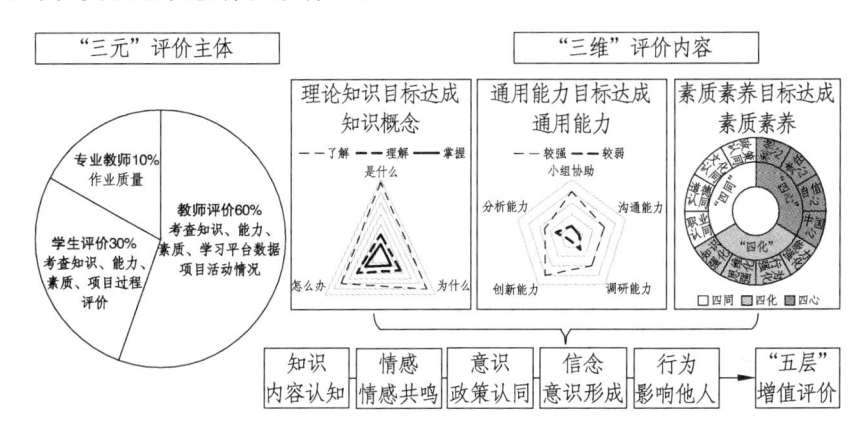

图 2 "三元三维五层"评价体系

四、资源建设与团队保障

（一）整合三方教育资源，建三库三集一地

搭建"社会、学校、家庭"三维联动学习空间，关注家风教育、家乡发展、民生热点、时事政治、中国故事，构建以教师为主导的故事库、影音库、试题库，形成"三库"线上资源，实现时时能学的教学空间；创设以学生为主导的作品集、感悟集、实践基地，形成"两集一地"线下资源，引导学生进行实践活动。

（二）多师协同引领，资源共建教学分工

组建一支结构多元化的课程教师团队，包括党委宣讲员、党史讲解员、少数民族思政教师、专业导师等。在课堂活动中，团队教师采用活动负责制，实施一任务一导师，在教学过程中，共建共用线上、线下的教学资源。

五、实施成效

目前"习近平新时代中国特色社会主义思想概论"课程按照本课题研究的内容与方法，已完成对我校2022、2023级学生的教学实施。结合思政教师成绩考核，专业导师信息反馈，学生总结收获，得出以下结果

（一）三堂有效联动，团队活动实践浸润，课程学习兴趣提升

课程专题活动富有实践性和趣味性，将一二三课堂联动，突破了时间和空间的限制。学习过程中，学生组建学习小组，成员之间合作、互助、共学，活动完成度达100%，学生学习兴趣显著提升。

（二）促知情意信行，知识增加，情感增强，教学育人目标达成

通过各项活动评价数据结果显示，学生线上平台学习和互动频率较高，线下课堂活动完成好，得分高。课后学生反馈对课程认同增强，能实现自我约束，个人行为更规范。学生的知识积累和政治素养明显增强，实现了知识增加、情感增强。

（三）融入专业学习，服务他人，强利他心，学生家国情怀增强

学生完成专题学习后，积极参与社会实践，能树立起热爱生活、服务他人的信念。专业作品设计更有家国情怀，为课程思政奠定了思想和行为基础。

最后，在已有的收获之外，产生了一些新的思考，为本教学模式的后续研究提供了方向。①教学案例要与时俱进，除了与专业融合，还可以同家庭教育、社区教育密切结合。只有不断优化活动设计，才更具有科学性和现实意义。②加强思政教育与专业的融合，在现有基础之上，还可以让思政教师积极参与专业技能大赛指导、社会服务指导，强化思政意识与专业技术相融合，切实实现德技并修的培养目标。

参考文献

[1] 李世阳，崔诚亮. 对分课堂：高职思政课课堂教学模式改革的实践探索[J]. 商业经济，2021(1): 194-196.

[2] 张志元 田鹏颖. 高校各门课程与思想政治理论课同向同行研究[J]. 思想理论教育，2019(2): 67-70.

[3] 赵增彦. 高校思政课实践教学资源多元化整合与一体化运用[J]. 东北师大学报（哲学社会科学版），2013(2): 177-180.

[4] 杨溢群，庚建凤. 论思政课教育过程要素对课堂教学的影响[J]. 辽宁教育行政学院学报，2020(2): 76-81.

[5] 陆启越. 高校思政课过程性评价模型与体系建构[J]. 江苏高教，2021(10): 74-80.

构建高职院校思想政治教育"三堂联动"实践体系

文 金

四川国际标榜职业学院，四川成都，610103

【摘 要】构建高职院校思想政治教育"三堂联动"实践体系是实现思政教育立德树人、德技兼备的育人目标，是师生在校内校外开展的、对实践教学起到承载和支撑作用的系统工程。联动一二三课堂，打造线上线下、校内校外实践基地，实施多样化实践课堂，培育"四同四化四心"素质素养；完善实践教学管理体制，建立一二三课堂"四方"信息网，为思想政治教育实践体系保驾护航。

【关键词】思想政治教育；实践；一二三课堂

一、构建高职院校思想政治教育实践体系的重要性

思想政治教育，要坚持理论性和实践性相统一，用科学理论培养人，重视思政课的实践性，把思政小课堂同社会大课堂结合起来，教育引导学生立鸿鹄志，做奋斗者。因此高职院校思想政治教育，应依据高职学生思维活跃、动手能力强的实际特点，在教育中除了教会学生用正确的世界观、方法论看待问题，更应该重视培养学生发现问题、分析问题、解决问题、运用所学理论认识社会、指导实践的能力。构建思想政治教育实践体系，是培养学生理论联系实际、提升实践能力、实现知行合一的有效方法和重要途径。

二、思想政治教育"三堂联动"实践体系

思想政治教育的实践教学应联动一二三课堂，利用线上虚拟课堂、校内实践资源、校外思政基地，施行课堂实践、校内实践、社会实践和虚拟实践，打造一二三课堂实践基地，构建以实现课堂认知实践、校内体验实

践、校外服务实践的"三堂联动"实践体系，以我校为例，解析"三堂联动"实践体系的具体内容，如图1所示：

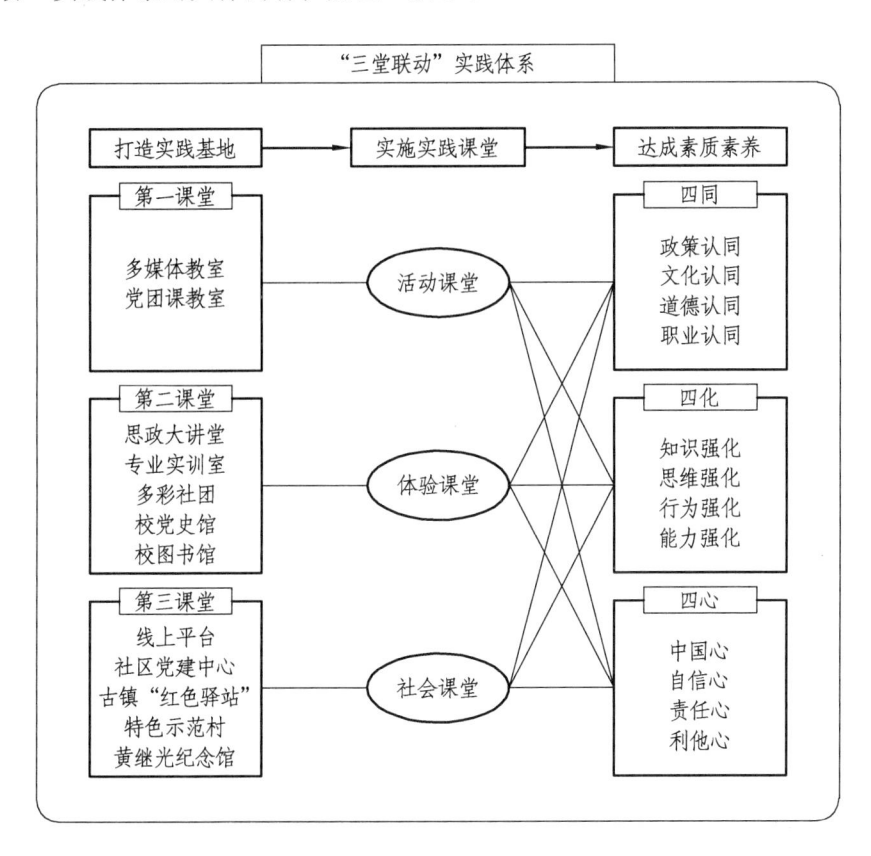

图1 "三堂联动"实践体系

（一）打造第一课堂实践基地，构建认知实践体系

第一课堂是思想政治教育的认知阵地，应该充分运用第一课堂的理论教育属性，推动思想政治理论教学方法改革，完善课堂实践体系。将校内多媒体教室、党团课教室打造成为第一课堂实践基地，实施"活动课堂"，旨在创设以学生为中心的多样化课堂活动（校园调查、照片展示、主题演讲、知识竞赛、辩论接龙等），以学生实践活动手册为指导，任课教师为辅导，让学生在完成第一课堂实践活动的过程中，一面加深对理论知识的认知，一面提升通用技能的能力。第一课堂认知实践目标达成评价，由任课教师评价、学生自评、组员互评组成。

（二）打造第二课堂实践基地，构建体验实践体系

第二课堂是学生完成知识认知后的拓展课堂，具有趣味性、体验性和自发性，实施"体验课堂"能达到素质素养提升的目的。第二课堂实践基地由校内思政大讲堂、专业实训室、多彩社团、校党史馆和图书馆构成。

（1）打造思政大讲堂为思想政治教育实践基地，实施"一讲座一思想"，开展思想政治教育系列讲座，涵盖各方面内容，学生选修学习，由思政部评价并赋分。以"你应该知道的'婚姻法'"为例，实施"一讲座"学习，使学生了解《中华人民共和国民法典——婚姻家庭篇》（以下简称《民法典》）的具体内容和法律法规；实施"一思想"，学生以所学知识，结合身边真实案例，分析当代年轻人婚姻观的变化，总结应持有的家庭观和应传承的家庭美德，以达成道德认同，提升个人责任感。思政部根据学生"一思想"素质素养总结内容予以评价。

（2）打造专业实训室为思想政治教育实践基地，推行思政教育与专业教育同向同行，以实训室为基地完成两类实践任务：第一，以思政课专题任务为载体，专题任务依据不同专业的专业技能进行内容和形式的设置，学生借助实训室完成任务，专业教师可对完成过程进行指导，以思政教师为主、专业教师为辅进行实践评价。第二，以专业任务为载体，思政课联合专业课，在学生完成专业任务时，思政教师在选题、立意等方面，以国家政治政策和素质素养培养为前提给出建议，帮助学生树立正确的目标并顺利完成任务，由专业教师为主、思政教师为辅进行实践评价。

（3）打造多彩社团为思想政治教育实践基地。我校现有健身竞技类、表演艺术类、文化传承类、专业实践类、公益服务类共五类45个社团，以社团为实践基地，实施"一人一社团"计划，鼓励一个学生至少加入一个社团，参与社团活动进行不同类目的学习与实践。思政教师参与指导，社团实践评价由社团为主、思政教师为辅组成。以"思源茶文化协会"社团为例，学生参与社团茶文化知识的学习，进行茶类认知、茶技培训等，思政教师以问题式进行引导，如：中国茶文化的起源？中国茶文化对世界的影响？中国茶文化带动了哪些行业的兴起？中国茶文化如何增强中国自信？学生在参与社团实践的同时，也致力于寻求问题的答案，以达到对中华优秀传统文化的知识强化、增强文化自信的思维强化的素质素养目标。社团进行技能实践达成评价，思政教师进行素质素养达成评价。

（4）打造校党史馆为思想政治教育实践基地，实施"我是党史讲解员"体验活动，进行沉浸式爱国主义教育。党史馆实践活动分为两步完成：第

一步，学生完成思政课学习后，导师以班级为单位带领学生参观校党史馆，了解中国共产党的诞生、发展与壮大的历程，明确中国共产党的伟大初心与光荣使命，达到知识强化与政策认同。第二步，学生分批次参与"我是党史讲解员"活动，为参观人员进行党史讲解，用所知所学引导他人，树立中国心，由导师进行实践活动评价。

（5）打造校图书馆为思想政治教育实践基地，第一，兼职图书管理员，完成图书的日常整理、借阅与归还工作；第二，担任"万能小帮手"，对查阅资料和信息咨询的学生提供帮助，为其介绍图书类目、分区等信息；接待图书馆的参观人员，为其提供参观路线，对图书馆的历史和特色进行介绍。通过校图书馆实践体验，使其沟通能力、行为能力得到锻炼和加强，由图书馆工作人员对其进行实践评价。

（三）打造第三课堂实践基地，构建服务实践体系

第三课堂是理论联系实际的重要环节，是知行合一的考查课堂，是对一二课堂的学习成果进行有效检验。第三课堂实践基地包括：线上平台、社区党建中心、洛带古镇"红色驿站"、特色示范村、黄继光纪念馆等。

（1）打造线上平台为思想政治教育实践基地。线上平台属于虚拟实践，旨在联动家庭和学校，运用多媒体手段，将线上资源融入线下课堂，共担思想政治教育责任。线上平台包括：超星学习通、QQ、微信、微博、抖音等。以"习近平新时代中国特色社会主义思想概论"为例，在学习"推动经济高质量发展"内容时，运用线上平台开展"家乡美"调研活动，通过微信、QQ等平台发布调查问卷获取家乡变化的实时信息，并与家人讨论家乡发展的政策原因和根本动力；通过微博、抖音平台发布美丽家乡的视频故事，为家乡建设成效做宣传；最后通过超星学习通，反馈调研结果，得出实践心得，最终实现政策认同、行为强化的素质素养目标。线上平台实践由家长评价和老师评价组成。

（2）打造社区党建中心为思想政治教育实践基地。实施"学校联动社区，共讲党史故事"，联动校党史馆与社区党建中心，由"党史讲解员"学生团队走进社区，开展党史故事讲解活动，为参观党建中心的社区居民及外来游客进行讲解服务。旨在考查学生学习所得，提升其语言组织与表达能力，使党史教育变得更有价值与现实意义，最终达到知识强化、能力强化的素质素养目标。社区讲解实践由党建中心进行评价。

（3）打造洛带古镇"红色驿站"为思想政治教育实践基地。实施"文

化传承"志愿服务，分两部分完成古镇实践：第一部分，担任"古镇文化"宣传者，借用洛带古镇客家民俗的文化属性，以"西部客家博物馆"为载体，为游客分别介绍"源流""迁徙""创业""民俗""成就"五个展厅。通过大量文物，完整地向人们展示客家人的历史文化、风俗民情，并达成文化认同素质素养目标，增强中国传统文化自信。第二部分，担任"红色驿站"志愿者，充分发挥学生党员志愿者的先锋模范作用，义务为古镇景区游客提供道路指引、疑问咨询、基本物资帮助、应急事件援助、不文明行为劝导等服务，由此增强学生服务意识与利他心，达成道德强化、行为强化的素质素养目标。古镇实践由"红色驿站"和导师进行评价。

（4）打造特色示范村为思想政治教育实践基地，探索乡村振兴之路。示范村实践活动分为两部分：第一部分，参观特色示范村，学习"土专家""田秀才"在实践中获得的专业知识和实践经验，探寻农民翻天覆地的生活变化与国家政治政策的紧密关系，增强制度自信，达成政策认同。第二部分，实施"一帮一助"，分小组对乡村特定农户进行一对一帮助，立足学生专业知识，从产业结构转型、土地扩大利用、新媒体技术介入等方面，给予农户建议和帮助，旨在让学生将专业知识转化为实际应用，利用其创新思维、技术运用，助力示范村实现乡村振兴，达成职业认同，增强责任心、利他心。

（5）打造黄继光纪念馆为思想政治教育实践基地，开展"致敬革命英雄"专题讲座。参观纪念馆、诵读继光家书、观看黄继光生前所在部队制作的纪念视频，全体同学共同缅怀、追忆英雄。联动第二课堂，以学生为主导开展专题讲座，旨在传承英雄事迹，弘扬"继光精神"，赓续红色血脉，增强爱国情怀。

三、"三堂联动"实践体系的保障机制

（一）完善思想政治教育实践教学管理体制

思想政治教育"三堂联动"实践教学的有序开展，离不开完善的教学管理体制，比如制度保障、经费保障、后勤保障、安全保障等。以"文化传承"志愿服务为例，组织学生前往洛带古镇进行实践服务，需要如下配套保障：参与实践学生的课程调整、往返古镇的交通运输、实践导师的安排、外出各类经费开支、校外学生安全保障等。因此，构建完善的思想政治教育实践教学管理体制，才能将诸多问题统筹安排、协调解决。可采用

如下方法解决问题：

建立思想政治教育实践教学管理办，设思想政治教育实践教学管理岗，负责统筹安排一二三课堂思想政治教育实践教学工作，协调党团委，将党课、团课纳入思想政治教育第二课堂实践体系，发挥党团课的思政教育能动性；协调教务处，将思想政治教育实践教学纳入全校教学计划；协调学工处，按照二三课堂实践教学排课，提前安排实践导师负责跟进，收集第二课堂多彩社团实践作业，统计社团实践评价；协调财务处，设立专用通道，负责一二三课堂实践教学的支出预算和费用报销工作，对接保险公司为参与学生投保，安全推进校外实践；协调后勤部，对接专属人员，提前安排第三课堂交通、食宿等工作。联合各方力量，确保一二三课堂实践教学的正常开展。

（二）建立一二三课堂"四方"信息网

构建思想政治教育"三堂联动"实践体系，需要思政教师、专业教师、学生家长、企事业单位联动参与实践监督和结果评价，可以超星学习通平台为依托，建立一二三课堂"四方"信息网，推进各方信息同步、资源共享，以确保实践活动顺利进行和实践评价科学完善。

参考文献

[1] 邢建华，廖显满. 高校思想政治理论课实践教学平台初探[J]. 福建工程学院学报，2008(10).

[2] 杨慧. 高职思政课实践教学改革必要性和路径探析[J]. 佳木斯职业学院学报，2023(6).

[3] 陈卫莉. 基于"一、二、三课堂"联动的高职院校人才培养路径探析[J]. 教育现代化，2015(14).

[4] 唐彩玲，文洪睿，李文荣. 新时代高校思政课实践教学的"五个维度"[J]. 山西科技报，2023(2).

高职思政课教学方式转变的思考

杨娅妮
四川国际标榜职业学院，四川成都，610103

【摘　要】 对于思政课、思政课教学以及思政课教学改革，国内的讨论很多，学术成果也比较丰富，此处不做赘述。本文以实际教学工作为基础，以课堂教学中遇到的困境为切入点，就高职学生思政课的教学方式谈几点自己的认识。

【关键词】 高职；思政课；教学改革

一、对思政课教师提出的要求

作为一名思政课教师，首先要增强自身自信，"理直气壮地上好思政课"。高职学校在课程设置上，安排有"思想道德修养与法律基础"和"毛泽东思想和中国特色社会主义理论体系概论"两门课程。这两门课程在大一的两个学期学习完成，根据学分和学时的要求，一般是每周4课时的教学工作。同时，授课的组织形式采取合班授课，人数在70人以上。而我们面对的学生越来越具有新时代的特征，师生之间的年龄差较大。因此，要求教师必须不断地改进教学方法，创新教学手段，主动地去适应学生。比如，寻找机会多多和学生交流有关学生的课余生活和感兴趣的事物。当然，教学方法的改变是手段，最根本的是教师自己，需要不断学习理论知识，增加知识的储备量，形成自己的教学体系和教学风格。

二、高职院校开展思政课程的教学现状

1. 教学方式陈旧

现阶段的大多数高职院校，在进行思政课程教学的过程中，都依旧沿用传统的教学理念和教学方式。教师在上课之前会根据课本内容来进行课

程准备，并根据课本中知识点的呈现来控制课堂进度并推进学生所学知识，多不出课本窠臼，学生无法从日常的课程教学中学习到与时代发展相关联的思政课程知识，教师也不会有意识地进行教学范围的拓宽，因此大多数学生在进行日常的课程学习时，都能明显地感觉到思政课程的有关内容与实际生活关联甚少。久而久之，学生便不愿意进行思政课程的学习[1]。而过于陈旧的教学方式也无法激发学生的学习兴趣和好奇心，长此以往，高职院校的思政课程教学会成为例行公事般的课堂教学活动，无法让学生在日常思政课程教学中学习到较为有用的知识。

2. 重视程度不足

许多高职院校在进行人才培养的过程中，都十分注重专业知识的教学，对思政课程教学，没能引起足够重视。由于思政教学无法在学生实际的日常学习和生活中产生明显的用途，因此许多高职院校的思政课程教学都流于形式，思政课程教师本身也没能摆正日常的课堂教学地位，也不会花费过多的时间精力进行日常课堂教学质量的改进。又由于思政课程教学，没有在日常的人才考核制度中占有过高比重，因此在这样的教学环境中，学生本人也不会重视思政课程的学习。

三、高职院校思政课的改革

1. 教学理念的更新

想要让高职院校的思政课程教学质量得到进一步的提升，不仅要进行高职院校思政课程教育方式的完善与改进，教师还需要进行有关教育理念的进一步更新。在传统的思政课程教学过程中，教师只会根据课本教材内容来进行课程编排，但实际上课本教材内容与学生的生活实际相去甚远，倘若以课本教材为出发点来展开相应的思政课程教学活动，学生很可能会由于无法与课本知识产生共鸣，而拒绝进行思政课程的深入学习。为了避免这一现象的产生，教师应当进行教育教学理念的进一步更新与改革，教师应当意识到以教材基本知识为蓝本进行教学内容拓展的重要性，尝试将基本的思政课程知识与学生的实际生活相联系。只有如此，教师在进行有关课程教学时，学生的学习状态和学习质量才能够获得较为明显的提升。譬如教师在进行合理消费观念的引导教学时，可以尝试以社会较为关注的热点新闻为课程引入内容来进行课堂氛围的构建。教师可以以未成年人偷用父母银行卡上的钱打赏女主播的当时的一则社会热点新闻为切入点，来进行合理消费观念的引入教学。这一热点新闻的使用，不仅能够拉近学生与教师之间的距离，还能让课堂氛围变得更加活跃[2]。这样一来，学生便更愿意以良好的学习状态来进行思政课程的学习。想要达到这样的教学状态，首先教师必须要定期进行职业技术培训，通过职业技能培训来进行先进职业理念的吸收与学习，只有如此，教师才能以更为切合时代发展的教育教学观念来进行日常的课程教学。除此之外，教师还需要在日常的课程教学活动完成后，积极与学生进行课下的交流与沟通，通过与学生的沟通来了解学生现阶段的关注点和兴趣点，最终教师才能根据学生的关注点和兴趣点来进行相应的课程教学。

2. 教学方法的创新

根据笔者的教学工作经验，就课堂教学的方法转变有如下拙见：第一，教学设计的前置知识，要利用互联网和教学平台提前发布。比如基础性常识性的知识点，世界观、人生观的概念，人生目的、人生态度和人生价值，什么是理想，理想的特征，什么是马克思主义，中华优秀传统文化涵盖的内容、革命精神等。每次上课的时候采取提问的方式，点名的同时进行考核，成绩记录在平时成绩册中。第二，上课的课堂上，每个学校的安排会根据班级课程有所差异，比如"思想道德修养与法律基础"课程每周两次，每次 2 课时。而"毛泽东思想和中国特色社会主义理论体系"课程每周 1 次 4 课时。所以，分组式学习更能集中学生的注意力，提高课堂的抬头率。在第一次上课的时候任课老师留下课代表的联系方式，组织学生分小组，通过小组成员讨论决定自己的小组名称，民主选出小组的组长，并且在课堂上介绍自己的组。这种公开宣布的方式，有助于同学们形成互相竞争的学习氛围，学生间起到互相监督、互相成长的积极作用。第三，课程设计方面，一堂课 90 分钟，应该由理论讲授，学生讨论，互评总结，习题练习，学生作业，交流答疑等环节组成。这就要求思政课必须是模块化的知识体系，而不是简单地按照教材的章节安排进行的授课。比如，思修课第一章青春之问和第二章理想信念，在讲课的时候自己也会感觉很啰唆，絮絮叨叨的，是因为内容有重复的地方。如果我们把知识点合理糅合，增加学生互动，让学生课下完成小组作业，用汇报或者表演的方式在课堂上展示，就真正做到了以学生为主体，老师为引路人的角色分配。第四，在成绩考核方面，可以考虑平时成绩和期末试卷成绩的比例，现有的比较多的做法是六四比或者七三比。要强调一点，平时成绩中，小组配合完成的部分要占到绝大比例。这是因为，培养学生的团队协作能力很有必要。第五，关于课堂考勤。我认为，用考勤的办法留学生在课堂上是治标不治本的无奈之举。学生喜欢看手机，就给大家十分钟左右的时间去看手机。看完了，用随机抽点的方式，请同学们分享一下自己感兴趣的东西。这很可能引起班上其他同学的共鸣，老师可以在听取同学的讨论之后，做出积极引导，肯定其有价值、有意义的方面，同时，抓住问题的关键，水到渠成地引导到理论知识层面。这样做可以减少同学们对课堂的反感和对抗情绪，能够更好地使学生吸收理论知识。

3. 加强信息技术的应用

当然，除了教学理念的改进之外，教师还需要尝试采取必要的措施进行教学模式的改进与完善。比如在信息技术不断发展的今天，教师可以尝试采用信息技术来作为教学辅助手段，进行日常教学活动的呈现。在传统的课程教学中，教师在进行教育教学资源呈现时，只能通过有限的线下资源收集来进行相应资源的使用，但通过这种方式收集到的资源，无法跟上时代发展的脚步，也无法取得较为良好的呈现效果。但倘若教师依靠信息技术进行教育教学资源的搜索，教师便可以在在线网络教育资源平台进行海量资源的筛选，这些资源包括大量的图片资源、视频资源以及音频资源，资源筛选完成后，可以在课上通过多媒体技术的使用来进行相应资源的公共呈现，能够活跃课堂气氛，使得学生的注意力得到高度集中。[3]在网络信息技术的使用过程中，学生的学习状态和学习质量便能够获得较为明显的提升。与此同时，教师还可以尝试通过网络信息技术的使用来引导学生正确地使用网络信息技术进行学习资料的搜寻、查找，并通过合适的引导，让学生掌握分辨不良信息的能力，掌握必要的不良信息辨别手段与技巧，有效地提升学生的网络信息技术使用安全性，使得学生的网络技术使用质量得到较为明显的提升。

最后，以上的尝试都要基于思政教师的积极摸索，要用新鲜、生动的语言和饱满的热情，把抽象的内容传递给学生，使他们既能欣然接受又能活学活用。在学中教，教中学，不断丰富课堂的艺术性和吸引力，增强高职学生思政课的获得感。

参考文献

[1] 高爽. 创新高职院校思政课教学体系的若干思考[J]. 辽宁农业职业技术学院学报，2020(1): 46-48.

[2] 阮振杰. 提升高职思政课教学成效的思考[J]. 广西教育，2019(11).

[3] 齐潇晓. 高职思政课"教学做一体化"教学模式创新[J]. 湖北开放职业学院学报，2020(5): 10-11, 16.

互联网条件下高职思政课教学改革研究

——以四川国际标榜职业学院为例

杨娅妮

四川国际标榜职业学院，四川成都，610103

【摘　要】高职院校是我国社会发展培养高素质专业型人才的首要途径和主要场所，思想政治理论教育是高职院校对学生德育培养的主要课程。在日常教学活动中，思政课教师不仅要重视对学生进行理论知识的传授，同时还应当加强对学生在时事政治、社会新闻事件中的思想政治问题进行分析和引导。

【关键词】互联网；高职院校；思政课；教学改革

一、高校思政课在互联网条件下实行教学改革的必要性

一个全新的网络时代已经到来，现代互联网技术的应用已然成为当前各个领域实现数字化信息化，提高效率、提高产能、提高质量的重要技术手段之一。高职院校是为国家富强、社会发展培养高素质专业型人才的首要途径和主要场所，思想政治理论课教育是作为高职院校对学生德育培养的主要理论课。在日常教学活动中，思政课教师不仅要重视对学生进行理论知识的传授，同时还应当加强对学生在时事政治、社会新闻事件中的思想政治问题进行分析引导。引导大学生在日常生活中不仅要能掌握专业技能知识，而且能够拥有科学的、正确的思想意识形态与价值取向，为其未来步入社会、走向工作岗位奠定思想基础，提升大学生的社会适应能力，为学生日后的良性发展培养良好的个人修养与优秀的社会品质。

高校思政课程作为培养大学生思想意识形态的重要课程之一，基于时代互联网条件，积极推进高职院校思政课程朝向信息化方向发展，充分利用网络中丰富的教学资源，对现有的思政教学模式、教学手段和方法不断进行优化与革新，让思政课程能够跟进社会思潮，使学生能够运用马克思主义的立场观点来审视当前发生的社会热点问题，及时客观地认知当下的

世情、国情、党情和社情。一线教师借助互联网努力探索、提升思政教学成效，增加学生对思政课的获得感，同时也是增加教师的职业成就感和幸福感，同时充分体现出高职院校思政课程教学与时俱进的特点。

在当前互联网背景下，网络平台已经成为人们工作、生活、娱乐的重要渠道。新时代的大学生群体则更倾向于借助网络社交平台进行交流活动，利用手机观看电影电视小视频等。大学生有相对充裕的自由时间和自由空间，但是由于其社会阅历的局限性，对社会事务的认知能力与判断能力尚未完全形成，其思想意识形态与价值观念具有很强的可塑性。高职院校的思政课程作为培养学生思想意识与政治觉悟的主要阵地，为了充分满足现代大学生的学习需求，思政教师应当充分利用网络信息碎片化与具象化等特点，借助网络中的时政信息资源对思政课程教学内容进行延伸与拓展，进而充分满足思想政治教育规律的客观要求。

二、互联网条件下高职院校思政课教学面临的挑战

（一）教学内容的挑战

基于互联网的信息时代已经来临，信息共享、传播迅速、海量内容成为当前信息时代的主要特点。因此，在现阶段的高职院校思政课教学过程中，教学内容来源也不能拘泥于教材知识体系。学生可以通过网络智能终端设备随时随地获取我国社会乃至国际社会中各种类型的信息。然而，在网络信息中，不仅涵盖丰富的思政教学资源，同时还涵盖一些负面信息内容。由于大学生群体的是非分辨能力较为有限，情绪容易带动，很容易受到网络中不良信息的误导，不但对其思想意识形态与价值观念的养成造成不良影响，而且还可能引发群体性事件。因此，在当前信息时代背景下，高职院校思政课教学内容面临着改革。

思政教师在日常的教学工作中，应该在吃透统编教材指定的授课内容的基础上，结合本院校学生的特点，重构课程的教学内容。应当充分结合当前多元思潮的发展特点，及时地将时政热点、社会事件带到课堂教学中，作为案例将理论和实际结合起来，丰富我们的教学内容，增加学生对思政课的兴趣，从而有效地引导学生树立正确的三观和四史的认知。

（二）教学方式的挑战

在以往的高职院校思政课程教学活动中，包括现在的思政老师自己在

学生时代上的思政课，大多数基本上是教师满堂灌，而且是一百人以上的大课。这种单一的教学模式，导致的直接教学效果就是学生不知道谁在上课，上了什么内容，要做什么。在我2016年刚参加工作的某高职院校，几个年轻的教师在期末考试卷中增加了一道附加题"在以下照片中选出你的任课老师，并写出它的名字"。阅卷的时候，教师们哭笑不得，一个班一百多人能认出自己的思政老师的学生一半不到，而我们的名字被学生写出来了几十个。

单一的教学模式下，学生和老师在教学活动中缺乏师生间的有效互动，进而导致学生对思政课程性质的认知淡薄，对思政课知识内容缺乏深度学习，根本不能实现"进头脑"。与此同时，高职院校的思政课程本身就属于一门理论性、政治性、实践性较强的课程，教师在教学活动中，由于实际情况的限制，比如带学生外出实践的安全问题，思政课教师过度重视对理论知识的传授，缺乏实践教育，缺少跟踪学情分析。进而导致思政教学活动过于枯燥，学生缺乏对思政课程学习的主观能动性，这样一来思政课的教学质量就大打折扣。

在如今的信息时代，传统的教学活动形式已经无法满足新时代大学生的学习需求，同时更无法落实现阶段我国对高校思政课程的教学目标要求。因此，在互联网时代背景下，教师面临的是思政教学模式和教学方式的改革，是教改的重中之重。教师应当充分利用互联网技术，对现有的思政课程教学活动进行全面的信息化改革，全面开发学生对思政课程的主观能动性，让学生能够通过多种途径实现对思政课程的获得感，只有这样才能提升高职院校思政课的教学成效。

（三）教师自身素质的挑战

大学生在日常的学习活动过程中，已经不再局限于依靠教师的传授，而是可以随时随地通过互联网设备，根据自己的学习需求在网络中检索自己所需的知识内容，其自身的知识范围与知识储备亦在不断拓展中变得日益丰盈。随着教学资源在网络平台的共享和开放程度加深，网络已经成为当前社会大众获取知识的重要途径。在此背景下，思政教师在思政课教学活动中，如果不只是单纯依靠教材知识，自己原有的知识储备和固定的教学模式已经远远无法满足学生对思政课的学习需求。

因此，想要切实提高高职思政课教学质量，实现高校思政课教学改革，作为高校思政教师自身的素质能力与教学水平首先面临着新的挑战。教师应当充分根据时代的发展与学生的成长需求，不断更新自身的思想意识与技能水平，积极利用网络资源对现有的教学形式进行不断地创新与优化，需要不断学习并熟练掌握新的教学手段，如制作微课、慕课或者录课，并与"互联网+教育"平台中的各项功能结合并应用在具体的教学中，进而确保高职院校思政课程教学成效的逐步提升。

三、高职院校思政课实施教学改革的有效路径

（一）结合教材知识点，重构教学内容

在我校的思政课教学改革中，以《毛泽东思想和中国特色社会主义理论体系概论》（以下简称"毛概"）课程为例，我们重构了教学内容为思想起源、红色革命、工业起步、特色转折和全面发展五个专题。专题化的教学内容，分别对应了2023版教材的导论和第一章、第二、三章、第四章，第五、六章和第七、八章的知识点，包含了理论和实践部分的教学，每一个专题配套有学生分小组的项目实践活动。由于上课形式多样，并且在过程中有期末考核的成绩权重，学生对"毛概"课程的参与度提高，在上课的过程中也展现出了大学生的积极主动性和奇思妙想的活力。

（二）构建翻转课堂，革新教学方式方法

我校的"毛概"课程参加了2022年四川省高职院校教师教学能力大赛，并获得三等奖。其中，我们思政团队对课程的教学模式、教学手段和教学方法并结合我校学生的学情，以及四史教育进行了一些研究。探索了对思政课程翻转课堂的运用，线上线下混合教学手段的运用和适合翻转课堂教学模式的问题教学法的运用。比如专题一思想渊源部分的教学，在课前通过学习通给学生发布了视频《马克思的一生》和任务，课中会有针对课前内容的讨论和分享。在这个过程中，我们会设置问题引导学生思考，辅以网络教学资源加深学生对内容的理解，这样的课堂效果就要好一些。课后还会有小组拓展学习的任务，比如在专题一布置项目活动"伟人风采"。小组4~8个同学根据他们的理解和喜好，搜集整理伟人资料，在下一次课堂实践中展示他们的学习成果。与此同时，小组互评，老师点评，本组同学总结发言，最终达到交流活动的目的，活跃了课堂气氛，参与式讨论学习的效果良好。

（三）优化考核方式，培养学生家国情怀

大部分学生喜欢"互联网+教育"的教学方式，但缺乏正确合理的方法。作为思政课教师，应该指导学生更好地使用互联网，充分利用互联网教育平台，从而达到良好的学习效果。互联网条件下高职院校思政课教学改革的核心，要求我们始终坚持以学生为中心的原则，了解学生的课程需求，解答学生关于课程的疑惑。思政教师通过精心的教学设计，将"互联网+教育"与课堂讲授有机融合，在恰当的时机借助平台功能，环环相扣，层层引导，最终达到良好的教学效果。在课程考核方面，我们将考核的主体扩大到学生自己、小组成员、班级成员、任课老师、专业课老师，考核兼顾过程和结果。通过平时项目活动，课程总结，小组作品，在课中师生讨论交流评分，课后将小组作业发布社交平台并获取反馈的多元多层的考核方式，发挥思政课铸魂育人的作用。

当然，互联网条件下高职院校思政课教学改革有了全新的视角，但同时也面临着困境。比如，对学生学习的自觉性要求较高，手机客户端在使用过程中学生的注意力不可能时时集中，有时会分散注意力去关注一些无关课堂教学的内容。学生表示也会不由自主地玩手机，影响自己参与思政课教学。再如，对教学场地和网络设备的要求，如何应对断电断网的突发性课堂，等等。在教学中，需要我们不断总结新问题，提出教改的有效方案，真正实现知识传授、能力培养与价值塑造的有机统一，全面提升思政课程铸魂育人效果，支撑人才培养目标的达成。

参考文献

[1] 林露. "互联网+"背景下高职院校思政课信息化教学的思考[J]. 通讯世界，2020(12): 81-82.

[2] 刘顺初，李丽君. 新媒体视域下高职思政课改革贯彻"八个统一"路径探讨——以思想道德与法治课程为例[J]. 知识经济，2023(1): 139-141.

[3] 潘露. 有效信息化教学视域下高职思政课混合式教学实践——以《树立中国特色社会主义共同理想》教学实践为例[J]. 山西青年，2020(2): 34, 36.

高职院校大学生思想政治教育路径研究

王馨馥

四川国际标榜职业学院，四川成都，610103

【摘　要】《关于加强和改进新形势下高校思想政治工作的意见》明确要求"高标准做好高校思想政治工作谱写'三全育人'新篇章"，因此，在新时代的今天，思想政治教育工作不容忽视。随着中国高等教育的迅速发展，高职院校的教育质量和水平也得到了显著提高。然而，在高职院校，大学生的思想政治教育效果却不尽如人意。本文通过对高职院校大学生思想政治教育路径的研究，探讨如何提高思想政治教育的效果。

【关键词】高职院校；大学生；思想政治教育；路径

思想政治教育是培养学生树立正确的世界观、人生观、价值观的重要手段，是高职院校教育的重要组成部分。然而，传统的思想政治教育方式已经难以满足现代大学生的需求，需要进行新的探索和思考。随着社会的进步和发展，高职院校扮演着培养各行各业应用型人才的重要角色。然而，仅仅掌握专业知识的大学生并不足以满足社会的需求，还需要为社会培养具备正确思想和政治觉悟的人才。因此，高职院校大学生思想政治教育工作显得尤为重要。然而，当前情况下，高职院校大学生思想政治教育的效果并不理想，面临着诸多挑战。因此，探讨提高思想政治教育效果的路径成为亟待解决的问题。

一、高职院校大学生思想政治教育的意义

大学生思想政治教育对于高职院校教育的实施和学生的成长具有重要意义。

（一）提高学生的思想道德素质

高职院校大学生思想政治教育有助于提高学生的思想道德素质。作为

应用型人才培养基地，高职院校不仅要求学生具备扎实的专业知识，还要求学生具备正确的思想和道德品质。通过思想政治教育，可以引导学生树立正确的人生观、价值观，培养学生的道德意识和法治观念，提高学生的思想道德素质。

（二）增强学生的政治觉悟

高职院校大学生思想政治教育有助于增强学生的政治觉悟。高职院校作为培养各行各业应用型人才的重要阵地，需要培养的不仅是具备专业知识和技能的人才，还需要培养具备正确思想和政治觉悟的人才。通过思想政治教育，可以引导学生深入了解和认识党的大政方针和政策，增强学生的党性觉悟和政治觉悟，提高学生对社会主义核心价值观的认同和坚守。

（三）培养学生的社会责任感和公民意识

高职院校大学生思想政治教育有助于培养学生的社会责任感和公民意识。作为社会主义建设者和接班人，学生需要具备良好的社会责任感和公民意识。通过思想政治教育，可以引导学生关心国家和社会的发展，弘扬社会主义核心价值观，在实践中践行社会责任，积极参与社会公益活动，培养学生的社会责任感和公民意识。

综上所述，高职院校大学生思想政治教育的意义不可忽视。思想政治教育不仅是一种教育方式，更是一种价值观的传递和培养。通过思想政治教育，可以提高学生的思想道德素质，增强学生的政治觉悟，培养学生的社会责任感和公民意识。因此，在高职院校大学生思想政治教育中，需要采取一系列措施来提高其效果。

二、高职院校大学生思想政治教育的现状和问题

（一）思政教育形式落后

高职院校大学生思想政治教育的现状存在一些问题，其中之一是思政教育形式相对落后。目前，大部分高职院校的思政教育仍然停留在传统的课堂教学模式中，主要是通过讲授理论知识和灌输教育来进行。这种形式的教育容易导致学生的学习兴趣和参与度不高，无法真正培养学生的思想道德素质和政治觉悟。此外，由于思政教育形式相对单一，缺乏与时俱进的教学方法和手段的引入，导致思政教育内容无法贴近学生的实际生活和

现实社会，难以激发学生的学习兴趣和主动性。学生往往将思政课看作是一种形式主义的教育，缺乏实际应用和实践环节，从而影响了思政教育的效果。另一方面，由于思政教育形式的相对落后，学校在师资培养方面也存在不足。思政教育师资队伍的整体水平有待进一步提高，教师在思政教育教学方法和手段方面的了解和掌握不足，无法完全满足学生对思政教育的需求。同时，思政教育师资队伍的流动性也比较大，导致思政教育的连续性和稳定性受到一定影响。

（二）思政教育内容单一

目前，大部分高职院校的思政教育内容相对单一，主要围绕党的理论、国情国策等内容展开。这种内容的单一性导致学生对思政教育的重视程度不够，认为思政教育只是为了完成学分要求而存在。同时，由于内容的单一性，思政教育会让学生感到枯燥和乏味，降低了其学习兴趣和积极性。另外，高职院校的思政教育内容也相对滞后于社会发展，无法及时引导学生认识社会现实、关注热点问题，缺乏对当下社会问题的思考和讨论，难以满足学生的需求和实际应用的要求。

（三）缺乏有效的评估机制

高职院校大学生思想政治教育缺乏有效的评估机制。目前，大部分学校的思政教育只重视教学过程中的表现，而忽视了对学生思想政治教育效果的综合评估。同时，学生对思政教育的认识和态度往往无法得到及时反馈和指导，教师也难以及时调整教育方法和手段。缺乏评估机制不利于改善和提高思政教育的效果，也无法及时发现和解决思政教育中存在的问题。

（四）新媒体和互联网的影响

在新媒体极度发达的时代，我们生活在一个比以前任何一个时代都更加视觉化、信息化、碎片化的时代。在新媒体环境下，自媒体式的信息加工与传播改变了旧有的信息传播格局，形成了复杂的社会思潮和多元的社会舆论，这给思想政治教育带来了新的挑战。传统的思政教育形式无法满足学生获取和传递信息的需求，学生更倾向于通过互联网和社交媒体获取信息和表达观点。然而，新媒体和互联网也存在着信息泛滥、谣言传播等问题，容易导致学生的价值观和思想观念受到影响甚至产生混乱。西方主流意识形态通过新媒体平台不断渗透和传播，也对高职院校意识形态安全带来了巨大挑战。因此，如何在新媒体和网络时代做好思想政治教育工作是高职院校所面临的严峻挑战。

三、高职院校大学生思想政治教育的路径

（一）结合"三全育人"理念，创新思政教育形式

"三全育人"即全员育人、全过程育人、全方位育人，是高校思想政治教育的重要理念。在大学生思想政治教育中，要结合"三全育人"理念，创新思政教育形式[1]。首先，要注重全员育人，将思政教育纳入高职院校的教育全过程中，不仅是在特定的课程中进行，还要贯穿于所有课程和活动中。其次，要注重全过程育人，从大一到大四，持续进行思政教育，逐步引导学生形成正确的世界观和价值观。最后，要注重全方位育人，通过多种形式和手段进行思政教育，如开展学生活动、社团活动、志愿者服务等，增强学生的思想教育实践能力。同时，要借鉴先进的教育理念，引入新的教学方法和手段，如项目化学习、教学评一体化等，使思政教育更具吸引力和实用性。

（二）拓宽思政教育内容，引入多元的观点和话题

传统的思政教育主要注重政治理论知识的灌输，容易使学生感到枯燥和乏味，缺乏吸引力。要改变这种状况，可以通过引入多元的观点和话题，使思政教育更加生动有趣，更贴近学生的实际需求。首先，可以引入多元的观点，开展辩论和讨论活动。通过不同观点的对比和争论，可以激发学生的思考和提高其思辨能力，帮助他们形成独立、全面的思考方式。例如，可以就当前社会热点问题进行辩论，鼓励学生积极参与，发表自己的观点，并逐步形成自己的政治立场。同时，教师也要注意引导学生尊重他人观点，培养学生的辩论技巧和沟通能力。其次，可以引入多元的话题，涉及社会、经济、文化等多个方面。思政教育应该关注学生的现实生活，在课堂上谈论关于就业、创业、社会责任等实际问题，引导学生思考并提出解决方案。此外，还可以通过讲座、讨论、小组活动等形式，邀请相关领域的专家、学者分享自己的经验和观点，拓宽学生的思维。同时，要注重培养学生的批判思维和创新精神。思政教育不仅要传授知识，更要培养学生的思考能力和实践能力。

（三）建立有效的评估机制，完善思政教育体系

在高职院校大学生思想政治教育的路径中，建立有效的评估机制是非常重要的一环，可以促进思政教育的规范化和科学化[2]。通过评估机制，可以对思政教育的实施效果进行全面的评估和反馈，及时发现问题，加以改进。首先，建立定期的评估和调查机制，对学生进行问卷调查，了解他们对思政教育的认知和满意度。通过这些调查结果，可以了解学生对思政教育的理解程度和投入程度，评估教育的效果，发现问题并及时采取措施解决。其次，可以建立学生学习档案和综合素质评价体系，将思政教育的内容和效果纳入综合评价中。通过学生学习档案的记录和综合评价的反馈，可以全面了解学生的学习情况和思政教育的能力培养效果，为学生提供个性化的指导和发展方向。同时，要注重对教师的评估和培训，不断提高教师思政教育的教学水平和能力。可以通过对教师教学表现的评估，了解他们的教学效果，并给予积极的反馈和指导，鼓励教师不断创新教学方式和方法，提高思政课程的吸引力和教育效果。此外，还可以建立校园文化氛围评估机制，评估思政教育在学校整体文化建设中的作用和影响。通过观察学校的文化活动和学生的参与情况，可以评估思政教育对于营造积极健康的校园文化氛围的效果，并根据评估结果进行相应的改进和优化。总之，建立有效的评估机制能够促进思政教育的规范化和科学化，为优化教育内容和方法提供依据。通过评估和反馈，可以进一步提高思政教育的效果和质量，培养高素质的大学生。

（四）加强新媒体和互联网思政教育的建设

在高职院校大学生思想政治教育的路径中，加强新媒体和互联网思政教育的建设也是非常重要的。随着互联网技术的快速发展，新媒体已经逐渐成为大学生获取信息和交流思想的主要渠道之一。因此，利用新媒体和互联网开展思政教育可以更好地与大学生进行互动，提高思政教育的传播力和吸引力。首先，可以建立校园思政教育平台，提供大量的思政教育资源。通过这个平台，学生可以随时随地获取到思政教育相关的信息，如党的理论知识、历史知识、经济政策等。平台上可以开设在线学习课程，举办网络讲座，开展主题活动等，提供丰富的学习和交流机会。同时，还可以设置学习任务和讨论话题，鼓励学生进行在线学习和自主探究，培养学生的独立学习能力和主动思考能力。其次，可以利用社交媒体平台进行思政教育宣传[3]。大学生是社交媒体的主要用户群体，通过在社交媒体平台

上发布思政教育内容和活动信息，可以更好地引起学生的注意和激发其兴趣。可以开设校园思政教育微信公众号、微博账号等，每天推送一些有趣的思政教育内容，如案例分析、名人名言、学生活动等。学生可以通过评论、点赞等方式进行互动，从而增加学生的参与度和积极性。再者，可以开展网络思政教育活动。利用网络平台的便利性，开展各种形式的思政教育活动，如网络辩论赛、网络主题讨论、网络写作比赛等。这些活动可以让学生在家里、宿舍或课余时间参与，不受时间和空间的限制，增加了学生参与思政教育活动的机会和便利性。同时，可以设置奖励机制，鼓励学生参与活动并发表自己的观点和见解，提高学生的积极性和主动性。最后，要加强对新媒体和互联网思政教育的管理和监督。建立专门的团队负责思政教育平台的建设和运营，并定期进行内容审核和更新。同时，要加强对学生在互联网上的行为监管，避免出现不当言论和不良信息对学生产生的不良影响。另外，还要注重用户反馈和评价，根据学生的需求和反馈对平台进行改进和优化，提高思政教育的有效性和可操作性。

四、结束语

高职院校大学生思想政治教育的路径研究是当前亟待解决的问题。在高职院校大学生思想政治教育中，需要采取一系列措施从形式、内容等方面来提高其效果。同时，要注重思政教育的个性化和差异化，根据不同学生的需求和特点开展相应的教育活动。通过持续的努力和创新，可以不断提升思政教育的吸引力和实用性，促进大学生的思想政治水平和人格的全面发展。

参考文献

[1] 罗文竹. 新时期高职院校大学生思想政治教育创新研究[N]. 科学导报，2023-02-07(B04).
[2] 刘婷，母小勇.立德树人视域下高职院校大学生思想政治教育模式探析[J]. 延安职业技术学院学报，2022，36(6): 12-17.
[3] 付欣. 论当代高职院校大学生思想政治教育实效性研究[J]. 湖北开放职业学院学报，2022，35(18): 59-60，63.

"大思政"格局下高职院校学生思想政治教育创新研究

王馨馥

四川国际标榜职业学院，四川成都，610103

【摘　要】人才是国家发展的关键资源，在高职院校的人才培育中，要将思政育人放在首位，坚持多方参与、全过程思政渗透以及立德树人的教育原则，推动我国职业教育的创新发展。在2017年教育部颁布的《高校思想政治工作质量提升工程实施纲要》中提出了十大育人体系，其中"大思政"是该育人体系落实的出发点和落脚点。为积极应对"大思政"要求下的高职院校思想政治教育工作要求，高职院校要充分发挥资源优势，构建具有校本特色的"大思政"思想政治教育体系，为高职院校的思政育人开辟全新路径。

【关键词】"大思政"；高职院校；思想政治教育

为达到高职院校思想政治教育提质增效的目标，教育部在2022年出台了《全面推进"大思政课"建设的工作方案》。在这一背景下，高职院校要认识到思想政治教育工作的重要性和紧迫性，构建基于"大思政"格局下的高职院校思想政治教育体系，明确了解"大思政"的内涵以及本质特征，拓展高职院校的思想政治教育视野，丰富高职院校思想政治教育理论内容，提高高职院校学生的道德认知水平，为学生的社会道德与职业素养发展奠定良好的基础。

一、"大思政"的内涵

（一）思想政治教育贯穿于各个学科

"大思政"是指学校开展的思想政治教育工作打破校内思想政治专业知识的局限性，将思想政治教育内容渗透到各个学科中，使学校内的思想政治教育覆盖面实现横向扩宽。随着科学技术和互联网技术的不断发展，"大思政"理念已经逐渐被人们接受并应用到各个领域以及各行各业之中[1]。

基于"大思政"格局下的高职院校思想政治教育，在具体的教学内容以及活动等方面需要展示出极高的开放性，将思政教育从教材中的基础理论扩展到多个学科领域，在专业学科理论知识教学的同时，兼顾思政育人功能，扩展思想教育的覆盖范围。除此之外，"大思政"也明确指出了思政课堂教学只是学校进行思政教育的途径之一，是学生全面系统地学习思想政治理论知识的主要渠道。考虑到学生个体拥有逻辑思考能力，在思想政治教育中，学生不能只是简单地接受相关知识、完成课程学习任务即可，而是要对思想政治知识产生高度的认同感，这样学校的思想政治教育目标才能达成。基于"大思政"格局下，在各个专业的教学中挖掘思想政治教育元素，为思政教育打下坚固的理论基础，能够让学生从多维度、多层次理解和接受思想政治观念。

（二）思想政治教育倡导教育主客体平等

基于"大思政"格局下，思想政治教育更倾向于逐步建立完善的教育体系，通过创新多样的教学手段来调动学生的学习热情，强调学生的主观能动性，充分发挥教师的指导功能，为学生提供更多的体验和实践机会，为学生的积极健康发展提供全过程的引导，充分响应学生主体的号召。同时，还要加强对学生的心理疏导，提高其心理素质，增强其社会责任感，使学生能够成为德智体美劳综合素质高的优秀人才[2]。在课程建设中，以"人本理念"为出发点，推动学生在各方面实现全面、和谐和可持续的成长。在"大思政"格局下的高职院校思想政治教育中，教师的职责不仅局限于带领学生学习理论知识和参与实践活动，也要致力于为学生提供必要的帮助，解答他们在现实生活中遇到的问题，密切关注学生的思想方向和情感变化，引导学生树立积极价值观，以此实现教育教学过程中主体与客体地位上的平等。

（三）思想政治教育体现在校园的各方面

基于"大思政"格局下，思想政治教育不应只局限于单一的思政课堂，而是要渗透到校园生活的各个方面，采用显性和隐性兼顾的教育方法。隐性教育是一种常见的教育形式，学生在学校中的日常生活、校园环境、校园文化氛围以及各种各样的校园活动均可视为隐性教育因素，能够在潜移默化中影响学生，对于学生习惯和行为的养成有着重要的作用[3]。另外，学校自身的管理方式和管理制度等方面的变化，也可作为隐性教育因素，能够对思想政治教育的落实效果起到一定的影响。在职业院校中，思想政治工作人员要高度重视这些要素,并通过主动的引导手段,贯彻落实从"大思政"视角出发的思政教育理念。"大思政"格局下的思想政治教育要坚持以人为本原则,注重人文关怀,强调人本价值理念,打破传统思想政治教育的形式限制,让广大学生在思想政治教育中占据主导地位,将思政教育整合到高职院校完整的教学体系中,以实现思想政治教育在校园各处的全面渗透。

二、"大思政"格局下高职院校学生思想政治教育的实践方向

(一)交互主体性

首先,从"大思政"这一视角出发,高职院校思想政治教育的关键在于最大限度地发掘和利用个人的主观能动性,教育者与受教育者之间的共识和互相理解构成了思想政治教育的主要追求目标。这一目标的实现有助于在思想政治教育过程中,实现个人主体性与主体之间的和谐统一,并呈现出思政工作者与学生在人格和对话交流等方面的地位平等[4]。其次,基于"大思政"格局下,学生在思想政治教育中要拥有发言权,教师向学生传达价值观念和价值理念,而学生也能毫无拘束地阐述他们的看法和立场,与思想政治教师进行深度的对话与交流。通过这种双向互动,在师生之间形成一种良性互动关系,不仅有助于持续改进教育教学手段,也能在两者之间构建深刻的情感纽带,使教师赢得学生的信赖和认同。这不仅能提升学生对思想政治理论知识以及思想观念的接受度和理解度,还能更有效地引导学生参与实践活动,为学生的全面发展创造条件。

(二)植根于生活

基于"大思政"格局下,思想政治教育要以学生的实际生活经验为基础,并指导他们主动参与实践活动。我们生活的社会充斥着多样性、实践性和人本性,通过参与社会中的实践活动,学生能够接触自己的内心世界,收集与日常生活、情感、道德和价值观相关的知识,能够为思想政治教育中教育者和受教者之间的思想交流提供素材和灵感。社会生活以人为主体,以人的活动为主线,倡导通过平等的对话进行情感和心灵上的交流,从而使交流的双方能够互相理解。在"大思政"的理念下,思想政治教育的关键参与者——学生和思政教育工作者,实际上都生活在一个相同的社

会中[5]。通过平等的交流和对话，思政工作人员可以更多地关注学生的内心世界，学生也能深入地领会思政教育工作者的教育目的。这种双向理解颠覆了传统思想政治教育中的"强行灌输"和"单方面传授"，使思想政治教育变得更为具体、生动和富有人情味，使思想政治教育深入到学生的内心深处，引导他们在日常生活中采取实际行动，从而达到思想政治教育的育人目的。

（三）彰显人文关怀

人们普遍认为，人文关怀是影响人类文明建设的核心因素之一。高职院校思想政治教育的核心目标是塑造学生的精神世界，在这一过程中，人文关怀起着不可或缺的基础性作用。在"大思政"的理念下，思想政治教育的目标是提高学生的精神素质，滋养他们的心灵世界，持续强化他们的人格和道德修养。而人文关怀是在教育过程中充分利用传统和现代文化的力量，助力学生的全面发展。通过人与人之间的交往活动，使学生的人性和品格得到完善，秉持对学生的关心和理解等态度，尊重学生的主观意愿和个体差异，提高思想政治教育的亲和力。

三、"大思政"格局下高职院校学生思想政治教育创新路径

（一）完善高职院校思想政治教育课程体系

在"大思政"格局下对思想政治课程体系的优化改革进行深入探讨，将思想政治课程在价值引领中的作用放在首位，深刻认识思想政治课程在立德树人中的重要功能，明确该课程作为社会主义人才培养的重要地位以及具体内容[6]。基于"大思政"格局下的高职院校思想政治课程设计，除了要将教材作为主要的教育资源，也要深入挖掘当地与思想政治教育相关的资源，贯彻落实"课程思政"理念。高职院校要在公共基础课、专业课和实践类课程设计中，始终坚持正确的政治方向，以实际价值为导向，贯彻"育人为本，以德为先"的指导思想，深度探究专业课程中的思想政治元素，致力于研究和构建一套课程思政的示范课程。条件允许的情况下，可建设课程思政实践基地。通过多样化的途径，使学生能够从理论与现实相结合的角度来认识专业课程中的思想政治内涵及现实意义，形成全面的课程育人体系。

(二)在课堂内外同步开展思想政治教育

显性课程和隐性课程是思想政治教育的不同形式,显性课程主要集中在课堂教学的理论讲解上,隐性课程一般以第二课堂作为主要的教学场所,在现实环境中实现价值观的深入传播和渗透。这两种教学方法相辅相成,共同推动思想政治教育的进步。基于"大思政"格局下的高职院校思想政治教育模式就是将显性课程和隐性课程融为一体的教学方式。在系统化的课堂教学中,为学生讲解教材中的思想政治知识,强调思想政治教学的理论深度和主导性,增强师生间的沟通与理解,为隐性课程的开展提供良好的前提条件[7]。在课堂以外,学校内各个部门和社会系统共同参与,打造思想政治教育体制机制,精心规划校园环境,组织校园文化活动和社会实践活动。加强学校与家庭、社区等单位之间的联系,策划并执行课外思想政治教育活动。无论是在学校、企业、社区还是家庭中,都要致力于融入思想政治教育元素,并提高思想政治教育的实践性、主观性和启示性,潜移默化地影响学生的习惯和行为,逐步促进学生完善人格的形成。此外,高职院校要充分利用信息化和互联网+的优势,满足学生的多样化学习需求,深入研究和整合课堂内外以及线上线下的思想政治元素,利用网络的隐性教育功能,开设高职院校思想政治教育主题网页,设计高质量的网络思想教育课程。

(三)整合社会思政教育资源,构建协同育人的环境

教育工作绝不能只依赖于学校,除了学校以外,社会也是学生学习和成长的关键舞台,社会环境也在一定程度上决定着学生价值观和人生观的形成。因此,基于"大思政"格局下的高职院校思想政治教育体系,不能局限于学校教育和家庭教育,只有在全社会的共同努力下才能实现育人目标。高职院校要将当地的各类思政教育资源,包括红色资源、中华优秀传统文化资源、科技资源以及国防教育资源进行整合,将其作为学校思想政治课程体系的扩展和延伸。例如,长征精神是中华民族爱国主义的最高体现,是我国革命先辈留给我们的宝贵的精神文化财富,高职院校在思想政治教育中将红军长征作为教育素材,培养学生养成不惧艰险、攻克难关的勇气。除此之外,网络作为当今时代最主要的媒介形式,可以为高职院校的学生带来全新的思想政治学习渠道[8]。思想政治教师可利用电影、电视剧和广告等教育资源,为学生提供多样、生动的思想政治教育内容。也可以借助互联网技术加强校园文化建设,提升学校整体形象,增强师生之间的沟通联系。

为了更有效地对高职学生进行思想政治教育，社会各界需要从多个维度出发，整合线上和线下教育资源，与家庭以及高职院校携手合作，构建综合性的育人体系，为学生的成长和成才创造良好的外部环境，使学生能够时刻受到思政教育资源的熏陶，提高"大思政"格局下思想政治教育的实效性。

四、结束语

随着时代的发展，高职院校的思想政治教育也面临着新的挑战与机遇，而"大思政"理念的引入无疑为高职院校提供了全新的思考路径。"大思政"理念强调全局思维和整体意识，指出思想政治教育不能只局限于单一的思政课堂，而是要渗透到各专业以及校园和社会的方方面面中。"大思政"理念注重实践和实证，倡导学校在开展思想政治教育时，要注重实践导向，让学生能够在实践中深化认识和提升能力。高职院校要贯彻落实"大思政"的各项要求，不断创新和改进思政教育方法和手段，为培养具有高尚品德和深厚学识的高素质人才做出更大的贡献。

参考文献

[1] 杨际东. "四史"教育融入高职院校"大思政课"的育人路径[J]. 林区教学，2023 (12): 6-9.

[2] 张旭阳. 新时代青年思想政治教育工作的经验分析[J]. 现代商贸工业，2024，45 (2): 199-201.

[3] 史敏, 马杰, 贾岩松, 王书力. "大思政课"背景下职业教育课程思政改革分析[J]. 汽车维修与保养，2023(12): 85-87.

[4] 张燕明, 冷馥辰. "大思政课"理念下思政课实践教学的实施理路[J]. 思想政治理论与实践，2023 (1): 3-11.

[5] 沈锦华. "大思政课"视域下区域优秀文化资源开发探析[J]. 佳木斯职业学院学报，2023，39 (11): 124-126.

[6] 梁伟业. "大思政课"格局下民办高职院校思政课教学生活化策略探析[J]. 重庆电子工程职业学院学报，2023，32 (5): 94-99.

[7] 席晓丽. "大思政课"视域下高校思想政治理论课建设论析[J]. 南阳师范学院学报，2023，22 (5): 45-50.

[8] 李伏清, 范佳. "大思政"视域下红色资源融入思政课的理路与实践探析[J]. 红色文化学刊，2023 (3): 95-101, 112.

《中华人民共和国民法典》融入"思想道德与法治"课程教学研究

马晓英

四川国际标榜职业学院,四川成都,610103

【摘　要】将《中华人民共和国民法典》融入"思想道德与法治"课程,既是对大学生普法教育的需求,也能够丰富课程内容、促进思想教育和道德教育。在本课程的思想教育、道德教育和法治教育模块中根据教学内容都可以有效融入民法典的理念、原则和规定。在教学方法上,采用案例教学法、问题教学法和实践教学法都能有效提升教学效果。

【关键词】民法典;融入;"思想道德与法治"课程;教学

一、《民法典》融入"思想道德与法治"课程的必要性

1. 对大学生普法教育的需求

《民法典》的诞生意义重大,是我国社会主义法治建设的重大成果。《中华人民共和国民法典》是民事生活的百科全书,它既是一部人民权利的保障书,也是一部我国道德与法律建设的教科书。习近平总书记对民法典的实施工作提出了具体的要求,特别强调:"要把民法典纳入国民教育体系,加强对青少年民法典教育。"非法学专业的大学生主要通过"思想道德与法治"课程获得普法教育,并没有其他专门的法律课程,因此将民法典融入本课程就是必需而且必要的。

2. 丰富课程内容的需求

"思想道德与法治"课程中法律部分为一章,内容总量只占课程的四分之一且主要内容是介绍中国的法治道路和法制体系,具有非常强的理论性,内容比较枯燥,对于培养学生的法治意识其知识量不够充足。将民法典有效融入该课程,不但丰富了课程的教学内容,而且在普及民法典知识的同

时能够提升大学生的法治意识，对培养未来德智并进、全面发展的高素质社会主义建设者和接班人具有非常重要的意义。

3. 思想教育、道德教育与法治教育不可分割的关系需求

思想教育的目标是引导学生树立正确的人生观、世界观和价值观，培养勇于实践的精神、实事求是的态度和科学的思想方法，使他们能够正确处理个人发展与社会、国家发展之间的关系。民法典中所包含的基本理念和基本原则对于学生思想认识的发展具有引导作用，将其融入思想教育，会丰富教学内容，提升教学效果。

道德是心中的法律，法律是成文的道德。道德与法律不可分割的关系使得其在教学中也应该彼此融合。《中华人民共和国民法典》第一条就表明：弘扬社会主义核心价值观是制定本法的目的之一。将民法典中核心的原则和规范融入道德部分的教学中，使得道德教育避免过多的说教，使学生在潜移默化中形成对道德的向往和对法律的敬畏。

二、《民法典》融入"思想道德与法治"的教学内容设计

融入不是法律知识的罗列，而是要将基本理念、基本原则，重点规范无痕地融入课程内容当中，以达到提高学生法治思维、法治意识的作用。

1. 思想政治教育模块（表1）

表1 思想政治教育模块表

思想政治教育		民法典
教学主题	融入点	融入内容
人生价值	个人与社会的辩证关系	民法典诞生的意义、"以人为本"的基本理念和"平等、自愿、公平、诚信、绿色"的民法基本原则
理想信念	坚持个人理想与社会理想的有机结合	
中国精神	中国精神的基本内涵	
核心价值观	社会主义核心价值观的基本内容	

在人生价值主题"个人与社会的辩证关系"教学中，讲述清楚个人利益和社会利益在根本上是一致的，人只有在推动社会进步的过程中，才能实现自我发展和满足自我需求。因此，我们应该投身社会实践，逐步完善一个人人平等、权利能够得到有效保障的和谐的法治社会，民法典在这个目标的实现中起到了非常重要的作用。在这里，可以讲述民法典

中平等、自愿、公平、诚信、绿色的基本原则保障了公民的个人利益，平衡了个人利益与社会利益的关系，是处理社会中人与人之间的关系、人与社会关系的基本原则。

理想信念这部分的教学融入与人生价值主题类似，在讲述"坚持个人理想与社会理想有机结合"时，阐述清楚个人理想与社会理想是一致的，个人理想是在推动国家和民族事业发展的过程中实现的，建设法治国家、法治社会是国家和民族事业的重要方面。在这里，可以融入民法典基本原则，阐明个人应该在实现理想的过程中践行法治原则，推动法治国家的发展。

在中国精神这部分，要阐述伟大创造精神是对中国精神内涵的解释之一，古有四大发明、诗词歌赋、长城水运、建筑工程，现有高铁、3D打印、自动驾驶等。国家鼓励各个方面的改革创新，《民法典》是法治建设过程中的改革创新成果，在立法体例和立法内容上适应当代社会的历史潮流和时代发展的要求，同时有很多创新之处，比如人格权单独成编、设置居住权等。在融入民法典重大意义的同时介绍民法典的主要内容。

由于民法典的内在价值与社会主义核心价值观具有契合性，民法典是社会主义核心价值观的立法表达。因此，在核心价值观这部分可以充分融入民法典内容，彰显民法典在弘扬社会主义核心价值观中所起的作用。社会主义核心价值观基本内容都可以在民法典规定中找到相应的规定，比如《民法典》第183、184条对见义勇为行为中救助者所受损害给予补偿及免责的规定，体现了民法典基于友善价值观对救助人的宽容和对文明行为的肯定与弘扬；民法典在保护人身自由、行动自由、婚姻自由和社会活动自由的规定中体现了对公民核心价值观中自由的保障；民法典第185条对侵害英雄烈士的姓名、肖像、名誉、荣誉的规定弘扬了爱国主义精神；第1053条对隐瞒重大疾病而登记结婚可撤销的规定，彰显了对婚姻诚信的要求。

2. 道德教育模块（表2）

表2 道德教育模块表

道德教育		民法典
教学主题	融入点	融入内容
道德规范与道德品格	社会公德	侵权责任承担的基本原则和主要规定
	职业道德	民法基本原则和合同编相关规定
	家庭美德	婚姻家庭编的基本原则和相关规定
	个人品德	民法基本原则

由于道德与法律之间关系紧密，因此在道德这部分可以大量融入民法典知识，使道德教育与法治教育同向同行，同时提升学生的道德修养与法治素养。

社会公德要求，每一个社会成员都应该文明礼貌、助人为乐、爱护公物、保护环境、遵纪守法，这与民法典"侵权责任"编的价值导向相契合。"侵权责任"积极贯彻生态文明理念和绿色原则，对于污染环境和破坏生态两种侵权行为的规定，对于生态环境损害惩罚性赔偿制度、生态环境修复责任制度和环境公益诉讼制度都可以融入进来。同时，对于社会热点的很多规定也是融入重点，比如高空抛物致人损害责任规定、网络侵权责任规定、好意同乘责任分担、侵犯知识产权惩罚性赔偿、缺陷产品召回制度、机动车交通事故责任、自甘风险及自助行为等。

诚实守信是职业道德中的主要规范，也是民法中的"帝王原则"。民法典关于诚信的规定非常多，都可以融入职业道德的讲授中，比如442条合同编中对意思表示的解释：应当按照所使用的词句，结合相关条款、行为的性质和目的、习惯以及诚信原则，确定意思表示的含义，第500条缔约过失责任、501条的合同保密义务、509条中的合同履行诚信原则及558条债权债务终止后诚信义务等。

在家庭美德这部分，婚姻家庭法可以充分融入。首先，《民法典》1 043条就是关于家庭美德的规定：家庭应当树立优良家风，弘扬家庭美德，重视家庭文明建设；夫妻应当相互忠实、互相尊重、互相关爱，家庭成员应当敬老爱幼，互相帮助，维护平等、和睦、文明的家庭关系。其次，婚姻法所确立的保护婚姻自由、一夫一妻、男女平等、保护未成年人和老年人的合法权益等基本原则可以融入家庭美德的讲授中。再者，关于离婚冷静期、收养人范围扩大至有一个子女等热点问题也可以融入。

在个人品德部分，主要融入民法典对于善意行为的法律保障。如第184条规定：因自愿实施紧急救助行为造成受害人损害的，救助人不承担民事责任。而且因保护他人民事权利使自己受到损害的，还可以向侵权人或受益人请求补偿（183条），要让学生意识到，"好人是有好报的"，老人摔倒"扶不扶"也不再是一个令人纠结的问题，可以去放心追求高尚的道德目标。

3. 法治教育模块（表3）

这一模块是民法典融入课程的重点部分，基本每一个知识点都可以将民法典作为载体进行阐释。

表3 法治教育模块表

法治教育		民法典
教学主题	融入点	融入内容
法治思想与法治素养	法律运行	民法典的形成过程
	法治体系	民法典的重要地位及其意义
	法治思维	民法典亮点和社会热点案例
	权利义务	民事主体、民事权利、物权编和人格权编的主要规定

在法律的运行这一部分要让学生了解法律从创制、实施到实现的整个过程，包括制定、执行、适用、遵守等环节。可以以民法典为例去了解这个过程。通过介绍民法典是由党的十八届四中全会提出、在第十三届全国人民代表大会第三次会议上对草案进行审议、表决通过并由习近平签发主席令公布实施，让学生了解法律制定过程；通过讲述民法典生效后民事纠纷案件的时间效力，让学生理解新法与旧法适用的问题。

在法治体系这部分要让学生理解：建设中国特色社会主义法治体系是全面依法治国的总抓手，而完备的法律规范体系是法治体系的重要组成部分。作为社会生活"百科全书"的《民法典》，是最重要的国家基本法。它不仅为社会活动提供了最普遍、最常用、最活跃的法律规范，而且在整个法律体系中起到贯穿的作用，是其他法律的立法基础。民法典健全和完善了中国特色社会主义法治体系。

培养法治思维是法治教育的重要目标，法治思维中的法律至上、公平正义和权利保障原则在民法典中得到了充分体现，在这一部分，可以通过大量的民法典规范亮点和社会热点案例让学生掌握民法典知识和法律分析方法，从而在潜移默化中提升法治思维。

在权利与义务这部分，《民法典》提供了充分的素材，因为《民法典》就是"公民民事权利的保障书"。在民事主体部分，主要选取自然人民事权利能力和民事行为能力讲述。民法典"民事权利"这部分可以用列举的方式让学生了解公民所享有的民事权利的主要内容。由于物权和人格权是自然人生活中最重要的两项权利，因此选择这两编中的重要规定进行介绍。物权编可以选取物权的内容、物权的变更、建筑物区分所有权、居住权讲解。人格权编可以列举介绍权利的主要内容，重点介绍热点规定：隐私权和个人信息保护。

由于《民法典》内容庞大，覆盖全面，所以在教学内容的选取上，要注意避免全面展开。全面展开既不可能也没必要，应该只选取跟本课程相关的内容，作为本课程的有力支撑，过多讲述法律知识，将会舍本逐末，弄巧成拙。

三、《民法典》融入"思想道德与法治"的教学方法

1. 案例教学法

案例教学法是法律教学中主要的教学方法，它比较符合大学生的认知规律和心理需求，它以实践中的个案研究为基础，以问题研究为核心展开教学。在案例的选择上，要考虑以下几个方面：

（1）具有较强的针对性。所选取的案例要契合教学内容，帮助学生在分析案例的过程中获取知识并提升法治意识，避免只注重故事性而忽略教育性。

（2）贴近学生的生活。选取生活中容易发生的普通案例，更易于学生理解民法典的实用性。

（3）发生时段较近。就是选择的案例比较"新"，青年对于生活中发生的新事件更感兴趣，应从最新发生的事件中选取案例，以提高学生的学习积极性。

案例教学大多结合理论讲授、课堂讨论、观摩等教学方法进行。通过案例分析，不但使学生熟悉了民法典的相关规定，而且培养了学生观察问题、分析问题、解决问题的能力，全面提高学生的法治思维和法治素养。

2. 问题教学法

问题教学法是以阐述、解析疑难问题和解开学生疑惑为基本方式的教学方法。苏格拉底认为，让人们去质疑他们认为已经知道的东西，而不是向他们说教，会让人更深刻地理解事物。因此，问题教学法是能使学生将思政课教学内容入脑入心的有效的教学方法。

问题来源于两方面，一方面来自学生日常生活中发现的问题，另一方面教师根据授课内容向学生提问。学生在日常生活、社会交往和网络生活中会遇到一些法律问题，可以在课前收集，选取具有代表性的问题作为教学素材，组织学生在课堂上或网络空间讨论，教师引导学生得出答案，培养学生的法治思维。

教师可以围绕教学内容提出问题，学生通过课前资料查找、小组合作

探究、课堂讨论得出答案。比如在学习第六章第一节"我国社会主义法律的运行"时,要学习"法律制定",就可以以"民法典"为载体,让学生了解我国法律的诞生过程。可以提出问题:一部法律是如何诞生的呢?在课前布置学习任务:上网查阅我国民法典的诞生过程并撰写阅读笔记。在学习第二节"坚持全面依法治国"这一部分时,可以提出问题:《民法典》的诞生在我国法治建设中的意义是什么?并布置课前任务:小组查找资料,以合作探究的方式完成学习。在学习第四节"自觉尊法学法守法用法"时,提出问题:民法典有哪些热点规定?并布置任务:上网查阅民法典热点问题规定,并撰写自己的观点,在课堂上分享。此种任务驱动的教学策略有助于将学生课前、课中和课后的学习任务串联起来,提高了学生的学习积极性,也提升了学习效果。

3. 实践教学法

实践教学法是指在课程的实践教学过程中融入民法典的内容,主要是在法律部分的学习中。笔者在法律部分的教学实践中主要采用过三种课内课外实践活动:知识竞赛、模拟法庭和社区法律问题调研。

法律知识竞赛是我校非常成功的课内实践教学活动。由于法治意识的提升是建立在学习法律知识和掌握法律方法的基础之上的,因此为了提高学习效率和提升学习效果,在知识竞赛活动中,首先在课前向学生发放法律知识自学引导题单。题单是教师根据民法典重点法条和案例实务全部以案例的形式编写,大约100题,学生根据案例查找相应的法律规定,在完成案例分析的过程中也熟悉了民法典。在课堂竞赛中,学生分组根据竞赛规则按程序参与竞赛,教师作为专家公布答案和分析案情,由于案例具有趣味性、知识性和实用性,再加上成绩的激励竞赛环节的环环相扣,刺激了学生的求知欲,提高了学生的学习积极性,取得了良好的教学效果。

在模拟法庭实践活动中,主要选取生活中典型的案例,学生分组查找资料,熟悉民事审判程序,自行排练。这个活动可以充分发挥学生的主观能动性。社区法律问题调研活动要求学生在当地社区组织的帮助下,分组去了解普通群众所遇到的法律问题并进行分析,撰写分析报告并在课堂上与老师和同学讨论,得出结论,亦可以将结论反馈给法律问题当事人,作为大学生对社区群众的法律援助。

"教无定法",教师可以根据自己的教学特点和特长,采用适合学生的教学方法，将民法典内容充分融入该课程。

参考文献

[1] 习近平. 充分认识颁布实施民法典重大意义 依法更好保障人民合法权益[J]. 求是，2020(12): 9.

[2] 尚黎阳. 民法典守护人民群众美好生活[N]. 南方日报，2021-08-09.

[3] 冯务中. 以问题教学法提升思政课实效性[M]. 中国高等教育. 2019(11): 7-9.

[4] 莎娜·皮普斯. 深度教学[M]. 张春依，田晋芳，译. 北京：中国青年出版社，2020: 21.

问题教学法在《中华人民共和国民法典》融入"思想道德与法治"课程教学中的应用

马晓英

四川国际标榜职业学院，四川成都，610103

【摘　要】将《民法典》融入"思想道德与法治"课程的教学中采用问题教学法效果最优。不仅有助于培养学生的思维能力和拓展知识获取的边界，而且能使学生真正成为教学的主体。本文就问题教学法在《民法典》融入"思想道德与法治"课程中的实施过程、方法和应该注意的问题进行了分析和阐述。

【关键词】问题教学法；民法典；融入；思想道德与法治

　　将《民法典》有效融入"思想道德与法治"（简称"德法"）课程，在高校思政课教学实践中已成为共识。由于《民法典》蕴含着极其丰富的思想道德教育因子，将其作为思政课教学的载体，既能提升德育的效果，又能实现对大学生进行法治教育、培养其法治思维和提升法治意识的目的。如何有效地将《民法典》融入"德法"课程的教学中，是值得研究的问题。笔者在教学实践中采用了多种方法，效果最好的是问题教学法。

一、采用问题教学法的缘由分析

　　问题教学法是以阐述、解析疑难问题和解开学生疑惑为基本方式的教学方法。苏格拉底认为，让人们去质疑他们认为已经知道的东西，而不是向他们说教，会让人更深刻地理解事物。习近平总书记也在学校思想政治理论课教师座谈会上强调，思政课要注重启发性教育，引导学生发现问题、分析问题、思考问题。问题教学法体现了科学的教育理念，是能使学生将思政课教学内容入脑入心的有效教学方法。

　　问题教学法有助于培养学生的思维能力。在传统的讲授法教学中，学生的问题意识较为缺乏，表现为很少发现问题、提出问题和表述问题，更不擅于解决问题,原因在于教师往往只注重知识的传授而忽略了对学生思维能力的培养。问题意识是创新创造的源泉,在问题教学法中,通过学生的自主探究,师生之间和学生之间平等讨论和对话交流,激发学生的思维,引导学生大胆质疑,勇于发现问题和提出问题,鼓励学生深入思考,培养他们大胆假设、逻辑推理、深度探索和勇于创新的思维能力。

问题教学法能够拓宽知识获取的边界。大学生思想活跃,知识信息获取量大,他们在自主探索问题的时候就需要查找资料,他们或者通过图书馆查阅纸质书籍,或者通过网络引擎进行文献检索,在这个过程中他们会阅读大量资料,知识面大大突破了本课程的范围。师生在课堂上解决问题的时候也往往打破了学科的界限,例如一个法律案例往往涉及心理学、社会学和历史学等学科。

问题教学法使学生获得了教学的主体地位。在问题教学法中,教师作为教学的主导,引导和启发学生探求问题的答案,从而帮助他们获得了知识,建立起自己的认知体系和思维结构。这种方法调动了学生的主动性和独立思考问题的积极性,使学生的独立意识增强、摆脱了对教师和课堂的依赖,活跃了教学气氛,使学生与教师和同学在思想交流和理论观点的碰撞中获得了知识拓展和思维能力的提升。

二、问题教学法在教学中的实施

(一)提出问题

首先,教师依据教学目标和教学内容设置问题。将《民法典》知识融入"思想道德与法治"课程,主要体现在最后一章即法治教育部分。首先应该明确教学目标。需要注意的是,最后一章学习时间占总课时的四分之一,融入《民法典》内容,要把握内容尺度,在教学中切忌面面俱到或具体深入某一方面而使整体教学目标无法达成。教学目标应确定为:了解和理解民法典的意义、原则、体例及各编的主要规定,培养学生的法治思维,提升法治意识。全面展开学习民法典,既不可能,也没必要,也不能以学习民法典替代这一章的学习。然后将教学内容转化为核心问题,这些核心问题体现了学习民法典的主要目标,对每个模块下的学习起着提纲挈领的作用。然后在核心问题的引导下设置层层递进的问题链。问题链其实是由一个个知识点串联而成,学生通过回答问题链中的一个个问题完成知识点的学习。通过问题链的引导学习,核心问题自然也会得到系统解答。例如在学习人格权这一部分时,根据教学目标设置的核心问题是:如何保护我们的人格权?下设的问题链是:我们所享有的人格权有哪些?侵犯人格权应该承担哪些责任?人格权被侵犯后有哪些救济措施、对隐私权保护是怎么规定的?对个人信息保护是如何规定的?教师可以根据自己的教学内容和学生的需求设置问题链。表1为依据教学目标设置核心问题。

表1 依据教学目标设置核心问题

教学模块	知识目标	能力目标	素质目标	核心问题
民法典概述	了解民法典的诞生历程及其重大意义;了解民法典的组成及体例	能根据民法典的诞生分析我国的法治发展历程	树立法治意识	民法典在我国法制体系中处于何种地位
民事主体	理解民事活动中应该遵循的基本原则;理解民事主体、自然人与法人的概念和基本规定	能根据民法基本原则、自然人民事行为能力、法人有限责任的基本规定分析相关案例	树立民事活动中的意思自治、平等、公平、诚信、公序良俗、绿色等意识	民事主体是如何进行民事活动的
物权	了解动产和不动产的设立、变更和转让相关规定,理解居住权的意义与设立	能用基本的物权法律知识分析和解决生活中遇到的物权问题	树立物权意识	我们应如何行使物权
合同	理解合同的概念、意义、效力和订立与履行的基本规定	能用基本的合同法知识分析和解决生活中的合同问题	树立契约意识	合同在我们的生活中是如何运行的
人格权	了解人格权的内容、侵权责任、被侵权救济措施、隐私权和个人信息保护的相关规定	能用人格权法律知识解决生活中遇到的人格权问题,能维护个人的隐私权和保护个人信息	树立人格权保护意识	如何保护我们的人格权

续表

教学模块	知识目标	能力目标	素质目标	核心问题
婚姻家庭	了解结婚离婚的条件及程序；掌握家庭关系中的人身关系和财产关系；了解收养的条件及程序	能分析婚姻中较为普遍的问题	树立婚姻自由、夫妻忠诚、互相关爱、承担责任、保持和弘扬优良家风的意识	婚姻家庭法能指导和解决我们生活中的哪些问题
继承	了解法定继承和遗嘱继承的条件和程序、了解遗产处理的过程	能分析继承中的基本问题	树立依法继承、照顾弱势、互谅互让的意识	继承如何实现
侵权责任	了解侵权行为的类型和侵权责任的承担方式	能分析侵权行为中的普遍问题	树立权利保护、侵权责任承担意识	如何把握权利行使的界限

在问题链引导知识点的学习之后，为了提升学生解决问题的能力和树立法治意识，在每个问题后编制1~2个与现实联系紧密的案例，例如在隐私权的学习中设置的案例是：摄像头纠纷案（关于安装摄像头而涉及侵犯邻居隐私权的案例）。摄像头的安装作为日常生活中普遍出现的现象，安装在什么地方才合法，是学生乐于寻求答案的问题。学生在分析案例的时候能进一步理解所学的知识，同时能引起他们产生更多的疑问，这些问题可以及时反馈给教师和其他同学，作为互动教学问题的重要来源。

其次，学生根据自主学习思考与自身需求提出问题。学生产生问题的方式是多方面的，他们在日常生活中可能会遇到或者思考一些法律问题，在完成以问题链导向的知识学习和案例分析中会产生问题，还会在跟同学探讨交流的过程中产生问题。教师可以把这些问题进行梳理，将部分典型问题融合进问题链和案例学习中，其他的可以编撰成问题集，在课堂教学中或教学平台上讨论。学生传达问题是多渠道的。首先，在法律部分教学开始前，教师向学生征集问题；其次，在每次专题开课前向学生征集问题，最后，学生在课后完成学习任务后，通过线上教学平台、班级群等向老师传达问题。

师生之间和学生之间基于互动产生问题。在课堂和网络教学平台上，师生之间、生生之间在互动时，往往会碰撞出思想的火花，这时会产生一些新问题并使知识得以拓展，思想得以深入。例如，在学习民事行为能力时，教师设置的一个问题是：智力正常的 18 岁以上的成年人是完全民事行为能力人，这意味着什么？学生在回答之后，又困惑地提出问题：那如果我父母不给我提供读大学的费用，也是没问题的吗？教师在解答疑问后又留下思考题：父母在子女成年后依然竭尽全力支持其读书，希望子女有个美好的未来，我们该如何看待这种行为？我们应该怎么做？在互动的过程中由法律问题延伸到了道德问题，在学习法律知识的同时提升了道德修养，润物无声地完成了思想道德教育的目的。

（二）解决问题

在问题教学法中以学生为中心，教师应该充分调动学生的学习积极性，首先应该鼓励学生自主学习解决问题，在学生遇到困难或需要深入理解时予以引导。

学生通过自主学习解决问题。在网络高度发达的现代，学生获取知识途径方便又快捷。教师的主要作用是进行思想引导和答疑解惑。在采用问题教学法的时候充分利用翻转课堂教学模式，将知识的学习安排在课前，在课堂上主要进行讨论、辩论等形式。课前，通过教学平台和班级 QQ 群把问题链和教学案例发送给学生，学生在问题链的引导下查找资料，学习知识，接着分析案例，解决问题，在学习知识的同时也学习如何应用知识。除了教师布置的任务，学生也可以提出各种问题，一起探讨和相互回答。把平台真正打造成学生学习交流的场所。在这里教师不要直接回答问题，先等待其他学生回答，这样就可以从多方面了解学生的思想动态。教师的主要任务是把握好学生回答的方向，并将某些重要或复杂困难的问题记录下来，在课堂上进行讨论或讲解。

教师引导学生解决问题。在以问题为核心的教学互动中可以借鉴苏格拉底教学法，教师不直接把答案告诉学生，而是根据学生已有的知识和经验，通过讨论、问答甚至辩论的方式来发现学生认识中的矛盾，逐步引导学生最后自己得出结论。由于法律的制定是建立在道德基础之上的，因此即使学生在课前并没有充分掌握所学知识，但是他们只要有基本的道德知识和素养（这点大学生基本都有），通过教师的引导，都能得出正确答案，解决基本的法律问题。比如，笔者在教学中带领学生学习"自然人民事行为能力"和监护制度时跟学生分析这样一个案例：李某 10 岁，是一名著名的童星，他父亲打算从李某的收入中拿出5万元，资助生活困难的弟弟（即李某的叔父），问：可以吗？为什么？大多数学生直接回答"可以"，少数同学认为不可以，但是说不上原因。于是，笔者跟学生进行了一系列问答对话：

教师：监护人的职责里有一条是保护和管理被监护人的财产，那么监护人在履行监护职责时始终应该维护谁的利益？

学生：被监护人的利益。

教师：李某的父亲将李某的财产赠予其弟，而使李某的财产减少，是不是在维护李某的利益？

学生：不是。

教师：所以李父有没有权利这么做？

学生：没有。

此时，有学生提出疑问：如果李某同意，其父可不可以这样做？

教师：李某只有10岁，其民事行为能力如何？

学生：是限制民事行为能力人。

教师：他对自己的行为后果有没有充分的认识？

学生：没有。

教师：因此，他的意见能不能被采纳？

学生：不能。

通过这种对话引导的方式，学生不但能得出正确的结论，解除疑惑，而且能更深入地理解理论逻辑，从而逐渐建立起法治意识。

（三）延伸问题

往往一个问题的解答并不意味着彻底解决，而是会衍生若干个问题。课后在学生的思考不断深入或者顿悟的过程中会产生新的思想火花，或者遇到新问题后对之前的认知提出了质疑，这时他们需要交流的愿望较为强烈。这对学生来讲是一种非常宝贵的精神，不断研究问题、深入思考是创新创造的源泉。这时师生就可以借助网络平台将问题延伸，继续打造无界课堂。这也有助于培养学生终身学习的理念和习惯。

三、在实施问题教学法时应该注意的几个问题

第一，采用问题教学法在"德法"课程中融入《民法典》是建立在整个课程采用问题教学法的基础之上的，应该从整体上设计。"德法"课程具

有内在的整体性和逻辑性,从思想教育到道德教育再到法治教育,在逻辑起点、理论内容和实践功能方面都具有合理的规划和安排。这种整体性和逻辑性主要体现在,通过认识自己、认识社会、认识国家,从而建立起自己与自己、自己与社会、自己与国家的关系。在每一模块中,都可以用是什么、为什么、怎么做来设置问题链。将《民法典》的学习融入法治教育教学部分,其既作为教学的重要素材也作为载体,起到了润物无声的教育效果。

第二,问题设置和选择必须以培养学生的法治思维和法治意识为目的。采用问题教学法将《民法典》融入"德法"课程,是以问题为引导的教学方法,并不需要注重过多学习法律知识,而是在基本的和必要的法律知识学习的基础上把基本的理念、原则和方法传授给学生,使学生能够理解权利与义务、行为与责任之间的关系,进而培养他们以法治价值和法治精神为导向,运用法律原则、法律规则、法律方法思考和处理问题的思维模式。因此在设置和选取问题时注意要围绕重点,切忌毫无逻辑地全面展开。

第三,教师要与学生建立平等的关系,充分调动学生的积极性。在课堂教学中想要达到良好的教学效果,教师必须创设宽松、民主、自由的师生关系,营造轻松愉快、和谐的课堂环境和教学氛围。要鼓励学生勇于质疑,敢于提问。要尊重学生提出的问题,哪怕有时候显得幼稚,教师也要予以肯定。笔者在教学实践中,综合评价里设置了一项增值性评价,占总成绩的10%,会根据学生在课堂和线上提问和回应问题的活跃度赋分。教师也要放下自己的权威,树立与学生共同研究和解决问题的意识。问题教学法的实施对教师也是一种挑战,难免偶尔会被"问住",毕竟民法典的内涵丰富而规定繁多,这时教师可以心平气和地承认自己解答不了转而与学生共同探讨。从而培养学生自主学习的能力和勇于探索的精神。

参考文献

[1] 冯务中. 以问题教学法提升思政课实效性[J]. 中国高等教育, 2019(11): 7-9.
[2] 莎娜·皮普斯. 深度教学[M]. 张春依, 田晋芳, 译. 北京:中国青年出版社, 2020: 21.
[3] 胡万钟. 略谈"问题教学法"在高校"马克思主义基本原理概论"课教学中的应用[J]. 社科纵横, 2010(12): 139.

课程思政教学资源平台建设的内涵、路径与措施

马晓英

四川国际标榜职业学院，四川成都，610103

【摘　要】伴随着教育体制改革不断深入，强调现代化高职院校建设发展需要将素质教育作为核心内容，始终将立德树人作为根本任务，进而培育出合格的社会主义建设者与接班人，为祖国建设发展提供高质量、高素质的技能型人才。在此背景下，高职院校积极推进教学改革，对课程思政教学的重视程度不断提升，提出了一系列课程思政教改要点，以期进一步加强课程思政教学效果，但发现目前课程思政教学实践中面临着教学资源缺失问题，严重影响了课程思政教学质量。基于此，为促进高职院校课程思政实施拥有全面的保障，本文将主要分析课程思政教学资源平台建设的内涵，提出新时期高校课程思政教学资源平台建设的路径与措施，旨在推进高职院校深入贯彻立德树人教学任务，实现高质量持续发展。

【关键词】课程思政；教学资源平台建设；内涵；路径；措施

　　课程思政（思想政治）是指坚持立德树人根本任务，并以此为导向将各类课程与思想政治理论课同向同行，形成协同效应，促进学生德智体美劳全面发展和终身发展。《关于职业院校专业人才培养方案制定与实施工作的指导意见》中强调了课程思政在素质教育视域下的重要地位与价值作用，指出职业院校必须全面贯彻落实课程思政教育要求，将思想政治教育与各专业课程实现深度融合，发挥专业课程承载的思想政治教育功能。在此背景下，高职院校需要加快推进自身教育体系改革，将课程思政作为新时期院校发展建设的主要任务之一，在此要求下《关于深化新时代学校思想政治理论课改革创新的若干建议》以及《高等学校课程思政建设指导纲要》为现阶段高职院校课程思政发展指出了明确方向。表示当前课程思政教学实践需要有充足的教学资源提供支持，以此来保证各项思政教学任务

能够及时落地执行且取得理想的效果。为此高职院校需要深入挖掘、梳理与整合思想政治教育资源，在信息化技术支持下搭建课程思政教学资源平台，进而为高校课程思政提供充足的资源，提高课程思政落实成效。

一、课程思政教学资源平台建设的内涵

随着社会发展进程加快，传统产业转型升级以及新兴产业建设均需要有大量的技术人才支持，而高职院校作为培养技术型人才的主要阵地，其需要承担起当代高质量、高素质人才的培养责任。为此，高职院校需要提高对课程思政的重视程度，充分认识到课程思政体现了职业院校落实立德树人根本任务的核心诉求以及彰显职业院校全面提升人才培养质量的时代要求，是职业院校教学向教育转变的过程，因此需要加快推进课程思政教学资源平台建设，以此来为高职院校课程思政奠定坚实基础。可见，课程思政教学资源平台建设的内涵为各类课程与思想政治理论课同向同行，形成协同效应，实现"育才"与"育人"统一，"立德"与"树人"有机结合[1]。

二、课程思政教学资源平台建设的路径

（一）素材和资源的育人功能要准确

课程思政始终以立德树人为导向，因此要充分保证课程思政的育人功能，基于此，当前高职院校课程思政教学资源平台建设需要保障平台内素材和资源育人功能的准确性，以此来确保育人目标的实现。在此要求下，需要做好以下工作：一是高职院校应立足本校课程思政实施现状以及实际需求，以建设具有本校特色以及符合本校需求的课程思政教学资源平台，确定课程思政育人总目标，进而围绕总目标来对平台建设标准、内容、任务进行细化。对当代高职院校育人总目标进行分析发现，应根据人才培养要求以及院校发展需求确定根本目标、基本目标与职业目标，将其全部纳入总目标体系中。其中根本目标是社会主义核心价值观培育，基本目标与职业目标分别应确定为公民素养培育与职业素养培育；二是高职院校需要以上述的根本目标、基本目标与职业目标为着眼点进一步确定课程思政教学资源平台建设的核心思想，即立足根本目标确定家国情怀、遵纪守法、科学精神思想，立足基本目标确定四个意识、四个自信、两个维护思想，最后立足职业目标确定创新意识、工匠精神、敬业爱岗思想[2]。

（二）平台内容要符合并满足教学需求与德育需求

课程思政强调高职院校应在"育才"的同时实现"育人"，即为学生传授专业知识，提升学生专业技能的同时，培养学生树立正确的价值观，提高学生道德素质水平。基于此，高职院校课程思政教学资源平台建设过程中需要同时满足教学需求与德育需求。在此要求下，高职院校应深入分析本校专业特色，探究各个专业课程教学中所需要的思想政治教育内容，进而做好专业课程教学与思想政治教育的深度融合，让各专业教学均能够在教学资源平台中找寻到所需要的资源内容，进而为学生提供丰富、精准、有效的资源。

（三）平台内容要进行系统化设计

课程思政强调将思想政治全面渗透到各专业课程教学中，因此在课程思政教学资源平台建设中需要拥有各个专业所需的资源内容，以此来保证思想政治教育在各专业课程教学中得以顺利开展。在此期间需要注意的是，高职院校教育体系中包含诸多专业，而不同专业所需要的思想政治教学资源存在一定差异，为此在教学资源平台建设中必须坚持系统性原则，即对平台内容进行系统化设计，避免平台内容"杂乱无章"，教师与学生无法精准地提取到有用的资源内容。在此要求下，在课程思政教学资源平台设计时，院校各部门与各专业教师应协同合作，围绕各专业人才培养需求设计体现专业特色的思想政治教育主线，围绕此主线来挖掘、梳理、整合教学资源，使平台上的资源更加条理清晰。基于此，当前高职院校课程思政教学资源平台可设计成"4层级6模块"模式，其中"4层级"为"章节层级资源（n个）→课程层级资源（n个）→专业层级资源（n个）→学校层级资源库"，"6模块"为"资源库简介、专业资源库（n个）、分主题课程思政素材库、课程思政案例库、课程思政示范库、拓展资源库"[3]。

三、课程思政教学资源平台建设的措施

（一）做好顶层设计

"育人为本、德育为先"是当代高职院校得以实现高质量持续发展的重要思想，而课程思政教学资源平台建设则是落实这一思想的关键性举措，能够极大程度推动思想政治教育与专业课程教学融合互促。基于课程思政教学资源平台建设的重要性与价值意义，目前高职院校将其作为"三全育人"的重要建设项目,因此为保证该项目的建设效果,需要建立长效的机制,进而将其作为一项系统性工程,逐步且有序开展[4]。鉴于此,高职院校需要在课程思政教学资源平台建设中做好顶层设计,一方面,需要组建学校课程思政建设领导小组以及课程思政教学资源平台建设队伍,另一方面,确定领导小组与建设队伍工作要点,首先,领导小组需要结合本校课程思政教学现状以及各专业思想政治教育需求规划制定课程思政教学资源平台建设方案,在方案中明确平台在不同阶段需要完成的目标,以及在此目标下需要完成的任务,以此来保证课程思政教学资源平台建设进度与质量。其次,建设队伍需要根据领导小组确定的建设方案以及建设过程中的各项标准要求来实际开展平台建设工作,在此期间领导小组会对建设队伍进行有效监管并设立奖惩机制,以期通过奖惩来提高平台建设队伍对课程思政教学资源平台建设的重视程度,确保建设质量。

(二)建设规划与详细分解平台建设任务,加强协同合作

高职院校课程思政教学资源平台是能够为各专业提供思想政治教育资源支持的平台,因此其价值作用十分确切,这就要求该教学资源平台建设时要考虑多方面因素内容。课程思政教学资源平台建设是一项耗时较长的工程,而为促使该教学资源平台能够及时被应用于高职院校课程思政教学,高职院校需要做好引导工作,即协同各部门共同致力于平台建设,为课程思政教学资源平台建设提供所需支持,以此来保证平台建设进程,确保其时效性。基于此,高职院校的教学管理部门、党委宣传部门、思政教学部门、教育技术部门、专业课程负责人、任课教师均需要参与到课程思政教学资源平台建设中来且高职院校领导小组需要为各个部门下发具体的任务,以此来保证资源平台建设中通过部门协同合作的实效[5]。

(三)采取建管分离模式,管控平台建设进程

高职院校课程思政教学资源平台建设的影响较大,直接影响高职院校的今后发展情况以及教育质量的提升,因此高职院校会投入较大的精力、物力、财力以及人力资源用来进行平台建设。为此要想保证各项投入资源的利用效率,实现资源优化配置,同时保证平台建设进度与实效需要加强平台建设与管理工作。而为保障建设与管理两项工作的效率与质量,需要采取建管分离模式,即课程思政教学资源平台的建设与管理分别由不同的团队负责,其中学校课程思政教学资源平台建设领导小组为主要监管者,

其需要做好考核评价工作，即领导小组需要根据各阶段平台建设目标制定考核评价内容、标准与奖惩机制，随之对平台建设工作进行阶段性检查与考核评价。需要注意的是，领导小组在考核评价过程中还需要对存在的矛盾问题进行协调，保证各部门之间能够高效协同合作，避免因各种矛盾影响平台建设进程[6]。

（四）不断完善、更新与优化教学资源

高职院校的课程思政教学资源平台并非初始建设成后就可一成不变，如若始终不曾对其进行调整将导致课程思政教学资源平台无法满足院校课程思政教育需求，致使该资源平台的应用价值下降。为此，要想始终保持课程思政教学资源平台的应用价值，需要与时俱进对平台进行完善、更新与优化。在此要求下，需要做好以下工作：一是以用促建，课程思政教学资源平台在初始建成后需要及时且广泛地应用于实际教学中，在此过程中应要求教师与学生定期对教学资源平台的使用感受进行反馈，汲取教师与学生的建议，以此来优化完善教学资源平台。此外，高职院校还应根据新时期国家提出的课程思政新要求以及本校自身课程思政新需求来进一步挖掘新的教学资源，从而在教学资源平台上不断补充与更新资源；二是以赛促建，教师在实际教学中所制作使用的教学课件等内容是课程思政教学资源平台的主要内容之一，因此为不断地更新平台资源，高职院校应倡导教师制作优质的课件内容与教学方案。在此要求下，为充分调动教师的积极性，院校可基于以赛促建理念，举办课程思政教学能力比赛、课程思政微课比赛、课程思政典型案例评选等活动，并设置比赛奖金，以此使教师在比赛与奖金驱动下不断研发出优质的教学资源，以此来助力高职院校课程教学资源平台内容不断完善和持续更新[7]。

（五）促进共建共享

当前高职院校课程思政教学资源平台建设多仅限于本校，促使教学资源的来源渠道有限以及应用范围有限，甚至还会限制教学资源平台的整体应用价值。基于此，新时期高职院校课程思政教学资源平台建设应打破原有的各种限制，模糊各院校之间的界限，从而协同各类高职院校均参与到教学资源平台建设中来，进而让教学资源平台能够吸收不同专业、不同层次、不同区域教师的教学思想、教学经验、教学成果等内容，从而在集思广益下进一步丰富课程思政教学资源平台内容，扩大教学资源平台的应用范围与提高平台的价值作用。

四、结束语

综上所述，开展课程思政教学资源平台建设的内涵、路径与措施研究具有重要作用，基于研究可知，在课程思政教学资源平台建设中需要认识到素材和资源的育人功能要准确、平台内容要符合并满足教学需求与德育需求、平台内容要进行系统化设计，同时要明晰通过做好顶层设计、建设规划与详细分解平台建设任务，加强协同合作，采取建管分离模式，管控平台建设进程，不断完善、更新与优化教学资源，促进共建共享等措施以提高思政教学资源平台建设成效。

参考文献

[1] 高红艳，单文慧. 职业院校专业课程思政建设内涵、难点与实施路径[J]. 对外经贸，2022(5): 115-118.

[2] 石磊，张潇予，张萨萨. 新时代技工院校课程思政建设的内涵与实施路径探索[J]. 中国培训，2023(1):17-19.

[3] 刘艳艳，顾润国. 高职医学院校课程思政教学资源库建设实践[J]. 职业技术教育，2021，42(2): 64-68.

[4] 张秀静. 高校课程思政建设：价值意蕴·理论内涵·实施路径[J]. 中学政治教学参考，2022(12): 26-29.

[5] 雷琳. 现代信息技术专业群的课程思政教学设计与实践研究——以HTML5 + CSS3 高级开发课程为例[J]. 武汉船舶职业技术学院学报，2023，22(1): 49-51, 58.

[6] 戴轩，蔡靖，马琳. 基于线上教学平台的课程思政教学模式探索——以"基础工程"为例[J]. 科教文汇，2022(1): 112-114.

[7] 康晓鹰. 高职院校教学资源平台建设的研究与探索[J]. 课程教育研究，2018(14): 218.

以有意授无意

——基于项目教学法的高职语文课程教学改革

秦佳梅

四川国际标榜职业学院，四川成都，610103

【摘　要】 高职教育在专业上注重职业性，在课程体系的构建上突出针对性，在教学环节上注重实践性的特点。决定了高职语文教育必须注重实用性，结合专业特色，以能力培养为本位，为学生搭建实践平台。高职语文课既不同于中学语文，偏重基础知识的系统学习，也异于大学语文注重对人文素养的培育，相较二者而言，高职语文首先是一种职业教育，目标是培养高素质技能型人才。本文分析了项目教学法应用于高职语文教育的优势所在，认为语文教学中如果采用项目教学法能够更好地将传授知识和培养能力相结合，使学生主动学习和获得经验成为可能。因此作者以高职语文课程中文学鉴赏内容为例，阐释了项目教学法成功与否的关键在于教学活动的设计是否符合教学目标。最终将观点落到实处：教学改革的目的不是哗众取宠，而是使教育更有效。高职语文课教学改革的目的是使学生的语文知识转化为语文能力。这种转化是潜移默化的，是学生在教师精心设计的教学活动或教学情境中不知不觉地获得一种终身受益的自主学习的方法的过程，是教师"有意"为之而学生受之"无意"的过程。这才是高职语文教学改革的归宿。

【关键词】 项目教学法；高职语文；教学改革

　　教育的终极追求是什么？我以为应该是叶圣陶先生提出的"教是为了不教"，也就是我们通常所说的"授人以鱼，不如授人以渔"。教给学生一种方法，让他们可以不依赖教师而独立有效地学习，并且体会到学习是一件轻松而快乐的事情，这是一个优秀教师应该努力坚守的教育理念。

　　传统教育观念下，"灌输法""填鸭法"等纯理论讲授的教学方法有悖于这种人性化的教学理念，总是以教师为教学的主体，把学生当成呆板的被教育对象，束缚着学生独立创造的自由思想，压抑学生的学习积极性，使他们对学习充满了恐惧、憎恨、厌恶与无奈。因此，现代教学改革中亟待一种全新的教学方法来改善这种教育现状，使学生变被动为主动，从课堂中呆板的听众转变为教学活动的主体。

当下，各种改变传统教学方式的教学改革措施深入人心。高职院校因其生源和人才培养方案的特殊性，教学改革的呼声更高。在各种教改方案中项目教学法因遵循教育的本质规律，使学生学习变被动为主动，因而受到青睐。

一、项目教学法的理论基础

项目教学法的理论基础主要有建构主义学习理论、杜威的实用主义教育理论和情境学习理论。

建构主义认为，知识不是通过教师传授得到的，而是学习者在一定的情境即社会文化背景下，借助其他人（包括教师和学习伙伴）的帮助，利用必要的学习资料，通过意义建构的方式获得的。项目教学，实质上就是一种基于建构主义学习理论的探究性学习模式。项目教学与建构主义学习理论均强调活动建构性，强调应在合作中学习；在不断解决疑难问题中完成对知识的意义建构。

杜威的实用主义教育理论强调教育要以经验为中心，以儿童（学生）为中心，以活动为中心。项目教学法是以真实的或模拟的工作任务为基点，让学生利用各种校内外的资源及自身的经验，采取"做中学"的方式，通过完成工作任务来获得知识与技能。它强调现实、强调活动，与杜威的实用主义教育理论是一致的。

情境学习理论认为：知识是情境化的，而不是抽象的，是在个体与情景相互作用的过程中被建构的，而不是被客观定义或主观创造的。按照这种理论，建构知识与理解的关键是参与实践。而项目教学的内容主要是来自实践任务，学生在真实的或模拟的工作实践中参与整个过程，完成典型的工作任务，获得职业能力的发展。

二、项目教学法的优势

项目教学法是一种以实践为导向，以教师为主导，以学生为主体的教学方法。要求教师按照教学目的和教学内容设计一个项目活动，让学生亲身体验完成整个活动的过程，从而实现教学目标。学生根据项目主题，通过提出问题、调查研究、动手操作、表达与交流等活动，获得方法和能力以及接纳新知识的学习能力以及与人协作和进行项目合作的社会能力。最终通过多媒体课件、书面报告、口头汇报表演等多种形式表现出来。项目教学法的主要特点是实践。

项目教学法改变了传统教学方式中"老师讲得口干舌燥，学生这耳听那耳冒"的被动接受知识的教学模式，把学习的重点放在学习过程而非学习结果，学生在这个过程中锻炼了各种能力，体验了创新的艰辛与乐趣。教师不再把传授现成知识技能给学生作为追求的目标，或者说不是简单地让学生按照教师的安排和讲授去得到一个结果，而是在教师的指导下，让学生去寻找获得这个结果的途径，从而得到这个结果，并进行展示和自我评价。

项目教学使学习的过程成了一个人人参与的创造性的实践过程。教师注重的不是最终的结果，而是完成项目的过程。教师已经不是教学中的主体，而成了学生学习过程中的引导者和指导者。学生在教师的指导下处理一个项目的全过程，在这一过程中学习掌握教学计划内的教学内容。学生全部或部分独立组织、安排学习行为，解决在处理项目中遇到的困难，提高了学生的兴趣，自然能调动学习的积极性。学生在项目实践过程中，理解和把握课程要求的知识和技能，激发主动探究和研究的精神，培养独立思考与分析问题、解决问题的能力。

三、项目教学法实现教学目标的关键在于项目设计

项目教学最终能否达到教学目的，项目活动的设计是否合理是关键。

项目的选取要能吸引学生的兴趣，高职院校的学生进入学校的学习目的比较明确，就是为了学习一技之长，为将来就业打基础，所以对于语文课的学习不是十分重视。项目的内容最好使学生充分感觉到学有所用，现在的学生对于学习内容的选择有一定的功利性，当他们觉得这个知识很有用的时候就会激发起他们强烈的学习欲望，从而起到事半功倍的效果。

（一）项目活动设计的方式

根据语文学科的特点，项目设计可分为：单项目、多项目串行或多项目并行。单项目如知识记语音、文字、词语、作家作品等知识；多项目串行，如阅读中对中心、结构、手法、语言等的有序解读；多项目并行，如写作、

综合训练、研究性学习等。

  项目设计需遵循的前提：首先是明确的教学目标，结合学生的实际生活、认识水平和基础情况；其次要有助于学生语文学习技能的形成，语文综合能力的发展并能提高和培养学生的文化素养；再次，项目设计应环环相扣、循序渐进地实现，给学生一个较大的探索和创新的空间；最后，项目设计要具有可操作性和开放性，学生完成任务的方式和过程可以多种多样，甚至最后的成果也可以不尽相同。

（二）项目活动的展示或布置

  项目设计一般要实现三个目的：一是创设情景，激发学习兴趣；二是让学生明确学习任务；三是启发学生寻找解决问题的方法。任务展示后，教师不要急于去讲应该怎么做，或立即让学生自己做。而是要指导学生进行讨论，理清思路。学生通过思考和讨论，会发现并找出自己的问题。教师可向学生提供解决该问题的有关线索。

（三）体验或参与活动过程

  体验或参与整个教学设计的过程，目的是让学生在自主探索的过程中完成对新知识的理解和巩固。学生可以自主探索，独立完成任务，也可以小组合作完成任务。在此过程中可以向老师、同学、网络等请教或求助。学生在参与项目活动的同时，获取信息、鉴别信息、处理信息的能力都会得到应有的训练。在不同小组的操作中，教师要分层要求，分层指导，满足各层次学生的需求。对梯度任务和综合任务，可以采用这种学习方式。特别是在阅读和作文教学中，这种相互的启发和碰撞，对于学生审题、构思、选材、用语等都有着极大的影响和促进。

（四）教学效果评价

  评价应体现评价主体的多元化和评价形式的多样化，既关注结果，又关注过程。进行评价时，应当考虑评价活动占教学时间的比例，要注重评价的实际效果。课堂中，评价的重点应该是学生的知识和技能是否提高，而学习结论的准确与否就显得比较次要。具体的评价方法可以是观察法和结果评价法。观察法即通过观察学生在讨论、完成任务活动中的发言、能力、协作创新等对学生做出评价。结果评价法是对学生完成任务所形成的成果进行评价，如作文、作业、周记、考试、练习等，评价学生对知识的掌握、应用水平，认识层次和内容的创意等，可以让学生自己来评价，也可以让同学来评价，更可以由教师来评价。值得注意的是：有时从结果看，部分学生在结束"任务"后没有很好地完成学习任务；但从过程看，他们能正确运用思路、技巧和方法，"任务"还是完成的，因此从发展的角度讲，对他们应予以肯定评价。

（五）课后反思

项目教学法是将知识分解到一些任务之中，淡化了知识的系统性、逻辑性和完整性，知识在学生头脑中是零散的。因此，在一节课、一个单元之后，教师要引导学生对所学的知识进行归纳总结，并建立起与过去知识的联系，加深对知识的记忆和理解，完成真正意义上的知识建构。

正如很多教师不能在短时间内转变教学观念，改变自己在课堂的主体地位一样，接受了十几年传统教育的学生也对项目教学法心存疑惑：为什么老师什么都不讲就只发了些资料和表格，大家就分成小组各自为政了？为什么有些活动要先分工再合作，而有些活动必须先合作再分工？更过分的是为什么有时候老师还要把大家赶出教室……

很多学生都是在课程最后自我展示和自我评价环节才明白，原来刚才大家嘻哈打闹或漫不经心或煞有介事地完成的所谓"项目"是为了让自己能够在这个方面获得这项能力或经验。学生在顿悟的同时回味着没有任何抗拒心理下完成的学习过程，收获了知识的同时也收获了喜悦。学生感慨地将这种非传统的教学方法评价为"受无意"，意思是在不经意间得到了知识或经验。

教者有意而受者无意，这正是项目教学法在设计项目活动时的指导思想。

因此，"教有意"是教师积极备课，并站在学生的角度去思考：什么样的活动能引起或激发学生的兴趣，使他们能主动参与；什么样的活动能够最大化地实现教学目标，而不是为了项目而项目。而"受无意"则是让学生没有任何负担和压力地进入学习状态，将知识内化为能力的过程。

综上，项目设计合理与否，直接导致项目教学能否达到教学目的。因此，教师在设计活动任务时，一定要充分考虑到学生的兴趣以及项目活动的可实施性和可操控性。既不能让学生放任自流，又不能让学生感到被监控。

四、项目教学法的终极追求

信息时代，大量的知识可以通过检索获得。因此我们的教育再也不需要向学生大量地灌输理论知识,而是要让他们感受到学习的乐趣,掌握学习的方法,从而实现"终身学习"的人生理想。项目教学法是一种很有实效性的教学方法,尽管还有一部分学生并没有从根本上认可这样的教学方式,不能轻易地从传统教学模式跨进项目教学模式,但是总有一天他们会明白这样授课的意义。

传统是很难打破的,毕竟我们的灌输式教学法已沿用了几千年。但是我们不能因为传统很难打破就不去打破它。相信在不断地尝试中,总能设计出更好的项目让那些后知后觉的学生也能够在完成教学的第一时间就对教者的良苦用心了然于心。

以有意授无意,是项目教学法的终极追求。

参考文献

[1] 姜大源. 职业教育学研究新论[M]. 北京:教育科学出版社,2007.

[2] 戴士弘. 职业教育课程教学改革[M]. 北京:清华大学出版社,2007.

[3] 贺斌. 基于小组协作的任务驱动式教学[J]. 甘肃联合大学学报(自然科学版),2008(1).

劳动教育背景下高职语文教学设计研究

——以四川国际标榜职业学院为例

蒲钰萍

四川国际标榜职业学院，四川成都，610103

【摘　要】在当今劳动教育大背景之下，如何使课程与劳动教育切实融合是本文研究的出发点。笔者拟以劳动教育为基本原则，高职学情为研究基础，课程内容为研究对象，探讨如何从教学内容、教学方法、教学评价、教学资源等方面实现高职语文课程与劳动教育的融合。

【关键词】劳动教育；高职语文；教学内容；教学设计

随着教育部《大中小学劳动教育指导纲要》的印发，越来越多教育者意识到了劳动教育的重要性，并开始从各层面、多方位研究劳动与课程的融合。高职语文作为一门面向全校所有学生开设的公共基础课，它在承担劳动教育、促进学生提升劳动素养方面起着责无旁贷的作用。高职语文融合劳动教育既是新时代教育教学的要求，也"有助于创新教学的理念，丰富教育的内涵，改进教学的方法，拓宽教育的实践载体。"[1]

为了切实落实《纲要》提出的"发挥劳动的育人功能，对学生进行热爱劳动、热爱劳动人民的教育活动"这一要求，本文以四川国际标榜职业学院的高职应用汉语课程为研究对象，从课程教学内容、教学方法、教学资源、教学评价这四个方面对高职语文课程与劳动教育相融合的方法策略进行了一整套研究。

一、教学内容

高职语文教学与中学语文不同。中学语文更侧重语文知识的积累，而高职语文兼具工具性、审美性、人文性于一体，其教学内容涉及面广博，旨在提升学生的人文素养与汉语言应用能力。关于如何在各个教学模块合理精巧地融入劳动教育内容，本研究做了如下设计。

(一)文学导读:感知劳动之美

文学导读模块的教学能让学生掌握中国文学史基本的脉络,从中感受中华文化的博大精深。在此单元教学内容的选择上,老师需要一方面梳理整个文学史脉络,使学生了解中国文学史的整体概况和重要作家作品,同时更要用心筛选每一时代的文学作品,从众多经典文学作品中筛选出与劳动有关的,带领学生诵读,从这些作品中初步感知劳动之美。

例如现存最早的劳动诗歌《击壤歌》;"日出而作,日入而息。凿井而饮,耕田而食。帝力于我何有哉。"这首诗歌表现了百姓遵循自然规律、按时作息劳动的和乐景象,营造了让人向往的自然劳动生活。

再比如在我国诗歌发展最鼎盛的唐代,也涌现了大量表现劳动之美的诗歌。李白《秋浦歌》第十四首就是其中之一:"炉火照天地,红星乱紫烟。赧郎明月夜,歌曲动寒川。"这首诗歌表现了工人热火朝天的冶炼场面。冶炼工人一边劳动一边唱歌的雄伟健壮形象生动地跃然纸上。

老师精心挑选这些有助于感知劳动之美的诗歌,通过反复诵读,能让学生初步感知劳动的美。

(二)口语表达:理解劳动意义

口语表达能力是学生所需的职业能力之一,其水平高低也与语文素养密不可分。为了与劳动教育相融合,老师在进行口语表达模块的教学时,可设置与劳动有关的口语表达练习,在提升学生口语表达能力的同时进一步对学生进行劳动教育。

例如口语表达模块的演讲口才单元,老师可以举行以劳动为主题的演讲比赛,通过主题演讲对学生进行劳动教育的洗礼。而在辩论口才单元,老师还可设置以劳动为主题的辩论题目,诸如"科技发达的当今社会是否需要劳动?""劳动对个人成长利大于弊还是弊大于利?""大学生是否需要接受劳动教育?"等辩题,让学生分小组进行辩论,在思维的碰撞、语言的交锋中明确劳动的意义。

(三)阅读鉴赏:细品劳动精神

阅读鉴赏模块的教学旨在提升学生文学欣赏和理解能力。与其他学习模块相比,这一模块的学习,学生需要细细品读文本,深入感知文本内涵,因此可以更细致入微地体会文本中蕴含的劳动精神。

赏析诗歌、散文、小说、戏剧这四大文学体裁时,老师可精心选取一两个单元，挑选相应文体里与劳动有关的经典文章，通过教授鉴赏方法，使学生深入理解作品字里行间的劳动精神，深度融合劳动教育。例如在诗歌鉴赏单元，老师可选取《诗经·七月》、白居易《观刈麦》等古典诗歌，带领学生仔细鉴赏，使其感知字里行间的劳动精神。在小说鉴赏单元，老师可以选取冯骥才的《俗世奇人》一书的篇目进行赏析，带领学生分析各种"奇人"身上蕴含的劳动精神。与劳动有关散文可选取范围很广，比如汪曾祺的散文、老舍的散文、杨绛的散文，等等。老舍的散文《养花》抒写了养花过程中的各种情绪，最后得出了"既需劳动，又长见识，这就是养花的乐趣"这一结论。这些都是可让学生细品劳动精神的经典作品。

（四）书面写作：抒发劳动情感

在经过前几个模块的学习后，学生已经接受了一些劳动知识和劳动观念，形成了自己的劳动认知。在最后的课程模块，一方面，学生要学会使用正确的文字、格式进行书面写作；另一方面，老师要通过适当的设计，引导学生将前几个模块积累的劳动认识转换为文字，进行情感输出表达。

书面写作模块的内容比较庞杂，涉及的文体较多，每一种学习内容都融合劳动教育难度较大。因此，老师可选择在此模块将部分教学内容与劳动教育结合。例如，报告文书的撰写和劳动教育相结合。报告文书的种类有很多种，为了与劳动教育结合，又能让学生掌握这一文体的写作要求和格式，老师可着重选择调查报告这一具体文体来教授。在讲解完调查报告的撰写要求、格式后，可让学生通过实地调查采访，深入了解某一劳动岗位及其从业人员，然后写出一篇完整的调查报告，使其增强劳动认识的同时，厚植对劳动人民的情感。再如学习书信类文体，可以让学生撰写感谢信，对身边那些让我们生活更舒适更美好的劳动人员表达自己的感谢之情。这些书面写作的教学内容都是可融合劳动教育的良好切入点。

二、教学方法

所有的教学内容要真正落到实处，离不开形式多样、方式恰当的教学方法来达成。每一部分的教学内容和教学目标不一样，每一模块的教学方法也不相同。

（一）文学导读：读书指导法

读书指导法即学生在教师的指导下自主阅读书籍文章。文学导读模块课时较少，而值得阅读的书籍文章又较多。因此，采用读书指导法，让学生课后自主阅读、老师个别指导，不失为一种好方法。在对学生进行个别化指导的时候，老师可采用线上线下相结合的方式，对那些有条件进行当面指导的学生实施面对面指导。没条件面对面指导的同学，老师可利用自己和学生的碎片化时间，通过微信等社交软件、学习通等学习软件进行指导。另外，为了让学生在读书过程中感知劳动之美，老师需要精心挑选阅读的内容，使学生明确阅读的目标，同时也需要让学生记录下阅读的感悟，以形成自己个性化的劳动感知。

（二）口语表达：小组合作法

口语表达模块与文学导读模块有很大的区别。文学导读模块侧重于阅读输入他人的劳动认识，而口语表达模块更侧重口语输出自己的劳动认知。文学导读侧重个体的阅读行为，口语表达要由受众接受。因此，口语表达模块适合采用小组合作法进行教学。

不管是演讲口才还是辩论口才，老师都可采用小组合作法。演讲口才单元，可以让学生以小组为单位进行组内的劳动主题演讲，然后推举小组内部演讲最好的成员上台面向全班演讲。辩论口才单元可进行小组之间的辩论赛，辩论前文提到的那些辩题，让学生在辩论中更进一步升华劳动认识，明确劳动意义。

（三）阅读鉴赏：案例教学法

案例教学法即"为学生提供丰富多样的教学案例，让学生在丰富的教学情境中学习，让学生通过实际案例来提升解决问题的能力。这种教学方法使得课堂教学变成一种探究活动，学生能通过与教师、同学的合作探究解决问题。"[2]

阅读鉴赏模块需要细品文本，所以老师可采用案例教学法，选择相应文体中的经典文章进行深入细致探究。老师提出一系列问题，再带领学生通过文本分析逐个解决问题，引导学生感受行文中的劳动精神。例如鉴赏小说单元，老师在讲解了鉴赏方法后，可选择《俗世奇人》里面的一篇文章，设计以下一些问题来引发学生思考：这个人物从事的职业是什么？为什么是"奇人"？哪些段落文字表现了主角的奇特之处？主角身上有哪些突出的劳动品质值得我们学习？从这个人物身上可以得到哪些感悟？老师用这样的分析思路带领学生鉴赏后，再向学生提供《俗世奇人》里的其他小说篇目，让学生自行鉴赏分析。如此一来，学生既掌握了小说鉴赏方法，又领会了文本中的劳动精神。

（四）书面写作：任务驱动法

在书面写作模块，学生除了需要掌握不同文体的写作技巧外，将技巧运用于写作实践和生活实践也很重要，因为"实践是大学生应用文写作素材和写作灵感的主要来源途径"[3]。因此，这一模块的教学方法可采用任务驱动法，将写作练习和劳动实践结合起来。

前文提到的撰写调查调查报告和撰写感谢信，都可以很好地将写作任务和实践结合起来。为了完成某一劳动岗位调查报告的任务，学生势必通过实践深入了解这一岗位，贴近这一岗位的劳动人员，感受他们的劳动生活。有了实践生活素材的积累，撰写调查报告这一任务就能更好地完成。同样地，撰写给劳动人员的感谢信这一任务，也需要先贴近生活实际去观察、了解劳动人员，这样能很好地积累写作素材，将所见所闻所想转化为文字表达输出。

三、教学资源

前文所提到的所有教学内容和教学方法需要一定的教学资源做保障才能更好地实现。教学资源包括课堂教学资源和课外实践资源两部分。

（一）课堂教学资源

课堂教学资源指一切可用于教学的辅助资料，包括文本资源、视频音频资源、图片资源，等等。

语文课堂融合劳动教育首先需要精心准备文本资源。除了教材、参考书之外，老师还需要完成大量与劳动有关的文献书籍搜集整理，将这些资料按照教学内容和计划整理成明确的体系。

此外，合适的图片资源也必不可少。例如，展示与劳动有关的趣味图片可提升学生的学习兴趣，展示生活中的劳动图片可营造劳动情景，唤起学生的情感认知。劳动教育配套的视频、音频资源更是不可或缺。它们比图片更能营造身临其境的情景，让学生直观地感受劳动生产。比如诗歌鉴赏单元，在鉴赏劳动诗歌《观刈麦》时，可以配合劳动人民手动收割麦子的视频和当今社会收割机自动收割小麦的视频，让学生一方面感受劳动方式的进步，另一方面理解劳动的艰辛和粮食的来之不易。

（二）课外实践资源

劳动教育需要实践条件和资源。对我们的学生来说，日常寝室清洁劳动和教室清洁劳动是最主要的劳动实践。但这两个场所的劳动都侧重于清洁，方式较重复且单一，且有辅导员老师等督促学生进行劳动。因此，语文老师还需要利用校园环境和学生家庭环境通过发布任务，积极创设劳动实践条件。

例如在完成第一模块的文学导读后，常常有一两次法定节假日。老师可利用这些法定节假日，让学生在家劳动，拍摄自己从事劳动实践的图片，并从老师要求阅读的劳动诗歌中选择合适的句子，与图片相搭配。再比如学习了口语表达模块后，让学生在校园中使用标准的普通话随机采访一名劳动工作人员，协助该工作人员完成劳动，并将采访视频和劳动图片拍摄下来。

只要设计得当，学生身处的校园、家庭环境都能很好地将教学内容和劳动实践整合在一起。

四、教学评价

教学评价是衡量教学内容及教学目标是否达成的重要指标，历来关于高职语文的评价方式都有众多讨论，"重视过程评价，将形成性评价和总结性评价有机结合，成为众多学校在教育教学管理过程中的共识"[4]。而加入了劳动教育后的高职语文教学评价更需注重过程性评价，着眼于学生在语文课学习过程中的劳动素养形成。劳动素养的评价可以从理论与实践两个层面来进行设计。

（一）劳动理论评价

语文课程的劳动理论评价包含两方面的内容：一是课程教学涉及的劳动知识；二是课程教学中体现的学生劳动认识。高职语文课程的文学导读、书面写作和阅读鉴赏这三个单元的教学内容，都有大量的劳动知识。例如，文学导读、阅读鉴赏模块的劳动诗歌、小说、散文有大量农业种植、蚕桑纺织、工业生产、日常生活劳动等知识，书面写作的调查报告、感谢信等单元也会反映学生对劳动生产岗位知识的了解程度。因此这几个模块，都可以通过一定的书面作业来检验学生已有的劳动知识。而口语表达模块可通过口语表达的演讲主题、辩论主题设计体现学生对劳动的认知，从而对学生口语表达出来的劳动认知进行评价。

（二）劳动实践评价

语文课程的劳动实践评价也可以通过两个方面来进行；一是对融合在教学模块中的实践活动进行评价；二是对学生日常生活中的劳动行为进行评价。对于融合在教学中的实践活动，比如在文学导读模块，让学生呈现自己劳动的照片并配上文学导读模块的诗句。再比如在调查报告单元，除了书面的调查报告外，学生还需要将自己调查过程中参与的实践活动用图片方式记录下来进行反馈。对于日常生活中的劳动，老师既可通过学生在授课教室的劳动行为，比如打扫教室清洁、整理教室环境等来观察评价，也可以通过学生宿舍的整理情况来进行评价。毕竟，最贴近大学生生活的劳动行为就是整理自己学习和生活的场所。如果这两种最基本的劳动都没有做好，更进一步的劳动行为、素养提升更无从谈起。

前面所谈的教学内容、教学方法、教学资源、教学评价基本涵盖了高职语文课程与劳动教育融合的几个重要因素。在实际的教学过程中，老师还要根据学生与自己授课的实际情况将这些要素整合，并进一步与时俱进地整理扩充教学资源，拓展教学方法与手段，以切实将劳动教育贯穿高职语文课堂始终，达到积极提升学生劳动素养的最终目的。

参考文献

[1] 甘陶陶.新时代大学生劳动教育的意义、价值及其实现路径探析[J].文化创新比较研究，2021，5(23): 5-8.

[2] 曾小军，邱信仪.案例教学法在语文教学中的应用[J].江西教育，2021(12): 41.

[3] 李路芳.大学语文应用文写作教学方法探析[J].现代职业教育，2018(34):168-169.

[4] 关革妮.关于大学语文课程考核评价方式的思考[J].课外语文，2018(6): 89，91.

课程思政背景下高职语文提升少数民族学生语文核心素养的教学策略研究

蒲钰萍

四川国际标榜职业学院，四川成都，610103

【摘　要】本文拟在课程思政的背景下，深入探讨如何切实提升高职少数民族学生语文核心素养。通过对教学方法、教学目标、教学评价等内容的分析，提炼总结了"三段三堂四有三维"的教学策略，即课前课中课后三段贯通、一二三课堂三堂同步、四有教学目标全程贯穿、三个维度多元评价。

【关键词】高职语文；少数民族；核心素养；教学策略

一、引　言

早在2014年，教育部《关于全面深化课程改革，落实立德树人根本任务的意见》就提出了"核心素养"这一概念。而2022年的《义务教育语文课程标准》则明确了什么是"语文核心素养"，即"学生在积极的语文实践活动中积累、建构并在真实的语言运用情境中表现出来的，是文化自信和语言运用、思维能力、审美创造的综合体现。"

虽然概念是面向义务教育阶段的学生提出，但是提升语文核心素养对任何阶段的学生都很重要，特别是对本身语文知识能力比较欠缺的高职学生来说尤其重要。

高职少数民族学生是高职院校中一个数量不小的群体，他们的语言运用能力、思维能力、审美创造能力对个人的职业发展会产生持续而深远的影响，而文化自信则关系整个中华民族共有精神家园的建设。因此深入探讨提升少数民族学生语文核心素养的教学策略十分必要。

二、课前课中课后三段贯通

教学实施是一个系统的过程，要切实提升少数民族学生的语文核心素养,需要课前课中课后三段贯通。

(一)课前学习内容预备

在实施课堂教学之前,教师应提前将学习内容、学习目标告知学生,并且发布本次课学情小测,明确少数民族学生本次课的起点水平、能力,为课中学习的设计及学习后的知识能力增值评价提供依据。

同时,因为课中教学时长有限,所以课前教师应结合少数民族学生知识能力水平以及学习内容薄弱之处提供预习材料——本次课堂教学相关的文献、视频等资源。例如普通话学习单元,线上发布普通话练习材料和学习视频,使他们提前预习,明确自己声韵调三方面发音的不足,为课中有针对性地学习和突破奠定基础。

(二)课中教学实施设计

目前绝大部分高职院校语文教学并未采取分层教学,而是汉族少数民族同学在同一课堂。这种混合课堂有助于少数民族同学在互动学习的氛围中提升语文水平,但是也给教师提出了更高的要求。

这种更高要求主要体现在两方面的设计:一是教师应在考虑到整体学情的基础上,对少数民族学生有差异化的教学设计;二是设计学生共同学习的组织形式。

面向少数民族学生的差异化教学设计包含内容因素很多,其中一个重要方面就是课中的练习任务。教师在课中发布任务或练习的时候,应充分考虑到少数民族同学的学情,不能设置对他们来说过难或过于陌生的任务,否则会直接打击甚至磨灭他们的学习积极性。结合笔者的授课经验,可以发现绝大部分少数民族学生课堂学习态度很认真,学习热情比较高,所以教师更应该精心设计练习任务,以免破坏学生的学习热情。

课中共同学习的组织形式主要指构建学习小组。学习小组能有效培养学生的团结合作意识和探究精神。但是小组成员如何组建比较重要,良好的小组学习氛围有助于提升学习效果,反之则会降低学习效果。教师在引导学生分组时,应关注组员之间能力互补,汉族少数民族学生交叉在一起,而不能纯粹让学生以自己的人际关系分组。

(三)课后知识实践拓展

高职语文课程学习不能止于下课铃声响起之时,而是应该持续拓展下去。虽然高职语文并非专业课,但是教师应该让学生明确课程学习与专业课同等重要,并积极引导学生课后将课堂所学知识实践于生活。

对于少数民族同学而言,在课后的实践中去巩固语文知识是提升语文核心素养的重要方式。例如,在学习书面表达模块的书信撰写之后,教师以任务驱动,引导学生撰写给身边人的感谢信。学习调查报告后,让学生对自己民族相关风俗文化进行调查并撰写书面报告。这样的实践拓展既能提升学生学习兴趣,也能强化学生的语文核心素养。

三、第一二三课堂三堂同步

(一)第一课堂语文学习

语文核心素养的四方面能力不能完全在第一课堂达成,但是需要第一课堂做基础建构。

在第一课堂师生互动的学习中,教师应充分引导少数民族同学系统学习语文知识,包括文学知识、口语知识、书写知识,等等,为核心素养中的语言运用做准备,也助力思维能力的提升。同时在第一课堂的学习中还需要注重、引导学生发现、感受语文之美,提升审美素养,也注意融入思政内容,强化文化自信。

(二)第二课堂语文实践

"第二课堂即利用课余时间展开的课外教学,是第一课堂的延伸,第二课堂是语文教学不可或缺的组成部分,与第一课堂相互配合、相互补充,构成了完整的语文教学。"[1]学生可以依据个体优势有选择性地参与第二课堂形式多样的活动,在参与的过程中实现核心素养提升。

需要注意的是,因为学情差异和个性特点,许多少数民族同学不太愿意主动参与到第二课堂活动中去。通过调查后发现,除了老师强制性要求必须参加的活动,其他第二课堂活动,少数民族同学鲜少主动参与。不愿意参加的原因主要是学生认为自己的语文能力不够好,参与了也不会有积极的结果。

面对少数民族学生的这种心理和实际情况,教师一方面可以加强奖励引导,激发学生的参与热情;另一方面可专门面向少数民族同学开展一些语文活动,例如征文比赛、朗诵比赛、演讲比赛,等等,使他们参与进来感受到成果的喜悦后,再逐步鼓励他们参与到全校性的活动比赛中去,实现更高水平的突破。

（三）第三课堂语文拓展

何为第三课堂，目前学界还有一定的争议，但是被广泛接受的一种说法是将第三课堂定义为校园之外的社会实践。"社会实践作为第三课堂，相较于传统课堂教学，不受时间和空间的约束，为育人提供了更加开放多元的创设环境。"[2]

利用第三课堂提升少数民族学生语文核心素养，是一个比较重大的任务，需要教师、学校、社会、家庭共同携手才能发挥最佳作用。授课教师与学校学生工作处、团委等机构应该共同携手，积极联系校外实践基地或场所，为学生语文实践提供机会。例如举行校外文化景点研学，在研学的过程中感受文化之美，提升审美素养。再比如进入社区、博物馆等场所，感受中华文化的多样性与源远流长，增强学生的文化自信，等等。

在寒暑假少数民族同学放假回家后，教师也可通过线上与学生沟通，了解学生家乡的情况，通过任务驱动和奖励机制，引导学生继续进行语文实践。

四、四有教学目标全程贯穿

在课程思政背景下，教学目标的设置应在原本的知识、能力、素质三维目标之外增加思政目标。依据少数民族学生学情，笔者将这四维目标设计概括为有语文知识，有应用能力，有理想信念，有家国情怀。

（一）有语文知识

有语文知识指的是少数民族同学通过本课程的学习，应该具备系统的语文知识，包括中外经典文学常识、普通话发音知识、口语交际知识、书面写作知识，等等。但是在课堂有限的时间里使少数民族学生建立起系统的语文知识，难度较大，因为语文知识是一个宏大且复杂的体系，短时间内可以建构起框架，但是详细的内容需要慢慢填充。所以教师应注重在课堂建构语文框架，课堂之外提供资源，引导学生进一步补充语文知识。

（二）有应用能力

有应用能力指的是学生通过高职语文的学习，能熟练使用语言文字处理生活、学习中的各种场景应用。这种能力主要包括书面文字应用和口头语言应用两种。应用能力的提升一方面需要教师在课堂为学生创设语文应用场景，另一方面也需要引导学生在课堂之外有意识地去运用语言文字。

为了更好地提升语文应用能力，少数民族学生在母语能力已经比较高的情况下，应该更侧重去提升自己的汉语言应用能力，使自己母语和汉语都有较高的水平，才能为未来的职业发展做更充分的准备。但在现实生活中，许多母语非汉语的同学，日常生活中习惯用母语进行交流和写作，只在语文课堂短暂的几十分钟里使用汉语学习。如此短暂的练习时间，明显不利于提升语文应用能力。所以教师在课堂之外，也应该加强与少数民族同学的沟通，积极帮助学生提升语文应用能力。

（三）有理想信念

有理想信念是从学生个人素养层面而言的。通过调查和访谈少数民族学生得知，许多学生在大学阶段不明确自己未来的道路发展，也没有树立远大的理想信念。没有理想信念，就缺乏主动积极学习的动力，这显然不利于学生长远发展。

因此教师在授课过程中应该注重加强理想信念的教育，使少数民族学生树立远大的理想。在课堂进行理想信念教育，可以从多方面入手。例如口语表达环节，设置以理想信念为主题的演讲，在文学赏析教学时，选择名家所写的关于理想信念的文章，等等。

值得注意的是，教师在教学时，要善于将个体小我的理想与更高层面的民族复兴、国家进步结合起来，实现更高层面的理想升华。例如将少数民族学生对未来的发展理想与本民族文化的弘扬、家乡的繁荣，乃至整个中华民族的进步联系起来。

（四）有家国情怀

有家国情怀是就思政目标方面设置的。对于少数民族学生而言，他们"对本民族的传统文化较为熟悉，能够准确运用本民族语言和文字，对于本民族文化中的诗歌、文学作品、音乐、节日、生活方式十分熟悉，文化认同感较强，且具有一定的民族自豪感。"[3]

因此，基于少数民族学生已有的对本民族文化的认同和对家乡的热爱，教师还需要进一步引导学生对整个中华民族和祖国山河的热爱。例如在教学过程中，展现各民族文学作品和汉语文学作品，分析其内在深层次的精神内涵，感受中华民族文化从古至今的血脉相连。又或者通过文学作品中展现的民族文化和生活，增强学生明确中华民族是一个大家庭的意识，等等。

五、三个维度多元评价考核

由于少数民族学生的学情基础差异，高职语文在设置考核标准时不能以一刀切的方式来设计，而应该契合学情和教学目标，从多个维度来考察。

（一）知识能力维度

知识能力维度就是考查少数民族学生通过课程所掌握到的各方面语文知识及应用能力。对知识能力的考查可以通过传统的练习题、测试等方式来实施。但是教师在考核少数民族学生的知识掌握程度和能力应用程度之时，要注意结合起点知识能力水平和课程结束时的知识能力水平进行对比，强调增值评价，而不能单纯以结果论。

例如普通话学习之前，可通过软件手段，明确少数民族学生现有的普通话等级水平。在学习完普通话的发音知识与技巧后，再次通过软件测试学生学习后的普通话等级水平。有的学生普通话发音起点水平很低，但是通过刻苦练习获得较大进步，虽然最终结果可能不如有的汉族学生分数高，但是教师应该注意给予学生增值奖励。再如应用文写作学习，有的少数民族学生在学习应用文之前书写的内容存在较多问题，例如标点符号使用不当，错别字较多，语法顺序不当，等等。再经过学习之后能够比较正确地进行应用文书写，虽然可能还存在格式不规范的情况，但教师依然应该对他们的进步给予肯定。

（二）态度素养维度

态度素养维度指的是教师要注意少数民族学生在学习过程中所呈现的学习态度、个人素养。这一评价维度涉及的内容包括少数民族同学是否积极参与课堂讨论，是否积极主动回答问题，是否认真按时完成布置的作业，是否积极与组员团队合作，等等。

通过对授课教师的调查可以得知，绝大部分少数民族学生的学习态度是很端正的。虽然有时候他们回答的问题不一定保证正确，但是依然会积极举手发言；虽然作业完成的正确度不一定很高，但是绝大部分学生都会认真及时完成。因此，面对这种情况，教师在设置评价内容时，就应该注意将少数民族学生的学习态度纳入考核，而不是只以任务完成得好不好、正不正确来评价。

（三）思想政治维度

思想政治维度的评价，指的是教师要善于从少数民族学生的作业、任务完成中分析考查他们的思想政治素养。思想政治素养表现为很多方面，而对高职语文教师而言，要善于从与语文核心素养有关的因素入手去考察。例如语文核心素养的文化自信包括革命文化、中华优秀传统文化和社会主义先进文化三个方面内容。教师可从少数民族学生日常文章书写、口语表达中去评价学生是否体现了对这三方面文化的继承和弘扬。

（四）多元评价

对少数民族学生的评价不能仅由教师这一单一主体来完成，还需要将少数民族学生自己、同班级学生、小组成员等多元主体纳入评价设计体系，以保证评价更为客观和有效。

六、结束语

以上所分析教学策略内容包含了教学目标、教学评价、教学内容、教学实施、教学资源等众多方面，笔者将这众多方面提炼总结为"三三四三"教学策略，即要切实提升少数民族学生的语文核心素养，需要通过实施"课前课中课后三段贯通、一二三课堂三堂同步、四有教学目标全程贯穿、三个维度多元评价"来实现。

参考文献

[1] 勇熠，宋敏.以"课程思政"为导向的职教语文第二课堂教学策略研究[J].山东广播电视大学学报，2021 (2): 61-62.

[2] 单园，刘义成，陶俊安，李敏艳.三全育人视阈下高职院校以社会实践为核心的"第三课堂"实践育人模式探索——以汉中职业技术学院为例[J].中外企业文化，2022 (10): 181-183.

[3] 蔡雪童.中华民族文化认同融入高职语文教学的探索实践[J].品位·经典，2020 (11): 88-90.

巴蜀文化视域下四川民办高职语文课教学改革策略研究

黄 怡

四川国际标榜职业学院，四川成都，610103

【摘　要】川渝地区自古以来就有人才辈出的传统，当下川渝得天独厚的优渥环境与文化氛围更是吸引了大批青年群体。因此，提升区域内人才对文化的认同感和归属感对于巴蜀区域整体的向上发展有着重要的助推作用。作为地方高职院校的语文课程，可以与川渝文化相结合革新课程内容与教学方法。本文就目前四川民办高职院校语文课的现状进行分析，提出相应的教学改革策略，以期探索四川民办高职院校"素质教育"的培养方式。

【关键词】高职语文教学改革；巴蜀文化；教学策略；素质教育

一、巴蜀文化与高职语文教育融合的教学改革意义

自党的十八大报告之后，《完善中华优秀传统文化教育指导纲要》《关于实施中华优秀传统文化传承发展工程的意见》等文件中均指出要大力弘扬中华优秀传统文化，重视其对大学生的教育意义。根据文件精神要求，结合时代发展对人才素养的重视，近几年高职院校对传统文化的重视，从"进校园"的理念到"经典诵读""课程融合"等实践化过程，将形式与内容进行有机统一，形成了较为丰富的教学、科研成果。

弘扬中华优秀传统文化已成为人文素质教育的重心，围绕传统文化的高职教育也存在一些值得思考的地方。从传统文化出发来看，传统文化种类繁多，实行全面把握难度很大，应该依据不同层次学生实际情况和发展需求来进行学习。针对高职学生以技能学习为主，对于传统文化的学习更多是融入专业和通识教育课程，这就要求在教学设计上融入与专业相关的传统文化。其次，从高职教育出发来看，高职教育更多服务于地方经济发展，对传统文化的学习可以关注到地方文化。一个地区的文化风俗总是会

潜移默化地影响着一个地区的人文价值取向和思想行为习惯。巴蜀文化是以今重庆市和成都市为中心的向外辐射，自古就有历史文化人物辈出的传统。如今，随着"成渝双城经济圈"的发展，川渝两地青年双向流动、外来人才落户等，使得巴蜀两地劳动人口急剧增加。那么，提升区域内人才培养的文化归属感、认同感和使命感对于川渝地区的整体向上发展具有十分重要的意义。

二、巴蜀文化与高职语文教育融合的教学改革现状审思

研究者选取"高职语文"教育为着眼点，结合"调查研究报告"和实际观察情况，总结出目前巴蜀文化与四川民办高职语文教育融合的现状问题。

（一）对巴蜀文化教育的认识不足，导致四川民办高职语文教育缺乏地域特色。

根据文献收集与调查研究报告显示，巴蜀文化本身的影响力还是很大的，但是在四川民办高职语文教育教学中的应用主要停留在课程中涉及的某些川渝作家、作品，并没有形成一套以巴蜀文化为中心的课程设置。造成这种现象的原因主要在于教育实施者并没有认识到地域文化与高职教育的关联性，在教学意识上自然就忽略了巴蜀文化这一重要的传统文化资源。

（二）巴蜀文化教育的育人环境存在不足，导致高职语文教育缺少保障支持

育人环境不仅包括校园环境，还有更为重要的教学条件和社会因素。社会因素方面，川渝地区院校所在地区的社会环境支持程度普遍不错，特别在"后疫情"时代、许多博物馆、图书馆和地方部门都在各网络平台科普巴蜀文化，"云学"成为了解传统文化的新方式。教学条件方面，可以先从"教"的角度来看，部分高职院校因其注重传统技艺传承，开设了相关非遗传承的选修课或艺术公共课（只在艺术类专业开设），但大部分院校并没有设置与传统文化有关的通识课程，巴蜀文化的学习并没有普及到所有学生，真正落实到教学环节中去，这与院校缺乏政策支持、落实保障制度也有一定关系。此外，从"学"的角度来看，高职学生文化素养普遍不高，对人文素养知识类学习兴趣不大也觉得与专业无关，存有抵触情绪，学情条件的不利也为巴蜀文化的普及带来了挑战。在校园环境建设方面，巴蜀

文化更多是一种"符号"性的呈现，文化氛围的渲染并没有成为高职院校的人文底色。

（三）巴蜀文化与高职语文教育实践融合的评价体系十分欠缺

虽然近些年以来，高职人文素养教育的发展十分迅速，但是许多人文素养教育和课程都缺乏相应的评价。对于人文素养类课程的评价不能单纯以分数高低和技能优劣而设立标准，但素质教育又如何评价其成效与得失？这样的实施现状是值得进一步商榷和反思的。更进一步来看，巴蜀文化与高职语文教育确实存在着实施和研究的空白，在改革中也需要更加注重对于评价体系的探讨和研究。

三、巴蜀文化视域下四川民办高职语文课教学改革的对策建议

语文是高职人文素养类重要基础课程，具有人文性和工具性的双重特点，其教学资源又蕴含着丰富的传统文化。加之，高职教育主要面向地方输送人才，因此高职语文教学改革应该突出文化传承和人文素质培养的重要性、地域文化与高职教育的关联性。再者，高职语文课在教法上也存在需要改革的地方。比如，因为高职学生普遍文化素养不高，教学存在着对中学语文"复习式"的填补学习，教学方法、教学理念创新性不足，教学改革势在必行。对此，研究者基于巴蜀文化视域，以四川某民办高职语文课为实践研究出发点，改革高职语文课程存在的诸多现实问题，提出相关应对策略，以期探索四川民办高职院校"素质教育"的培养方式，提升语文课程的价值引领作用，落实立德树人的根本任务。

（一）实施"一个中心＋两个辅助"的语文课程模式，形成"三位一体"协同育人的教学理念

传统的课程改革往往只针对某一门课程的模块、内容和教学方法等，但是，这种教学改革的实质其实只诊断了课程的"内部"问题，忽视了课程之外的其他因素。协同育人的教学理念主要是在产教融合的背景中，认识到政府、学校、企业、行业、中介机构和学生家庭等因素联合育人的作用和意义。研究者认为，协同育人的教学理念，也可以运用到素质教育类的课程设计思路中去。因此，提出"一个中心＋两个辅助"的语文课程模

式。其中，"一个中心"是指将巴蜀文化实际运用到高职语文的课程内容中去，涉及对教学模块和教学方法的创新。"两个辅助"是指以高职语文课程为中心的拓展项目开发，包括一个以知识拓展为主的第二课堂讲座，一个以实践拓展为主的公众号平台。这种运用协同育人的教学理念，吸取了传统教学改革的优点，融合了高职教育重应用的特点，形成了一种新的素质教育类课程改革思维。具体来看，"一个中心"和"两个辅助"的实施内容如下：

1. 一个中心：以"巴蜀文化"串联高职语文课程内容，创新教学模块与教学方法

高职与本科通识语文教学最大的区别在于更加强调知识的实际应用，这要求从教学模块的设计到教学方法的使用上都应该注重高职教育对应用型人才培养的要求。研究者所在院校的高职语文课程，自 2007 年开始就一直不断地为配合高职教育对人才培养的要求在进行改革，特别在 2012 年之后，创新地融合了大学语文、演讲与口才、应用文写作，整合三门课程的教学资源，形成了以"听、说、读、写"为总体框架设计的教学模块。在新时代"治蜀兴川"与"成渝双城经济圈"的宏观背景下，高职语文课的教学改革更应该结合时代发展、职教特色和学生实情，突出鲜明的地域特色，将巴蜀文化切实运用在高职语文课程中，更好地帮助学生了解自己的生活和学习环境，尽早适应四川就业及创业的文化环境。由此，基于中文学习的"听、说、读、写"教学目标，结合巴蜀文化知识内容，在教学模块的设计和教学方法的选择上可以参考以下策略：

一方面，教学模块的设计可以划分为：文学常识、口语表达、文体鉴赏和书面表达。文学常识部分采取文学史的线索，从古至今列举重要神话传说、作家作品代表，并将这些常识放置于不同时代语境中去扩展知识。比如，在列举"苏轼"时，教师引导环节涉及宋代文化背景、两宋词分类和作家代表的文学常识，将巴蜀文学作为一个点，扩展到古代文学的整个面，这种内容延展的设计可以创新文学常识的学习方式。口语表达部分，根据前期调研情况，学生对"方言"学习兴趣浓厚，此部分学习就可以将"四川方言与普通话"学习进行有机结合，从方言的角度，纠正西南片区学生易错普通话发音。文本鉴赏和书面表达均侧重语文知识的实际应用，这两个部分可适当结合不同专业实际情况，制定不同学习内容，并在过程中贯穿巴蜀文化元素。如此，整个教学模块设计既融入了巴蜀文化的内容，又为高职语文在课程设计上提供了改革的案例参考。

另一方面，教学方法的选择上要摒弃纯粹地讲授，根据教学模块的内容编排，选取情景导入法、问题引导法、阅读体验法、任务驱动法和线上线下混合式教学法，在整个课程教学中教师以教促改、学生以学促用，形成"师生共同体"的学习关系。以"文学常识"为例，使用任务驱动法布置任务学习，以小组为单位设定相应问题，让学生自主查阅资料后汇报学习情况，教师纠正认知误区，引导知识扩展。在课后结合线上平台科普资源，以辅助对知识点的深入学习。简而言之，教学方法的运用要结合知识点和高职学生的特点进行灵活选择。

2. 两个辅助："第二课堂"与"网络平台"助力高职语文课的外延学习

在课程模式中的"两个辅助"项目，实质是采用"知识拓展+实践操作"的思维方式来进行设计的，存在的意义是拓展第一课堂的知识，助力"高素质、高技能"高职人才培养目标的实现。具体来看，"两个辅助"的实施内容如下：

第一，坚持第二课堂的人文素养培育理念，设计巴蜀文化知识拓展讲座。第一课堂的高职语文课会在部分教学模块上针对不同专业，设计相应的教学活动，第二课堂就是人文素养教育的升华。因此，在对巴蜀文化知识拓展之前，除了拓展第一课堂的所学知识点，还应该做好学生兴趣爱好的调查问卷。讲座的知识内容是由师生共同策划的，可以提升学生学习的主动性，真正让素质教育作用在每一个细小的教学环节之中。

第二，以"共建、共创、共享"的理念打造巴蜀文化网络平台科普资源，成为高职语文课程学生的线上实践阵地。后疫情时代为教育教学改革带来新的机遇与挑战。正是受到"线上教学"带来的启发，教学资源的建设不仅只是教师自己的总结，还可以运用网络平台让学生参与进来，师生共同创造，后续还可以运用优秀个案在学生群体中进行分享，让语文学习也具有了文化传承的使命感。比如，教师自身先进行自媒体操作学习，随后根据教学内容制定实践任务，让学生实际考察后形成文案，再由教师进行指导发布在平台上，这样既能共同建设平台又能共同创造资源、分享共同学习成果，真正做到将语文学习与职业教育的理念相结合。当然，在资源建设上也要根据专业特点，制定不同的实践项目。

3. 在"三位一体"的课程模式中，强调课程思政，落实立德树人

有学者认为："高职语文教学内容中蕴含丰富的思政教育资源，具有重

要的隐性德育功能。在课程思政视域下，高职语文课堂教学改革对落实立德树人根本任务、增强学生的文化自信以及促进高职学生德技并修有着重要现实意义。"[2]巴蜀文化是中国传统文化的组成部分，对优秀传统文化的学习可以培养学生的文化认同感和文化自信心。并且，在高职语文的教学中，课程思政的意义不限于文化自信这一类，更重要的是借助对巴蜀文化的内容以及学习方式，挖掘背后蕴含的思政元素。比如，在建设"网络平台"科普资源的过程中，学生既可以学习优秀巴蜀文化中包含的自强不息进取精神、开放包容的乐观心态，又可以在每一次实践中不自觉地体悟"自主创新""攻坚克难"等时代发展的精神内涵。因此，在"三位一体"的课程模式中，需要将课程思政贯穿在所有的教学实施环节里去，这样才能真正通过高职语文教育落实立德树人的根本任务。

（二）加强高职院校对教学实施的保障机制建设

1. 高层决策者加强对素质教育课程的重视程度

人文素养是做人的根基，重视对高职学生的素质养成，才能顺应时代发展的要求与人才进步的可持续性理念。有学者就认识到："学校要纠正唯技能教育是瞻的片面认识。"[3]要想真正在高职院校中普及巴蜀文化的教育，高层决策者的重视程度将会在政策支持中决定一所学校素质教育的发展方式和发展理念。只有决策者真正意识到素质教育课程的价值和作用，后续的保障工作、教学活动才能有序而高效地进行。

2. 健全对高职语文课程的组织保障制度

任何课程的具体实施都需要有相应的组织保障制度。具体来看，需要成立一个自上而下的三层机构，包括管理机构、监督机构及教学机构，三者之间形成层层把关、通力合作、相互支持的原则才能保障课程的正常实施与研究创新。第一层，管理机构主要是由相关部门的行政领导及部分具有传统文化相关专业知识背景的教授组成，负责从宏观角度进行顶层设计。第二层，监督机构是教务处及督导人员，主要从服务和辅助的角度保障教学的高质量运行。第三层，教学机构则是组建一批优秀的高职语文教学团队，主要负责一线教学和实践研究。在整个组织保障中，特别要鼓励教师团队提升对巴蜀文化的探究意识和网络平台的学习意识，有条件的院校可以组织定期学习和校外培训、学术交流。对于优秀教师，可以设定鼓励性质的经费来肯定教师的付出和努力，并对优秀教师在职称评定上有政策倾斜和优先考虑。

（三）围绕素质教育，完善高职语文课教学改革的评价体系

素质教育最大的难点在于评价体系的制定。人才的素质培养并非一朝一夕，那么，高职语文课的教学评价体系也不能以唯分数高低和唯技能优劣为指标，应该制定灵活的、多元化的评价标准。首先，充分运用过程性考核方式评价学生表现情况。在第一课堂的教学实施过程中，根据不同教学模块，制定不同的课堂活动，从课前、课堂表现、课后三个环节来进行衡量标准的制定。另外，还可以制定一些小组活动，比如在文体鉴赏这一板块，可以针对一个作家或作品设定相应问题，学生课后分工查阅资料并制作PPT，在课堂上每位小组成员又上台讲解，这种方式既可以培养学生自主学习巴蜀文化，又能锻炼他们团结协作、口语表达等能力。其次，评价内容可以综合化。除了第一课堂之外，实践平台的学习和操作、创新创业大赛等也属于附加的评价内容。特别鼓励学生参加创新创业大赛，将所学知识运用在实践中进行反思，锻炼学生实践能力，又让巴蜀文化在创新中得以传承和发展。最后，教学评价主体要多元化。对于教师的评价，学生评价的系统问题设置需要考虑高职语文的课程特点来制定，不能所有课程都是一样的评价内容，并且，还可以制定同行评价、督导评价的相关标准。总之，在整个评价体系中都要贯穿素质教育追求的师生共同进步的可持续性理念，这样才能真正有效地去探索适合高职院校"素质教育"的培养方式。

参考文献

[1] 黄怡. 四川民办高职语文课程"巴蜀文化教学"调研报告[J]. 花溪，2022(3): 31-33.
[2] 张蓓蓓. 课程思政视域下高职语文课堂教学改革策略研究[J]. 教师，2021(8): 19.
[3] 课程思政视域下高职传统文化教育路径研究[J]. 成才之路，2019(23): 1-2.

美育视角下高职语文课程培养学生审美能力的方法研究

——以四川国际标榜职业学院为例

黄 怡

四川国际标榜职业学院，四川成都，610103

【摘 要】以个案研究为例，围绕高职语文课程与高职学生审美能力培养为研究主线，重点从课程内容设置、单元教学设计、教学评价方式三个方面论述解决高职语文课程培养学生审美能力的具体方法。

【关键词】审美能力；高职语文；体验式教学法

从美育视角来看，《高等职业教育创新发展行动计划（2015-2018年）》《教育部关于切实加强新时代高等学校美育工作的意见》等文件均强调以美育提升高职学生的人文素养和审美素养。高职语文的核心是培养学生语文实际应用能力和人文素养，在具体的实施过程中通过语文知识贯穿教学主线，注重学生审美素养、思想道德素养、基本职业道德素养等全面发展。以审美素养为着眼点，笔者注意到审美能力的培养不仅能够提升学生对经典文艺作品的审美感悟，更为重要的是可以引导学生形成正确的审美态度以及对"美"的思考和创造，从而将语文知识内化于心并作用在实际的工作和生活里去。

在教学过程中发现，依据文艺作品样式特征设定不同的教学情景，在具体的"学中做、做中学"的参与体验式的教学方法中能有效地培养学生的审美能力。因此，本文以个案研究为例，基于建构主义学习理论、文本阐释学原理，围绕课程内容设置、单元教学设计、教学评价方式，论述解决高职语文课程培养学生审美能力的具体方法。

一、课程内容设置

在具体的教学设计之前，首先应确立哪些语文知识可以组合成单元内容，支持教学目标的实现。以四川国际标榜职业学院"高职应用汉语"课程为例,在教学过程中发现,学生文字阅读能力普遍不高、语言表达能力较弱,学生对文艺作品的审美感受力不强。所以,本课程调整了普通高职语文课程模块,选取了四个方面的内容,分别是第一单元"文学导读"、第二单元"口语表达"、第三单元"文艺评论"、第四单元"应用写作"。这样的课程内容遵循的是培养学生先具备了作品阅读能力和语言表达能力之后,运用所学审美鉴赏方法提升对作品理解的审美能力,最后在应用写作的环节练习书面表达能力。如此,不仅完成了总体的知识目标和能力目标,还能够通过语文知识促进学生人文素养、审美素养、思政素养等综合素质的全面提升。尤其在对学生审美能力的培养中,虽然重点在"文艺评论"单元,但没有阅读和表达的基础是很难完成对文艺作品的审美鉴赏的。所以,课程内容设置上要循序渐进、环环相扣,成为互为补充的"内容共同体"。

二、单元教学设计

单元教学设计需要综合考虑知识内容、教学目标、教学方法和学情问题等。本节将从教学方法的选择、知识内容和作品样式的选择上进行教学设计的预设,并选取"散文"为例论述具体的教学设计思路。

第一,教学方法的选择。建构主义学习理论强调以学生为中心,注重学生主动认识问题、分析问题、解决问题的能力。参与体验式教学方法正是建立在这一理论之上,使学习成为"体验、认识、再体验、再认识"的互动过程。并且,从审美活动的过程来看,也是需要审美主体即学生进入阅读和观赏的情景中"感知作品内容、认识作品情感、把握作品细节、挖掘作品主题"。这样一来,体验式教学方法与审美能力的培养过程就得到了有机结合。

第二,知识内容和作品样式的选择。知识内容上,最好是学生知晓的经典优秀文艺作品或是可在课堂上阅读的篇幅较短的作品,比如小说部分可以选取《西游记》为主要作品内容,设定教学情景,让学生在片段阅读过程里认识小说三要素。作品样式上,除传统四大文学样式以外,还可以从文学分析角度增加对经典影视作品的学习。当然,在几类文艺作品样式的学习过程中也可以选择视听化的影视作品作为辅助理解,比如小说部分讲解《西游记》时穿插一些电视剧情节,吸引学生兴趣的同时也能有效地带入到教学情景中。

第三,如何设计一个完整的教学过程,笔者以"散文"部分为例来论述设计思路。课堂上，先通过课前做好的微课视频讲解散文概念的古今之变，划清散文分类，解释散文的特征。接着，教师利用在线平台发布第一个阅读活动：《跑警报》一文，布置与该文章有关的几个问题。这个环节旨在通过问题引导法指导学生自主阅读、体验作品情感和思想内容。其次，是教师与学生一起展开对问题的探讨，在这一过程中播放电影《无问西东》中"跑警报"的片段，辅助学生思考深层次主题思想，提升学生对民族精神的理解。随后，教师总结散文鉴赏的方法，鼓励学生多读散文，领悟对人生的思考，提高自己的生命品质。最后，布置第二个阅读活动《假如我有九条命》。在课堂上，每位学生撰写一篇电子版的不限字数的命题思考，完成后交给老师汇总，待下次课点评。

通过以上散文部分设计思路，笔者在研究中发现不同专业的学生在撰写命题思考作业时都不约而同地写下自己想要为国家做出贡献和希望成为什么样的人，甚至有学生还认识到"九条命"只是笔下的幻想，应该珍惜自己的生命。尽管学生写作水平有待提高，但是他们的思想境界得到了提升，学生对生命的认识本身就是审美能力的展现和创造。

运用散文部分的设计思路，可以举一反三其他文艺作品样式的教学情景和活动项目，在参与体验式的过程中培养学生的审美能力。

三、教学评价方式

审美的理解是多元的，但审美的评价也需要一定的衡量标准。正如有学者认为："课程教学的评价方式，是由课程自身的性质决定的……美育的自由性、自主性，对其教学评价与考核有着至关重要的影响。"

教学评价分为"教"与"学"两部分，这里将论述学生"学"的评价。审美强调"情感的共鸣、感性的发现、知性的思考"，对应审美能力的获得应该运用"情感深度、技巧运用、学生互评、教师点评"几种方法。情感深度是指在学习后学生对文章理解是否更具层次性、是否具有符合正确伦理价值的审美态度；技巧运用是指学生能否运用课堂上教师讲解的鉴赏方法去解读其他作品；学生互评是指运用互评作业的方式获得多元的解读；教师点评是指把控学生审美水平、辅助启发思考。依据不同教学活动，综合运用上述四种方式，可以为高职语文课程培养学生审美能力提供一个指挥作用。

综上，尽管在实际的教学过程中，运用一些方法解决了部分教学困难，但是，笔者认为高职语文课程培养学生审美能力仍存在需要改善的地方。

比如，体验式教学方法对于教师来说，前期教学设计较为烦琐，并且不是所有的文艺作品都适合做教学情景和教学活动；课堂活动如何管理纪律、把握学生情绪？这些对于高职语文工作者是一种挑战亦是一份责任。

参考文献

[1] 李枫，张宇宁. 体验教学是高校情感教育功能的拓展[J]. 大庆社会科学，2008(2): 135-137.

[2] 冉祥华. 大学美育课程的设计与操作[J]. 黑龙江高教研究，2008(9): 179.

"大学生心理健康教育"课程思政建设探究与实践

杨小莉

四川国际标榜职业学院,四川成都,610103

【摘　要】在"大学生心理健康教育"课程思政理念的指导下梳理课程思政目标,根据课程目标,在课程设计中提取课程相关思政元素融入课程内容,实现"融合性"和"隐身性"目的;再通过多种教学方法并举的策略,根据学生需求和课堂活动性质选择恰当的教学模式,提升教学效果;最后辅以多媒体教学技术提升和参与课堂外的教学实践活动,进一步提高教学效果。

【关键词】大学生心理健康教育;课程思政;实践

习近平总书记在 2016 年的全国高校思想政治工作会议上的讲话中强调:"要用好课堂教学这个主渠道,思想政治理论课要坚持在改进中加强,提升思想政治教育亲和力和针对性,满足学生成长发展需求和期待,其他各门课都要守好一段渠、种好责任田,使各类课程与思想政治理论课同向同行,形成协同效应。"对新时代课程思政建设工作提出了新的要求,要求思政课以外的其他课程,也要承担思想政治教育的功能,即建设课程思政。

课程思政以"融合性"为显著特征,将思政教育与高职大学生心理健康教育课程课堂教学的内容、方法及考评等各个环节有效融合,在课程中体现思政元素,在无形中帮学生树立起正确的价值观,增强其爱国主义情怀,将其培养成满足社会发展需求的高素质技术技能型人才。

高职大学生心理健康教育的教育目标是培养自我管理、人格发展、情绪调节和人际交往能力,提高学生心理素质。课程思政是一种教育理念,而非单独的一门课程,是对学生人生观、价值观和世界观的培养,是对学生道德的培养。将课程思政"隐身"在心理健康教育过程中,有机渗透,避免学生的抵触情绪。

一、课程思政理念

近年来,随着我国经济的快速发展,各种西方思潮也不同程度进入,影响着当代青少年的价值观,导致虚无主义和空心病的出现,对青少年心理健康产生了消极影响。而心理健康教育源自西方的心理学理论,忽略了民族传统文化对心理健康的培育意义。将思政思想引入心理健康教育,育心同时育德,用中国传统文化培养学生正确的理想信念和积极向上的社会主义核心价值观,将有助于提升学生心理素养,培养可持续发展能力。

二、课程思政教学目标

教育部教思政厅〔2011〕5号文中的大学生心理健康教育课程的教学目标为:明确心理健康的标准和意义,增强自我心理保健意识和心理危机预防意识。掌握并运用心理健康知识,培养自我认知能力、自我调节能力、人际沟通能力、社会适应能力。切实提高心理素质,促进学生全面发展。由此可见,心理健康教育课程目标与思政课程目标一致,都是培育学生心灵和促进学生生命成长的教育。因此,课程思政理念下的心理健康教育课程目标应增加思政目标,即为力求在培养人文精神的同时,提升其思想道德、职业素养,使学生成为有文化、有信仰、有理想、有担当的新时代大学生。

三、课程思政内容建设与实践

思政教育和心理健康教育在提高和完善大学生情感、认知,提高大学生适应社会的能力方面有着相同的人才培养方向和目标。以课程思政教育观为引领,在大学生心理健康教育的课程培养目标和内容中"隐形"呈现思政元素,以学生兴趣为切入点进行潜移默化的教学。

高职大学生心理健康教育和课程思政在教学目标上有较高的契合度,在课程当中切实嵌入"课程思政"的内容,保障二者有机结合,环环相扣,以心理学的内容承载思政元素。两者相辅相成,有机融合,协同发挥作用。

第一模块,大学生心理健康概论相关内容中融入重大灾害后人们应激反应PTSD(Post-Traumatic Stress Disorder),如2020年媒体报道的一些极端事件其实是个别群体在面对突然灾难时出现的应激障碍。教学目的是引导学生明确这是正常的心理现象,用科学的眼光来看待该类事件,防止该类负面情绪的恶性传播,避免误导青年群体对客观事实的分辨能力。

第二模块，健全人格中融入现代公民人格意识。大学生心理健康教育课程自我认知目标为了解自身的性格特征，对自己进行客观评估，正确认识自己、接纳自己、调适自己适应社会。该目标局限于个体的心理层面，融入思政元素现代公民人格意识后，要做到平等对待和尊重他人，应该是以了解人与人之间为何有差异、有何差异为前提。在弗洛伊德人格理论自我、本我、超我中引入感动中国、"共和国勋章"等具有较强感染力的故事，激发爱国情怀和民族信仰。

第三模块，大学生情绪管理以当下时事热点引入，如由重庆公交坠江案的事发司机和乘客的情绪原因为切入点，明确情绪管理能力的重要性和负面情绪处理不当的危害性；由疫情期间医护人员坚守阵地，社会热心人士大爱逆行来学习危机下的情绪管理能力。

第四模块，大学生人际交往融入诚信、友善等社会主义核心价值观，培养社会公德，提升人际交往品质。开展以《转角遇见美好》为主题的实践活动，通过学生用相机记录并制作 PPT 课堂分享生活中发现的美好瞬间，培养积极乐观的心态和视角。组织《感谢有您》为主题的课后感恩实践活动，培养学生和谐、友善的社会主义核心价值观。在活动过程中融入儒家思想"仁""礼"，培养道德情感和道德规范，己欲立而立人，己欲达而达人。

第五模块，大学生恋爱心理与思想道德修养课程中的爱情有机结合，并从专业角度进行补充和阐释。引入周恩来与邓颖超的红色爱情故事，讲述爱情的本质，爱情与生活的平衡，提升爱的能力。

第六模块，大学生压力管理中融入中华民族面对困难不屈不挠的精神。做有难度的事才能产生成就感，完成有成就感的事可以提高自尊水平，但是完成有难度的事就会产生一定的压力。当我们用不屈不挠的敬业心态来面对工作和生活时，更看重的是生活和学习的过程，自然也调整了面对压力的心态。

表 1 为心理健康教育课程相关内容。

表 1 课程思政教学内容建设

心理健康教育课程教学内容	课程思政内容	课程思政元素
大学生心理健康标准	重大自然灾害后的应激行为	和谐、友善
大学生人格	现代公民人格意识 感动中国人物	自由、平等、爱国

续表

心理健康教育课程教学内容	课程思政内容	课程思政元素
大学生情绪管理	重庆公交坠江 疫情医护坚守，大爱逆行	友善 爱国、敬业
人际交往	感恩主题活动 儒家思想"仁""礼"	和谐、友善 诚信、传统文化
大学生恋爱	革命爱情	和谐、诚信
大学生压力与管理	中华民族不屈不挠的精神	敬业

四、课程思政教学方法和评估

1. 高职大学心理健康教育课程思政的教学方法

高职大学生心理健康教育和课程思政应以学生兴趣点为切入点，结合学生实际思想问题，将抽象的心理健康知识、思政理论等转变成学生的情感共识。通过体验式教学法、启发法、互动式教学、微课堂等多种教学方式的尝试，找到适合高职大学心理健康教育课程思政的教学方法。

2. 高职大学心理健康教育课程思政的教学实施和教学评估

将设计好的课程内容在课堂实践，在实践中观察学生反应和实践效果。通过不断摸索，完善课程思政的高职心理健康教育课程教学内容设计，并对高职大学心理健康教育课程思政的教学实施进行教学效果评估。

五、新媒体运用

在自媒体相当发达的当下，人们几乎都通过手机和周遭世界产生联系，表达自己的观点，了解别人的理念。课程建设必须要进行线上和线下同步，建设课程资源库，实现线上自主学习。主要方式有公众号建设和网络课堂开发，但是目前大部分学校的心理课教师较少，如何实现人力与精力的平衡还需要继续探究。

六、任课教师的"课程思政"教育理念培养

课程任课教师除了有较强的心理学专业理论知识背景，还需要具备

"课程思政"的教育理念和相应的专业知识。在课程教育过程中，才能有意识地将思政内容在"无形"中融入课堂教育，并在潜移默化中培养学生积极向上的价值观和辩证思维能力。将德育理论变成人生态度，将思想道德修养与法律基础概念变成生活习惯，才能高举立德树人的旗帜，完成育人任务。

通过大学生心理健康教育课程思政的建设与实践效果问卷调查显示，87%的学生对教学过程中使用的案例表示认同，82%表示对中华优秀传统文化愿意继承和发扬光大。

大学生正处于人生观、价值观形成的关键时期，心理健康教育中的思政元素能对专业心理学知识起到补充作用，民族文化精神对心理健康素养提升又有较大的积极作用。因此，在大学生心理健康教育课堂中进行思政建设能更好地提高该课程的教学效果，育心同时育德，对于全面提升学生素质有较强的现实意义。

参考文献

[1] 教育部. 普通高等学校学生心理健康教育课程教学基本要求. 教思政厅〔2011〕5号.

[2] 叶海. 课程思政框架下的《大学生心理健康》课程设计[J]. 教育现代化，2019(10): 288-318.

[3] 熊少青，梁杰华. "课程思政"视阈下"大学生心理健康教育"教学设计探析[J]. 吉林广播电视大学学报，2020(1): 53-55.

"三全育人"背景下高职心理健康教育课程育心模式探析

杨小莉

四川国际标榜职业学院，四川成都，610103

【摘　要】根据心理健康教育课程目前存在的问题，在"三全育人"理念的指导下，从"全员、全程、全方位"三个维度进行课程设计和建设。通过"课程-班级-家庭"三方合作实现全员育心；"全年级覆盖"的课程体系建设实现全程育心；"课前、课中、课后贯穿式课程设计""构建线上线下混合式教学模式""设计校内校外结合的教学实践"；"开展形式多样化的心理活动"四个维度实现全方位育心。在"三全育人"视域下探索高职心理健康教育课程的育心路径，构建育心体系，提升学生心理素养，培养可持续发展能力，促进学生全面发展。

【关键词】三全育人；心理健康教育课程；育心模式

习近平总书记在2016年的全国高校思政工作会上强调将思政工作贯穿教育教学全过程，实现全程育人、全方位育人。2017年，中共中央、国务院发布《关于加强和改进新形势下高校思想政治工作的意见》，明确了"三全育人"的工作原则、理念和方法举措等内容，教育部在2017年的《高校思想政治工作质量提升工程实施纲要》提出高校应构建十大育人体系，其中心理育人是实现立德树人、贯彻高校思想政治教育工作始终的一项重要内容。

心理健康是个体和社会和谐幸福的基础，也是素质教育的重要组成部分。心理健康教育课程目标是培养积极乐观的心理品质和健全的人格，具备一定的心理调节能力，能更好地适应社会，成为高素质技术技能型人才。在"三全育人"视域下，研究心理育人的新模式，探索课程心理育人的新路径，提升育心效果，促进学生全面发展。

一、"三全育人"视域下心理健康教育课程目前存在的问题

"三全育人"即以立德树人为根本任务,实现全员育人、全程育人、全方位育人的育人新格局。心理健康教育课程作为教育部提出的"十大育人"体系中,心理育人环节的重要组成部分,在三全育人的视域下进行课程体系建设,对于提升学生心理素质,培养乐观积极进取的人生态度,塑造高素质技术技能型人才具有重要的意义。但是目前高职心理健康教育课程体系建设还存在问题,主要有以下几个方面:

(1)根据教育部党组 2018 文件精神要求,所有的高校都应开设心理健康教育课程作为必修课。目前高职院校基本都开了"心理健康教育"必修课,但是基本开在大学一年级,对于大学二、三年级基本没有涉及。对于大多数学生来说,大一处于适应期,大二是迷茫期,大三是就业压力期,每个阶段都有需要解决的主要问题,但是却没有对应的课程来提供可予以帮助的空间和时间支持,在全程育心上还有一定的不足。

(2)心理健康教育课程授课教师大多数由专职教师和校内部分辅导员来担任,课程内容在课堂外很少与家长进行链接。但是心理课堂与实际生活紧密联系,要将有限的课堂进行课后拓展,就需要学生所在班级辅导员和家长共同参与,家长-学校协同共育才能真正做到全员育心。

(3)课程教学设计基本局限在 32 课时课内,课前、课后设计和实践相对较少,课程的拓展性和应用性较差,线上线下课程内容结合得紧密度和合理性不高,课堂内和课堂外的实践活动没有形成良好的联动,导致课堂活动受到较多局限,影响了课堂内容的应用实践,降低了课程的有效性和实用性。通过设计完善的全方位育人方案,将课程建设立体化,才能更好地将课堂知识在课堂外拓展,提升心理建教育课程的育心效果。

二、"三全育人"视域下心理健康教育课程建设

"三全育人"视域下的教学改革,实际上是对育人主体、育人资源、育人路径的全盘考量和整合,也是落实立德树人根本任务的重要路径,更是践行社会主义核心价值观的重要方法。在"三全育人"理念下,心理健康教育课程应当根据高职学生心理特点和具体学情,从一个更宏观的角度来探索心理育人的新模式,构建心理育人的新机制,提升高职院校心理育人的成效,培养学生的可持续发展能力,提升学生心理素质。

（一）"课程—班级—家庭"三方合作实现全员育心

心理健康教育课程作为公共基础课，是一个将心理知识和技能系统化教授给学生的主渠道，学生能从这门课了解到自我认知、情绪管理和人际关系处理的知识和技能，帮助他们学会处理与自我、与他人、与社会的关系，构建一个内在和谐的自我，外在和谐的社会支持系统。所以，心理健康教育课程不应只是几个授课老师的工作，还应该是学生所在的班级辅导员和家长共同参与的课程。

（1）自我认知单元。该单元教学目标是帮助学生通过合理自我认知，建立自信。自我认知渠道来源于自我和重要他人，所以个体除了从自己的角度认知自己，也需要从身边重要他人的角度来认知自己，并学会合理地看待他人对自己的见解。为了实现这个教学目标，设计课后活动"他人眼中的自己"，要求学生在课后去访谈自己的辅导员（或者其他任课老师）、同学和家长对自己的评价，并且学会如何更好地看待这些评价，以及学会平衡自我评价与他人评价之间的关系，构建一个更和谐的内在自我认知。这里，帮助学生构建合理评价的老师、同学和家长就构成了这个课程的心育主体。

（2）亲密关系单元。该单元的主要教学目标是提升学生维系亲密关系的能力，帮助学生实现自我与他人的和谐。亲密关系中最重要的是亲情、友情和爱情，这些重要的情感对象也是个体的社会支持系统的重要组成部分。课程设计的课后教学活动是"完善我的社会支持系统"，要求学生将在课堂掌握的社会支持系统的相关知识，应用到生活实践中，达到知行合一。这个活动需要学生通过与家人、朋友、爱人等共同进行相关社会活动来提升社会情感和人际关系构建能力，提高学生的社会支持系统完整性和有效性。这个时候学生所在班级的老师、同学和家长都是课程参与者，也是课程的教育者，更是学生的心育工作者。

（3）社会适应单元。该单元的教学目标是在学生完成自我内在和谐和自我与他人和谐后，帮助学生构建自我与社会的和谐关系。这个部分要求个体学会主动融入团体，并在团体中提升团队协作意识和团队协作能力，培养团队精神，提升社会适应能力。该单元的活动设计为"我和我加入的团队"，学生需要在课后加入一个社团，或者参加一个社会兼职工作，并在其中完成一些团队项目或者工作内容。过程中个体与团队协作的小故事，以及自己在参与团队协作过程中的心得体会，总结团队协作和社会适应的关键要素，提升社会适应能力。这个过程中的社团其他成员和工作环境中的同事都是心育工作者。

（二）"全年级覆盖"的课程体系建设实现全程育心

心理状态和学生所处的年龄阶段以及面临的现实困扰有着极为密切的关系，根据相关调查以及实际观察，高职学生在大学三年的不同阶段呈现出不同的心理困惑和需求，大一是刚进新环境，对学习方法、学习内容、生活方式等方面的适应阶段，大二是对学业和感情等的迷茫期，大三是面对就业的焦虑和压力期。不同的阶段都应该有不同侧重点的心理课程进行全程的心育工作，所以应将只针对大一的心理健康教育必修课拓展为覆盖大一到大三的课程体系。大一可以有针对性地开设新生适应、人际关系等专题选修课，大二开设学习心理、恋爱心理专题选修课，大三开设就业心理辅导等团体辅导课程。形成"必修课+选修课"和"基础课+专题课"的"全年级覆盖"的课程体系，实现全程育心。

根据课程体系设计《心育手册》，以知情意为内在逻辑，根据自我认知、亲密关系、社会适应等方面来层层递进地记录内在自我和谐、自我与他人和谐、自我与社会和谐的心理成长过程，每个学生可以通过这个手册看到心理健康的维度，也能看到自己在心理素养上还需提高的地方，以及可以用什么样的方法进行提高，通过该手册也能实现心理自助的功能。

（三）全方位育心

1. 课前、课中、课后贯穿式课程设计

育心是一门对应用实践要求较高的课程，因此心理健康教育课程设计不能仅仅局限在课堂上的课中学习，而应该更多地涉及课前导入、课后应用。课前主要是调研学生实际情况，引入课堂知识，调动学习热情。课后主要是将课堂习得技能进行实践应用。

比如情绪管理这个单元，课前通过发布问卷了解学生对于情绪相关知识的了解，以及平时面对情绪困扰时的应对方法，掌握学生的学情。根据课前学情调查，教师可以及时调整教学重难点，调整教学方法，甚至是调整教学内容。还可以通过提出学生最容易遇到的普遍情绪困扰问题，调动对本单元的学习热情。课后通过《我和我的情绪小怪兽》这个作业，让学生把课堂学习的情绪管理知识和方法应用到具体的生活情景中。教师可以通过学生提交的课后作业检查学生对课堂知识的掌握度，也可以进一步指导，帮助学生把课堂知识应用到生活实践中。

2. 构建线上线下混合式教学模式

构建线上线下混合式教学模式将有限的课堂时间进行课堂外的延展，提升课堂教学的有效性和针对性，即第一，知识线上化，学生可以通过线上资源库，利用相对自由的课后时间进行自主学习，提出问题，进行课堂讨论；第二，能力线下化，教师在线下的课堂主要实现课程能力目标，提升课堂效率。这就要求教师利用信息化平台建设课程资源库，包括微课资源库、微视频资源库、习题库、文献资源库、推荐书目库等。将课程单元知识进行分类打包，按计划让学生在课前完成初步学习。随后在课堂能力训练过程中针对学生还未完全掌握的知识进行针对性讲解，实现课程知识目标和能力目标。

3. 设计校内校外结合的教学实践

学生的课后实践环节应将校内实践和校外实践相结合。校内实践是围绕学生个体进行的个人心理素质成长，校外实践围绕学生的社会适应和社会情感培养。校外实践的活动设计可以是和家庭相关的亲情维系能力提升，可以是进入实习公司的团队协作能力培养，也可以是走进社区服务社会的社会情感培育。帮助学生将课堂知识全方位立体化地应用于生活实践中。

课程可以设计系列校内外实践活动"心理知识进社区"。以情绪管理单元为例。第一阶段，学生通过课程学习完成情绪管理知识的掌握；第二阶段，学生需要将自己掌握的情绪管理知识应用于自身的生活实践；第三阶段，学生可以将所学情绪管理相关知识和自己在情绪管理的实践心得分享他人；在第三阶段，教师可联合社区搭建平台，帮助学生将自己的知识服务于社会，体会到知识的价值和意义。

4. 开展形式多样的心理活动，搭建全方位育心体系

根据教育部 2020—2022 年陆续发布的文件精神,心理健康教育课程目标是提升全体学生心理素质的主渠道，帮助学生理解心理健康常识，掌握基本的心理调适技能，培养正向积极的人生态度。实际教学过程中，会有部分同学还有进一步的心理调适需求。针对这部分同学，结合教育部四位一体心理健康教育工作模式，开展一对一心理咨询、心理团辅、第二课堂专题讲座、525 心理活动等形式多样的心理活动来满足不同学生的心理需求，搭建全方位的育心体系。

"心育"与"五育"有机融合，将心理健康教育课程内容渗透到各个学科。比如德育工作中，践行社会主义核心价值观，培养爱国主义情怀；通

过革命先烈的英勇事迹培养面对困难时的坚强勇气和乐观精神，树立正确的世界观、人生观、价值观。在体育活动中培养学生勇于进取和坚韧的人生态度以及乐于合作的团队精神。在智育活动中，培养学生面对生活的积极态度，面对困难的勇敢，面对压力的挑战精神。在美育活动中，通过艺术修养提升活动，净化心灵，陶冶情操，用艺术的方式表达自己。在劳动活动中，通过劳动乐趣、劳动光荣、劳动成就感的获得，培养学生对生活的热爱，对勤奋踏实的劳动过程的尊重和崇尚，增强社会责任感，促进身心健康和全面发展。

三、结束语

"三全育人"重在"人人育人、时时育人、处处育人"，心理现象时时发生，处处发生，心理健康教育工作也应该做到人人育心、时时育心、处处育心才能帮助学生有效提升心理素养。将育心与"五育"有机融合，构建心理育人质量体系，搭建心理育人平台，促进学生心理健康水平提升，培养高素质高技术技能型人才。

在"三全育人"理念下，通过"课程-班级-家庭"的全员育心，"全年级覆盖"的全程育心，"课前课中课后、线上线下、校内校外"的全方位育心，在"三全育人"视域下构建一个立体化的课程体系来实现高职心理健康教育课程育心教育目标，通过心理育人教育路径探索，提升学生心理素养，增强心理健康教育课程的多元价值，培养学生健康、积极、乐观的人生心态，帮助学生积极融入集体和社会，培养积极的社会道德情感和社会责任感，成为社会主义事业合格的接班人。

参考文献

[1] 教育部. 普通高等学校学生心理健康教育课程教学基本要求. 教思政厅〔2011〕5号.

[2] 李亚平, 施向峰. 三全育人视域下高职院校网络思政育人模式建构研究[J]. 青岛职业技术学院学报, 2021, 34(3): 24-27.

[3] 左春平. 三全育人模式下高职心理健康教育工作探析[J]. 中外企业家, 2018(15): 220-221.

[4] 杨雯雯. "三全育人"视域下高职院校"12345"心理育人模式的构建

与实施. 教育观察，2023(3): 33-36.

[5] 班兰美."三全育人"视域下高职院校心理育人路径探析——以广西水利电力职业技术学院为例[J]. 广西教育，2021(11): 126-128.

[6] 高歌. 高职院校学生心理健康教育的"三全育人"模式研究[J]. 成才，2021(20): 72-73，80.

[7] 严晓燕，姚春林，何文文."三全育人"视域下高职院校心理健康教育创新对策研究[J]. 泰州职业技术学院学报，2020(21): 42-45.

[8] 王菊梅，保云."三全育人"视域下高职院校大学生心理健康影响因素研究[J]. 产业与科技论坛，2020(20): 102-103.

"教学做合一"视野下高职心理健康教育课程教学设计探析

杨小莉

四川国际标榜职业学院,四川成都,610103

【摘　要】教学做合一理念下进行高职心理健康教育课程改革探索,依据教思政厅〔2011〕5号文件中的要求进行教学做合一理念下的课程目标梳理,以学生发展为主线对课程教学内容进行重构,开发以活动为载体,综合承载心理学理论知识、行为训练和心理体验的情景活动任务,让学生通过在"做"情景活动任务过程中"学",老师通过在情境任务重中"教",最终实现知行合一的教学目标,提升课程的实用性和针对性。

【关键词】教学做合一;高职;心理健康课程;课程教学探究

中共教育部党组《高等学校心理健康教育指导纲要》(教党〔2018〕41号)和教育部办公厅《普通高等学校学生心理健康教育课程教学基本要求》(教思政厅〔2011〕5号)中都明确,高校学生心理健康教育是集知识传授、心理体验与行为训练于一体的公共课程。课程旨在使学生明确心理健康的标准及意义,增强自我心理保健意识和心理危机预防意识,掌握并应用心理健康知识,培养自我认知能力、人际沟通能力、自我调节能力,切实提高心理素质,促进学生全面发展。目前心理健康教育课程在以教师为主体转向以学生为主体,从知识本位转向能力本位的过程中进行了多方面的积极探索,取得了一定成果。但由于对相关理论缺乏深入研究、课程设计观传统、教学执行弱等多方面的原因,教、学、做变成了三件事,只是在原有知识体系中加入了需要实践训练的环节,与教育部对该课程知识、能力和素质整体发展的目标要求相距甚远。

一、教学做合一下的课程建设理念

20世纪初,陶行知先生在对杜威"从做中学"的批判性继承中提出了

"教学做合一"思想。该思想作为陶行知生活教育理论的重要方法论，对中国的教育改革产生了革命性的推动作用和指导价值。陶行知"教学做合一"是以"做"为中心的一件事，在做上教的是先生，在做上学的是学生。叶琳琳在《"教学做合一"视野下的心理健康教育课程教学初探》中认为，运用陶行知"教学做合一"教育思想，改革心理健康教育课程教学，以文本形式组织课程，以活动形式呈现课程，提高教学实效。该研究从理论上探讨了心理健康教育课堂进行"教学做合一"改革的必要性和可行性。可见，"教学做合一"模式下的高职心理健康教育课程实践研究，有机统一知与行、理论与实践，对探索适合高职院校的心理健康教育课堂教学模式具有较强的实践意义和应用价值。

"教学做一体化"教学模式以做为核心，凸显教学实践性，偏重学生对知识的内化和运用。在"教学做合一"教学模式下高职心理健康教育课堂教学应实现五个转变。教学主体转变，以教师为本位转变为以学生为本位，立足于学生的能力和需求，在做的过程中内化知识，习得技能，培养良好的思维习惯。教学目标转变，重知识传授和学科体系转变为重能力培养和生活应用。教学内容转变，以知识为逻辑关系基础向以实际工作情景为基础转变，知识围绕情景展开，学生在活动情境中获取知识。教学组织转变，以知识为中心转变为以做为中心的教学做合一，在情景活动的递进中组织教学。

二、教学做合一下的课程建设思路

在陶行知"教学做合一"理念下，课程应以情境性、体验性、互动性为主，将心理学理论知识、心理感受体验和心理技能行为训练融为一体。首先，以学生发展需求为主线梳理课程目标；其次，在课程内容设计中通过创设生活情境，以活动为载体，承载理论知识，强调学生的体验和感悟，促进学生变化。以做为核心，学生在完成活动过程中培养和发展积极心理品质，提升心理素质；最后教学方法以激发学生自主参与、自主体验、自主感悟为核心，形成围绕心理健康和积极心理品质的自我教育活动。图1是高职心理健康教育课程内容设计基本思路。

图 1　课程改革思路

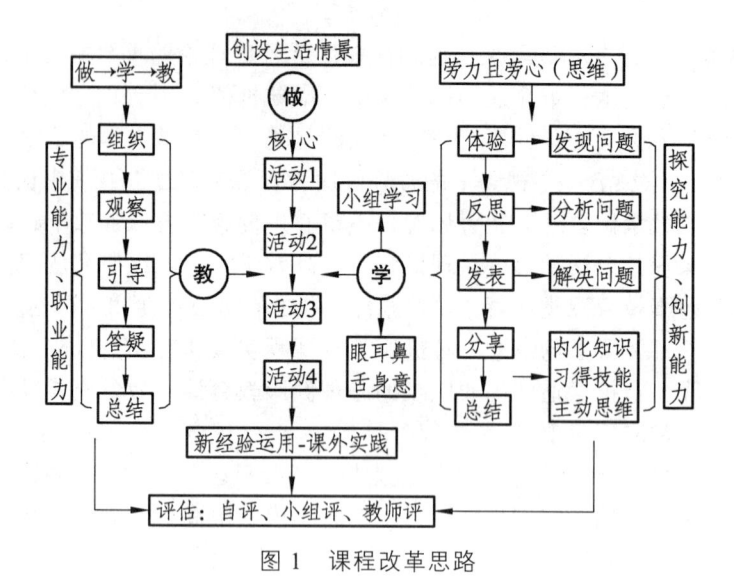

三、课程目标梳理

教思政厅〔2011〕5 号中明确了心理健康教育课程的基本教学目标，主要是分为三个层面，第一层是普及心理健康常识，让学生掌握心理健康基本理论知识，第二层是通过心理技能训练，使学生掌握基本心理调节能力，第三层是提升心理素质，培养积极向上、理性平和的人格特点和人生态度。通过对这三个层面的分析，按陶行知教学做合一的指导思想，应从学生个体发展需求维度将学生作为主体来梳理教学目标。

重新梳理后的教学目标为四个层面，第一层，通过自我认知、自我接纳、自我完善促进个体自我内在和谐；第二层，通过亲密关系建立、维护促进个体与他人建立良好的互动关系，帮助提升自我与他人和谐的能力；第三层，通过社会角色、社会适应和社会融入，提高个体社会适应能力，帮助其提升自我与社会和谐的能力；第四层，通过生命教育，帮助个体建立与自然生态的良性关系，树立面对生命的正确态度。

四、课程内容改革

根据梳理后的课程教学目标，在教学做合一理念下对教学内容进行重构。"教学做合一"是陶行知生活教育理论的重要方法论，它的含义是教的方法要根据学的方法，学的方法要根据做的方法。事情怎么样做便怎样学，怎样学便怎样教。教在学之后，要以学生为主体，改变教学方法。在教学内容重构过程中应以学生在生活情境中所需要面对的真实情境来设计。陶行知说生活即教育，心理健康教育是最贴近学生生活的一门课程，在生活中掌握如何面对生活困惑，提升感受生活中和谐幸福的能力。因此，教学内容重构依据真实生活情境，以学生由内而外的生活能力训练为主线，构建课程模块和教学任务。

传统课程中的教学内容分为三个模块，第一模块为心理健康概论，包括心理健康标准与心理咨询。第二模块为了解自我，发展自我。第三模块为自我心理调适，包括情绪、压力、人际关系等。改革后的心理健康教育内容从自我、他人、社会和自然四个层面，由内而外实现自我与外界的和谐。模块一心理健康概论主要是通过心理健康标准等相关理论知识的掌握，提升学生心理健康保健意识，包含心理健康标准（2课时），心理咨询与治疗（2课时）。模块二自我和谐主要是从知情意三个维度来进行课程内容建设，"知"包括自我认知（4课时），"情"包括管理情绪（4课时），"意"包括掌控学习（4课时）。模块三自我与他人和谐主要是构建"亲情、友情、爱情"等亲密关系的构建和维护练习，包括和谐语言、亲密家人、友谊之舟、爱情密码四个部分。模块四自我与社会和谐主要是通过社会角色、社会融入、社会关系建立等方面建设。模块五自我与自然和谐主要通过感受生命之美、自我与自然关系来实现自我与自然和谐关系建立。图2为原大学生心理健康教育与现有课程的内容比较。

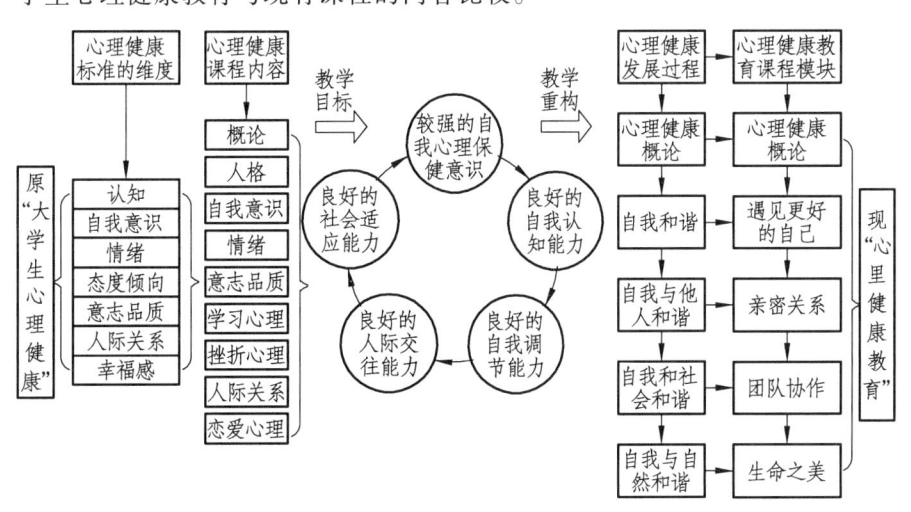

图2 原大学生心理健康教育与现有课程的内容比较

五、教学模式改革

陶行知先生的"教学做合一"教育思想的核心宗旨认为教、学、做是一件事，而不是三件事。"事情怎样做便怎样学，怎样学便怎样教。教而不做，不能算是教；学而不做，不能算是学。教与学都以做为中心。"在此理念下，心理健康教育课程创新采用了"三学五步"教学模式来实现以做为载体，融入教与学的以学生为中心实现教学课前、课中、课后全过程参与的教学模式。

首先，通过"课前探学、课中践学、课后拓学"三步教学，逐级递进，学生从自我探索到自我体验、自我训练再到自我实践，逐步培养其自我管理能力，符合高职学生认知规律。其次，"入、感、练、用、固"五步教学法，以高职学生认知规律为据，在课程教学中设置了由浅入深五个步骤。"入"为导入，通过案例等方式激发学习兴趣。"感"为感受，通过创设情境进行心理体验，获得心理感受；"练"为心理行为训练，让学生在感受和反思后，对新的心理行为模式进行内化；"用"为新经验应用实践，将课堂所学应用到生活情景中。"固"为课后拓展固化新经验，实现知识迁移。图3为"三学五步"教学模式

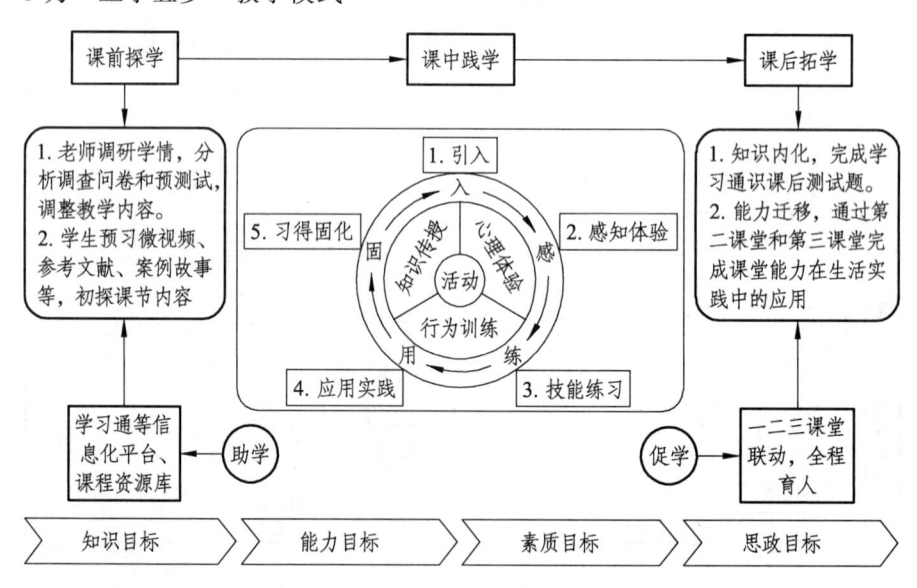

图 3 "三学五步"教学模式

六、课程方法改革

心理健康教育课程教学通常采用的课程方法有讲授法、案例教学法、头脑风暴法、情境教学法等，这些教学方法对提升课程教学效果起到了积极的提升作用。但这些方法是针对某一个具体的知识和技能的掌握，在实际授课过程中常常出现的现象是理论和实践只是简单组合，容易出现知行不合一的问题。陶行知教学做合一的核心是"做"，在做的过程中将教、学、做融为一体，即将知识和技能融入"做"这个活动中，并在"做"的过程中综合承载教和学，教的过程就是学的过程，两者融为一体能很好地帮助学生学以致用，提升课程知识和技能的应用性。图 4 为"双线并行"教学方法。

图 4 "双线并行"教学方法

在此方法论指导下，改革后的心理健康教育课程应以情境活动为载体，学生在完成情境活动任务的过程中实现"学"的过程，老师在学生完成情境活动任务的过程中通过组织和引导实现"教"的过程。最终心理健康教育课程的每个课节即为几个情境活动的串联，每个情境活动综合承载相应的心理知识传授和心理行为训练，教学目标融入活动目标中，活动的完成度即为教学目标的达成度。课堂结束后，学生将课堂习得的知识和技能拓展到课外，实现课后的能力迁移和知识内化。

高职院校学生的自我管理能力较弱，课程教育应为还原学生的自主自我管理能力。心理健康课程设计应以激发和调动学生的自主性为主，让学生在课程活动中自主参与、自主体验和自主感悟，逐渐培养其自我管理能力。教师不仅是教授者，更应是组织者、引导者、陪伴者。教师应与学生同行、同伴、同成长，让尊重、关怀、鼓励、支持的氛围萦绕在课堂内外。每个单元的课程均以小组活动为主线承载理论知识，以学生轴和教师轴并行来实现课程目标。教师轴主要是创设活动情景，激发学生体验，观察学生反应，引导学生思考，组织学生讨论，反馈，行为训练，总结。学生轴主要是参与活动，心理体验，积极觉察，小组讨论分享，反思，整合应用，总结。

七、多元评价体系保障教学效果

采用多维评价和发展性评价来进行课程效果评估。为了记录学生的学习过程和个人成长经历，使用线上线下同步评价模式，线上采用学习通记录学习过程，完成自我评价和生生互评。线下采用课程配套的《心理健康教育课程学生手册》中教师在课上和课后对学生进行的反馈性评价。课堂统计数据显示 70%的学生在老师创设的情景中会有心理体验的变化，65%的学生学会了新的思维方式或行为方式并尝试将其应用到生活中。

八、结束语

心理反应和心理特点呈现出多样性和内隐性，高职院校学生的自我管理能力较弱，课程教育应为还原学生的自主自我管理能力。在陶行知"教学做合一"理念下对心理健康课程进行教学改革，梳理教学目标，重构教学内容，创新教学方法；设计以激发和调动学生的自主性为主，让学生在课程活动中自主参与、自主体验和自主感悟，逐渐培养其自我管理能力。在探索中逐步形成针对性和实用性更强的心理健康教育课程，提升学生心理素养，培养其可持续发展能力。

参考文献

[1] 刘晓波. 教学做合一理论的后现代思考与实践[J]. 吉林省教育学院学报，2012(10): 16-18.
[2] 侯怀银."教学做合一"述评[J]. 课程·教材·教法，2013(8): 16-23.

[3] 王东群."教学做合一"在中职数学教学中的实践与探索[J]. 中国职业技术教育，2014(35): 64-68.

[4] 杨泽中. 教学做合一教学模式背景下"四做"生活课堂在中职建筑施工专业教学中的实践[J]. 科学咨询，2016(9): 78.

[5] 江浩. 基于"教学做合一"思想的课堂教学思考与实践[J]. 兰州教育学院学报，2019(2): 173-174.

[6] 郑应霞. "教学做合一"教学模式在人际关系心理学课程中的有效性[J]. 教育观察，2019(13): 81-84.

大学"礼仪与修养"课程建构探析
——以四川国际标榜职业学院"礼仪与修养"课程构建为例

段 玲

四川国际标榜职业学院,四川成都,610103

【摘　要】当今社会,对人才的要求已经不仅仅是单一的专业技能,更要求大学生具有良好的综合素质和职业素养。然而,就目前大学生的综合素养来看,并不尽如人意。部分大学生还存在基本礼仪知识缺乏,在日常行为中存在不懂礼、不知礼的现象。目前大学礼仪课程的开设一般是两种极端:要么偏理论,要么仅重实践。笔者在建构"礼仪与修养"这门课程时,力求能将现在礼仪规范和传统礼仪思想融合,学生既能增强解决问题的能力,又能提高相应的素质素养,最终达到知行合一的目的。

【关键词】大学；礼仪修养；教育；建构探析

英国教育家纽曼认为："大学教育应提供普遍性的知识（具有普通意义的真理）和完整的知识,而不是狭隘的专业知识。"当前,社会对大学生提出了更高要求。人才市场竞争激烈,不仅需要大学生具备专业技能,还要求其拥有良好的综合素质与职业素养。然而审视当前大学生的综合素养状况,距离预期仍存在一定差距。部分大学生在基础礼仪知识层面存在短板,在日常行为中屡有失仪、违礼之表现。随着社会对于高素质、高技能专业人才的需求持续增长,诸多高校为切实提升大学生可持续发展能力,积极开设礼仪相关课程,将其纳入才培养体系之中。

论语说："不学礼、无以立。"可见礼仪学习的重要性,然笔者通过对目前大学开设礼仪课程情况进行分析发现,目前基本对礼仪与修养教育构建有两种模式:一是偏重思想品德教育、从古代礼仪知识文献入手,侧重理论学习,结合实际较少,内容空泛,操作性不强。二是高职或中职类学校,其理念是适用够用为主,不强调意识的改变和知识的积累,注重实用和操作性。笔者在设计"礼仪与修养"这门课程时,希望能将现在礼仪规范和传统礼仪思想融合,学生既能够增强解决问题的能力,又能提高相应的素质素养，知与行不要脱节。因此，在构建礼仪与修养课程要从以下几方面考虑：

一、立足传统文化，融合现代礼仪

《春秋左传正义》中提出："中国有礼仪之大，故称夏；有服章之美，谓之华"，注重礼仪礼节是中华民族一贯的优良传统。德者礼也，礼这个传统文化的核心，由于历史和时代的变迁，加之近现代其他国家文化、思想等的冲击，传统礼仪有了巨大的变化：有缺失、有融合、有增加更有淘汰。而中国的现代礼仪正是在博采众长、借鉴吸收了古今中外合理、文明的礼仪的基础上兼收并蓄而形成的。由于现代礼仪体系尚不完善再加上未能深入民心，国人在循礼时或无礼可循，或有礼不循，或拿来主义。礼仪之邦的礼仪现状不容乐观。

礼仪与修养课程在设置时，以礼仪定义和在国内的历史介绍作为切入点，在介绍历史的同时，结合当代社会现状，对学生意识进行第一次梳理。使其懂得礼仪由来已久，并且影响深远，其中"尊重"是礼仪的核心，也是我们在礼仪学习中"为什么要这么做"以及"怎么做"的根本。在继承中华传统礼仪的精华的同时，学习现代西方礼仪，不一味肯定西式礼仪，也不全盘否定传统礼仪。其实国人实际的生活中，这两者是逐步融合、相互影响的。无论是西方还是东方，无论是绅士还是君子，都是强调知行合一，内外兼修，现代大学生将传统礼仪中的尊师重道、仁爱忠孝、诚实守信、谦让宽容等道德传统与现代礼仪素质要求相融合后 反而会形成中国当代大学生特有的礼仪风貌。

二、理实一体，知行合一

结合两种礼仪课程的设置，笔者在设计"礼仪与修养"课程时，也是本着以学生为中心，模块化内容，理实一体。

礼仪修养存在于细节，而细节来源于习惯。这些修养都不是与生俱来，而是一个长期知识积累、自我管理、自我学习的养成过程。能力的养成当然不能只有知识的积累，更应该有知识的应用。因此，当代大学生不仅要通过礼仪课程的学习掌握必备的礼仪知识，掌握礼仪特点、功能和原则，更要通过对礼节的反复训练，加深礼仪知识的理解，养成良好的规范意识，使其知其然又知其所以然，达到知行合一的最终目的。

三、课程内容模块化，课程方法参与式

现代礼仪知识庞杂而关联和逻辑性不强，因此在进行课程设置时，应将其内容进行模块化梳理。同时在设计教学方法时，一定要秉持"以学生为中心"这一能极大促进学生的学习和发展的核心，同时要求在课堂教学中确立学生的学习主体地位，又要求老师改变以往的角色，从"教导"到"引导"。

通过对以上内容的分析，笔者在设计课程教学方法时首选了参与式教学法：除了根据未来学生的职业岗位需求系统化教学内容。同时也会特别关注学生对课堂的把控感。在项目设计中，逐步推进学生对"课前预习、课中讨论和互动和课后作业"环节的全程参与。通过让学生在"学中做，做中学"，甚至参与对项目的设计、评价等方法，不断提高大学生对自我和对未来职业岗位的认知。在这个过程中，依据马斯洛的心理层次理论，学生会逐步肯定自我、认识自我。同时在参与式教学的团队合作中，锻炼了对未来可持续发展至关重要的自我学习、解决问题、沟通、管理、判断、决策、团队协作等关键能力。

参考文献

[1] 吴蕴慧. 高校礼仪素质教育模式的构建——基于当代大学生礼仪缺位现状的思考[J]. 中国校外教育，2013(9): 17-18;

[2] 靳珠珠. 浅析大学生礼仪教育存在的问题及对策[J]. 法制与社会，2018(7): 198-199.

[3] 李晓兰，张洪铭. 大学生礼仪修养教育探析[J]. 湖北函授大学学报，2018(31): 10-11, 18.

[4] 王磊磊. 论大学生礼仪教育体系的建构逻辑[J]. 理论研究，2019(3): 42-44.

[5] 段玲. 论参与式教学法对大学生认知建模的作用[J]. 知识力量，2018(11): 122.

高职院校礼仪课程融入中华传统礼仪文化的课程思政实践研究

——以四川国际标榜职业学院为例

段 玲

四川国际标榜职业学院，四川成都，610103

【摘　要】立德树人是高校教育根本任务，当前中华优秀传统礼仪文化在高职院校的传承途径探索不足。研究发现，以课程思政为突破口，以课程思政为突破口，以公共基础课为依托，对传承创新礼仪文化意义重大。笔者依照国家文件编写课程标准，结合校情，挖掘思政元素，重构课程内容，创建案例库，探索融入方法。借助课堂主渠道，运用新技术创新教学，落实教学各环节，提升学生审美与道德认识，使其理解礼仪文化内涵，增强规则意识，养成良好工作态度，助力高职院校完成立德树人任务。

【关键词】高职院校；礼仪课程；中华传统礼仪文化；课程思政；实践研究

孔子曾说过："不学礼，无以立"。立德树人是当代高校教育的根本任务，然而在这个前提下，通过何种途径才能有效开展中华优秀传统礼仪文化传承探索较少，更别提如何以课程为载体，系统化助力高职院校中华传统优秀礼仪文化传承的研究。通过笔者的研究和实践发现，以课程思政为抓手，以公共基础课程——"礼仪与修养"课程为载体，对于在新时代教育背景下，对中华传统优秀礼仪文化的创新和传承具有重要意义。

高职院校的有些学生文明素养不高，而中华传统优秀礼仪传承缺失的形成原因是综合性的，一方面传统优秀礼仪文化教育缺失，导致了在相当长一段时间内社会对中华传统优秀礼仪文化重视不够，造成了现代文化与传统文化之间的断裂，从而出现了道德滑坡，人的素质下降。另一方面还是礼仪在家庭教育中的缺失：文明礼仪教育始于家庭，家庭教育直接决定礼仪教育的成败。在生活中，若缺乏父母的正面引导和教育，就会直接影响学生的自我认知和社会交往能力。而在学校教育中，我们现有的道德教育书本化、理想化、完人化的倾向太强，使所学知识很大程度上脱离真实的现实生活，缺少礼仪活动的实践实施，也忽视了道德意识和礼仪修养的实践及考查。一些讲座又流于形式，无法持续关注。

基于学校"美与健康提升人的生命品质"的办学定位，结合专业的育人目标，可以确定课程思政方向为：道德修养、文化自信、审美意识、自律精神、尊重精神、法治意识、职业道德。课程思政建设的重点为：传承中华传统优秀礼仪、健康社交、健康审美、职业素养和遵纪守法。围绕专业，以学生为中心，创造"1453"三层递进式的课程思政建设模式。一个主线：以提高大学生思想道德修养、人文素质，为学生可持续发展能力提供基本素养储备为主线。四美原则：基于"立德树人"的根本任务，把握：注重服饰美、推崇行为美、强调语言美、提倡交际美的"四美交际原则"。五个思政元素集合，即中国优秀传统礼仪文化传承、健康审美、健康交际、职业素养、遵纪守法。通过三个实现路径，即课堂教学、生活教学和网络教学协同育人，达成"认知自我，塑造品格，育道德素养"的三层递进式学习。

在课程建设过程中，笔者紧紧围绕传承中华优秀传统礼仪文化和提升学生综合素养的指导目标，根据专业人才培养目标，明确课程思政建设的方向和重点，确定课程思政目标。按照中华优良传统礼仪的具体要求，在设置课程内容时有机提炼和融入，如："尊老爱幼、规则意识、诚实守信"等，完善课程模块。根据不同场合的礼仪要求确定内容，完成活页教材、线上资源库等相关教学资源的建设，将终身学习和人文素养的内涵融入教学过程中，以学生为中心，鼓励、激发其不断学习、探索实践的热情，在教学实践过程中，完善中华传统优秀礼仪文化在课程学习过程中的评价及督导。最后，通过上述的实践研究总结出中华传统优秀礼仪文化融入高职礼仪课程改革策略。

"礼仪与修养"课程为四川国际标榜职业学院的特色公共课程，对接终身教育，结合人才培养方案和课程标准，在深入分析课程特点和挖掘思政元素的基础上。构建了思政案例库，注重价值引领，重构课程内容，将课程分成了3大模块，创新了"一任务，一思政主题，一思政载体，一种融入方法"的课程思政思路，实施了以下实践方法：

一、重构课程模块，厘清思政点与教学任务的映射关系，构建思政矩阵

明确了思政目标重点，构建了思政案例库，重构课程模块，开发了任

务式活页教材，有机将中华传统优秀礼仪文化传承、职业素养、道德融入教育教学全过程。厘清课程思政点与教学项目、教学任务之间的支撑映射关系，使思政教育贯穿课程学习全过程，实现知识传授、能力培养和价值引领相统一（见表1）。

表1 "礼仪与修养"课程思政矩阵图表

序号	支撑思政元素/点		校园礼仪	社会交往礼仪	职场交往礼仪
1	传承文化	中国传统优秀礼仪文化传承	√	√	√
2	传承文化	文化自信	√	√	√
3	传承文化	道路自信	√	√	√
4	传承文化	家国情怀	√	√	√
5	传承文化	爱国信念		√	√
6	健康审美	文化自信	√	√	√
7	健康审美	积极心态	√	√	√
8	健康审美	得体衣着	√	√	√
9	健康审美	优雅行为	√	√	√
10	健康审美	健康体魄	√	√	√
11	健康审美	热爱劳动	√	√	√
12	健康社交	自尊尊他	√	√	√
13	健康社交	爱护生态		√	√
14	健康社交	公共形象	√	√	√
15	健康社交	求同存异	√	√	√
16	健康社交	不卑不亢	√	√	√
17	健康社交	知行合一		√	√
18	健康社交	真诚待人	√	√	√
19	健康社交	善于沟通	√	√	√

续表

序号		支撑思政元素/点	校园礼仪	社会交往礼仪	职场交往礼仪
20	职业素养	诚实守信	√	√	√
21		团结协作	√	√	√
22		爱岗敬业		√	√
23		服务热情			√
24		勇于创新		√	√
25		辩证思维	√	√	√
26	遵纪守法	规则意识	√	√	√
27		法治意识	√	√	√
28		自律意识	√	√	√
29		遵守法律	√	√	√
30		遵守工作规章制度			√

同时,采用"三示"参与式情景教学育人模式:以学生为中心,以礼仪礼节为载体,通过"示例、示范和示做"参与式的课程思政教学模式,开展课程思政的融入探索,达到课程思政目标。通过"认知自我—塑造品格—育道德素养"的三层递进式学习,将提升道德修养落到实处。

二、创新教法改革,强化价值引领

本课程采用课堂教学、生活教学和网络教学三维课程组织形式进行课程思政实施。鼓励探究式学习,理实一体、线上线下混合式教学方法配合使用,利用参与式教学法、案例教学法、启发式教学法、探究式教学法、讨论式教学法、情景模拟教学法、比较教学法等引导学生认知,培养学生认识问题、分析问题、解决问题的能力。通过项目布置、创设问题情境、价值判断情境等提升学生学习兴趣。提供活页教材和丰富的网络课程育人平台,为学生提供可持续学习资源,丰富学习途径,构建全方位育人载体和空间。图1为"礼仪与修养"课程设计图。

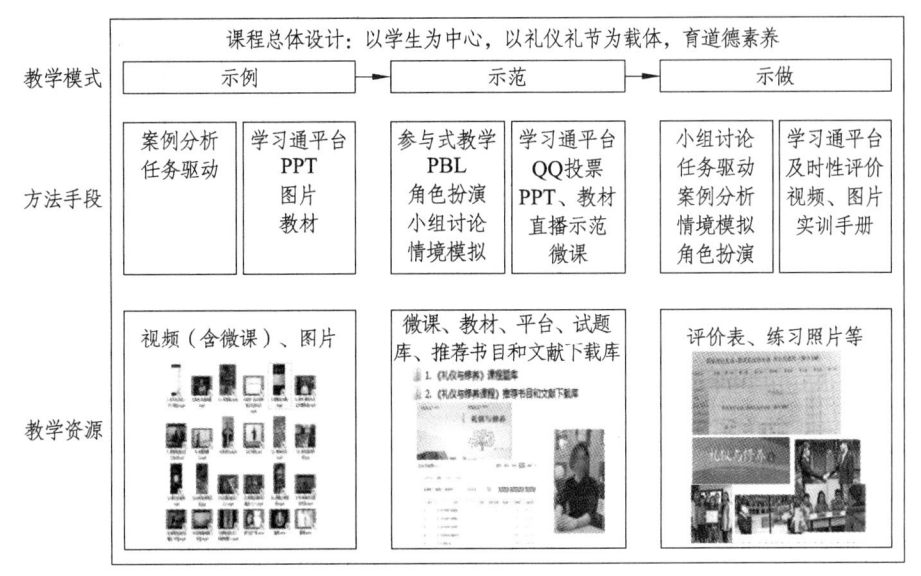

图 1 "礼仪与修养"课程设计图

三、强化教师师德师风，提升教师团队德育能力

德高为师，身正为范，教师团队始终坚持学习，以"四有好老师"标准铸魂，做学生的"四个引路人"，牢固树立中国特色社会主义理想信念，牢固树立终身学习理念，牢固树立改革创新意识，做到职业院校教师要求的"以德立身、以德立学、以德施教、以德育德"，以社会主义核心价值观不断提升育德能力，在教育工作中做到"四个相统一"。通过以下三个方面，不断完善教师团队建设机制，全面提升教师育德能力：

（1）定期学习：组织教师定期学习和研讨关于教育教学的基本方针政策、教学规范等文件，提升教师自我育德意识和育德能力。

（2）定期组织集体备课、听课观摩、经验分享等活动，开展课程思政示范课建设以及课程思政讲课比赛，提升教师课程思政的育人能力和育人效果。

（3）开展教学合作，促进跨学科、跨院系教师形成开放共享的基层教学组织文化。

四、建立多元多维、立体化评价体系

当然，文化道德素养提升如何评价，培养效果如何确定，也是笔者考虑较多的问题，因为素养的提升需要时间的沉淀，素质教育不是立竿见影的教育。为了达到公正、有效评价的目的,在实践过程中,主要强调及时评价和过程性评价,并且评价主体多元化,改进评价结果,着重素质养成,把控"教师点评+学生自评+学生互评+师生共评"四个环节。注重多维度评价,不仅关注过程性评价,进行及时反馈。同时也强调结果性评价,改进评价方法,探索线上线下的评价工具:观察记录、评价表格、问答讨论、线上测试、问卷访谈和学习档案、投票等,以学生为中心,利用PDCA(Plan,Do,Check,Act)循环,把握课前课中课后环节,促使学生构建起自己的知识体系,培养综合应用能力。表2为课程考核评价表。

表2 "礼仪与修养"课程考核评价表

评价阶段	评价方法及内容	课程思政评价目标	评价总结与反思	评价主体
课前诊断性评价	通过线上发布任务或测试,考查学生知识掌握水平,以及"传承文化、文化自信、健康审美、健康社交"等思政点内化情况	提出中华优秀传统礼仪文化传承、增强文化自信、培养家国情怀、增强社交能力,尊重意识和自律意识	为进一步调整和改进下阶段教学内容和方法提供依据,分析学生学情,为个性化参与式学习提供教学依据	专任教师 行业教师 企业专家 学生自评 小组互评
课中过程性评价	考察同学在礼仪知识学习和技能操作实践中,表现出的积极心态、团结协作、善于沟通、注重形象、不卑不亢等情况	强化中华优秀传统礼仪文化传承、增强文化自信、培养家国情怀、增强社交能力,锻炼自律意识,提升尊重意识,懂得求同存异	实时、及时反馈,理论联系实际,及时调整教学计划、实施动态监测	
课后总结性评价	单元任务完成后利用线上平台进行总结性评价,考查学生理论联系实际、辩证思维、服务意识、职业素养等情况	加强品格塑造,深化职业道德,做到知行合一	对知识、技能点进行复盘,强化素质养成,规范行为习惯,反思自身,得到提高与成长	

通过以上的课程实践，笔者认为：要真正助力和创新中华传统礼仪文化的传承，必须紧紧围绕第一课程，用好课堂这个主渠道，结合立德树人这一根本任务，运用新媒体新技术使课堂活起来，不断创新理念和教学手段。然后再落实到课程的教学目标、要求和培育过程上，逐步提升学生的审美，加强其道德认知，让学生在实践探索中充分理解现代礼仪文化的内容及其丰富的精神内涵，提升规则意识，尊重不同的文化风俗，养成谦虚、诚信、敬业和严谨的工作态度。最终就能够达到以课程助力高职院校落实立德树人任务的目的。

参考文献

[1] 段玲. 论形成性评价对于高职公共基础课程个人化学习的作用[J]. 教育界，2018(3): 44-45.

[2] 董方明，张朝华. 高职院校中华优秀传统文化实践活动体系构建探索[J]. 广州城市职业学院学报，2022(3): 97-100.

[3] 傅景芳. 基于传承和弘扬东坡文化的中华传统美德教育策略与实践——以黄冈职业技术学院为例[J]. 黄冈职业技术学院学报，2021(12): 11-15.

[4] 宋婕. 略论高职院校中华优秀传统文化必修课的设计与实施[J]. 广州城市职业学院学报，2020(1): 51-55.

[5] 袁艳秋. 高职院校中华优秀传统文化教材建设刍议[J]. 教育观察，2022(3): 91-94.

中华优秀传统礼仪文化在高职院校育人模式的建构与实践
——以四川国际标榜职业学院为例

段 玲

四川国际标榜职业学院,四川成都,610103

【摘　要】中华优秀传统礼仪文化是中华优秀传统文化的重要组成部分,作者提取了其文化内涵,紧紧围绕培养德智体美全面发展的社会主义建设者和接班人的目标,将中华优秀传统礼仪文化系统融入高职院校课程和教材体系,结合专业培养目标,挖掘鲜明特色的文化育人内涵,通过夯实教师队伍、构建育人模式、拓展线上平台、整合教学资源等举措,把立德树人、中华传统优秀礼仪文化内化于课程目标、教学内容、教学方法等各领域,将中华优秀传统文化通过第一课堂落地,建构传统优秀文化育人立体环境,拓宽优秀传统文化育人维度,打造文化育人特色品牌,助力立德树人根本任务的达成。

【关键词】优秀传统礼仪文化;文化育人;高职;模式建构;育人实践

　　教育部《完善中华优秀传统文化教育指导纲要》中明确指出:"要分学段有序推进中华优秀传统文化教育……要把中华优秀传统文化教育系统融入课程和教材体系,全面提升中华优秀传统文化教育的师资队伍水平,着力增强中华优秀传统文化教育的多元支撑。"四川国际标榜职业学院以习近平新时代中国特色社会主义思想为指导,全面贯彻党的教育方针,紧紧围绕培养德智体美全面发展的社会主义建设者和接班人的目标,强化全员育人协同机制,营造全过程育人环境,建设全方位育人平台。在"三全育人"视域下,将中华传统优秀礼仪文化系统融入课程和教材体系,结合专业培养目标,挖掘鲜明特色的文化育人内涵,通过夯实教师队伍、构建育人模式、拓展线上平台、整合教学资源等举措,把立德树人、中华优秀传统礼仪文化内化于课程目标、教学内容、教学方法等各领域。将中华优秀传统文化通过第一课堂落地,建构传统优秀文化育人立体环境,拓宽优秀传统文化育人维度，打造文化育人特色品牌，助力立德树人根本任务的达成。

一、传统文化育人对于高职学生的重要性和必要性

文化是立国之本，中华文化是流淌在每一个中国人身上的血。文化自信在如今多元文化的时代，更强调突出了中华民族的文化积淀和精神内涵。十八大以来，习近平总书记曾多次强调中华优秀传统文化的重要意义和现实作用。无论是高职还是本科院校，都要紧紧围绕"立德树人"的根本任务。指出要把中华优秀传统文化融入各学段的教育课程与教材之中，有序推进优秀传统文化教育。文化育人的作用是无法忽视的，它可以促进多元文化，多元理解，构建一个更加多元包容和健康的社会环境，只有文化育人才能够更好地培养出德智体美劳全面发展的接班人，实现良性、和谐的社会文明。

尽管中国的高职院校已经发展了 20 多年，中华优秀传统文化教育融入课堂也取得了一定的成效。然而高职院校的学生在后续职业发展上仍然远落后于本科院校，究其原因，还是因为两点：第一是生源特点，第二是育人机制。

高职学生生源的特点决定了他们在心理认知、思想意识、学习习惯甚至是家庭教育都跟普通本科有所差距。特别是民办高职学生，经过笔者调查，留守儿童或家庭破裂的情况较多，在成长的关键阶段可能缺乏父母的正面引导和教育，这直接影响学生的自我认知和社会交往能力。而现阶段高职的育人机制仍然是："重技能，轻人文"，3 年的学制，导致高职院校普遍愿意花费更多时间在所谓"有用"的技能培养课程上，忽视基础的人文素养课程。因此在优秀传统文化教育上，不能很好地契合人才培养目标和要求，课程设置上经常出现道德素养和专业技能教学"两张皮"的现象。而正是因为中华优秀传统文化教育在高职教育中的缺失，才会导致高职学生的后劲不足和后续发展空间狭小。

因此我们要明确，高职教育不仅姓"职"，更姓"高"。作为高等教育的重要组成部分，高素质的人才培养是高等教育区别于普通教育和短期培训的根本。因此在高等职业教育中，融入中华优秀传统文化教育，加强高职院校学生的道德培养，提升人文素养，才是提升高职学生职业能力和可持续发展能力的关键，对培养新时代社会主义合格接班人具有积极意义和深远影响。

二、中华优秀传统礼仪文化的内涵与育人功能

著名史学大师钱穆先生曾经说过"礼是中国文化之心。"东西方文明是当今世界并行不悖的两大体系。梁启超说，两者的关键区别是，中国"重礼治"，西方"重法治。"西方国家用风俗之差异来区分文化。中国幅员辽阔，各地风俗差异很大，礼则超越各地风俗，并使方言、习俗迥异的四方之民拥有一个共同文化核心，一个大国、亿万民众、几千年来凝聚为一而不分裂，"礼"起了最深层的作用。在中华民族数千年发展历程中，中华之礼逐渐体系化且成为中华文明的重要基因，对增强民族凝聚力、维护社会安定祥和、提升民众文化素质、塑造民族形象和提升民族影响力发挥了重要作用。

现代的青少年学习的中华礼仪是既与优秀传统接轨又体现时代特色的礼仪，它唤醒民众对传统文化的温情与敬意，激活长期蕴藉于民间的家国热情，从人情世故、待人接物、国事往来等各个方面产生深远而巨大的影响。"不学礼，无以立。"对于现代高职学生来讲，只有知道了自己来自何方，方知自己该走向何处，学会了礼仪，懂得修身养性，才可以更好地适应社会，从而安身立命，真正成为对社会有用的人才。

三、中华优秀传统礼仪文化在高职育人机制中的建构与实践

中华传统优秀礼仪文化的嵌入，一方面能够加强多元文化的融合与积淀，达到文化传承的目的；另一方面也有助于创新高职育人机制，助力高职学生自律、尊重、审美等正确的人生观和价值观的建构。所以中华优秀传统文化融入高校育人模式，能实现传统礼仪文化传承与高校育人理念的有机结合，化解当下部分高职院校育人中对于传统礼仪文化认知不足的现状；让取之不尽、用之不竭的中华优秀传统文化植根在当代大学生内心，增强了当代大学生的民族自信、文化自信，提升大学生的人文素养和职业修养，弥补了高职学生后续职业发展不足的短板。

1. 根植文化，发挥第一课堂主渠道作用

文化是一个国家、一个民族的灵魂。没有高度的文化自信，没有文化的繁荣兴盛，就没有中华民族伟大复兴。可以说文化自信是一个国家和民族发展的基础，是保持民族活力最持久的力量。中华优秀传统文化源远流长、博大精深，是中华文明的智慧结晶——中华优秀传统礼仪文化中蕴含

的知行合一、求同存异、进退得体、长幼有序、讲信修睦等，是古人的社会观、道德观，它同时也与今天的社会主义核心价值观高度契合。因此，将传统礼仪文化融入第一课堂，发挥课堂的主阵地作用，才能切实让"文化之根"真正落地，让文化育人有了往"深度"拓展的空间。

四川国际标榜职业学院在夯实学生基础教育上不断探索，在"三全育人"理念的指导下，进行公共基础课程体系建设，采用第一课堂、第二课堂、第三课堂"一体两翼"相结合的思路设置基础课程体系。我校提倡"德智体美劳"五育并举，宽基础，精专业，将"精专"+"博知"+"雅行"有机融入一、二、三课堂建设中。通过多年的实践，笔者意识到：若传统文化课只是采用讲座或选修课的形式，绝对达不到中华传统优秀礼仪文化教育的认知和普及效果，更无法发挥文化育人的主要功能。而"礼仪与修养"课程也正是在这个理念指导下，由一门专业基础课变成了公共基础必修课，牢牢把握第一课堂的主阵地，与第二、三课堂开展综合育人。

2. 培养传统文化传承者，夯实师资队伍建设

要培养传统礼仪文化的传承者，必须夯实师资队伍的建设，授课的师资自身就应当是文化的传承者。经过课程团队5年的建设，现有的教学团队成员政治立场坚定，师德师风良好，人员结构合理，理论基础扎实，实践经验丰富，结构层次合理。团队成员中有熟悉职业教育教学规律，长期从事课程教学工作的优秀教师，也有长期在服务行业一线进行企业培训的高级礼仪培训师。

为了全面调动团队成员以"乐学+乐教"的面貌进入工作，强化团队成员理念培训，重塑时代人才培养质量观，领悟新时代职业教育思想，改变教师队伍中的认识误区，过去在教师队伍中存在着"价值引领"的思想，而现在更加强调立德修身，时刻以有理想信念、有道德情操、有扎实学识、有仁爱之心的"四有"好老师标准要求自己，培养教师自我完善、自我推行课程思政的意识。并形成了团队教师各类培训的长效机制，加强科研能力培养。通过参加各类教育教学大赛，提升教学科研水平，以教师的"言传身教"去影响学生、感染学生和激发学生。

3. 重构教学内容，创新思政育人模式

本课程基于学校"美与健康提升人的生命品质"的办学定位，结合专业的育人目标，重新梳理了教学目标，将教学内容进行了重构：以项目为载体，编制活页教材，突出能力的锻炼，并确定了30个思政点，以视频、

网课等数字化教学资源形式，围绕中华传统美德、服务行业素质要求，提升审美，以社交典型案例、生活相关礼节、职场法律法规开展课程资源建设。在教学内容深度契合的同时，积极践行"三示"育人模式，将"弘扬文化"与"知行合一"有机结合，最终实现立德树人的思政教育目标。

确定了课程思政方向为：道德修养、文化自信、审美意识、自律精神、尊重精神、法治意识、职业道德。确定了育人的重点：传承中华传统礼仪、健康社交、健康审美、职业素养和遵纪守法。围绕专业，以学生为中心，创造了"1453"三层递进式的课程思政建设模式。即一个主线：以提高大学生思想道德修养、人文素质，为学生可持续发展能力提供基本素养储备为主线。四美原则：基于"立德树人"的根本任务，把握：注重服饰美，推崇行为美，强调语言美，提倡交际美的"四美交际原则"。五个思政元素集合，即中华优秀传统礼仪文化传承、健康审美、健康交际、职业素养、遵纪守法。通过三个实现路径，即课堂教学、生活教学和网络教学协同育人，达成"认知自我，塑造品格，育道德素养"的三层递进式学习。

4. 强调以学生为中心，丰富教学方法与手段

高职院校的学生，特别是民办高职院校的学生大多在应试教育中都经历过失败，刚入校的时候很多同学对自己的个人发展是迷茫的，且缺乏系统的学业规划。而对于基础的课程学习，其内动力不足，单纯的讲授不能满足或者激发学生的学习主动性与热情。因此，根据学院学生的特点，改革教学材料，丰富教学方法和手段势在必行。

因此在教学实践中，真正做到以学生为中心，其核心是促进学生的学习和发展，要求在课堂教学中确立学生的学习主体地位，而老师则起引导作用，鼓励探究式学习，理实一体、线上线下混合式教学方法配合使用。较为有效的教学方法和手段包括：参与性教学法、案例教学法、PBL、情景带入、引导课文教学法等。目的都是强调师生关系的互动和合作性，在教学实践中，建立起师生的情感联系，提升学生对课程和教学目标的认知。在课堂教学中引导学生认知，培养学生认识问题、分析问题、解决问题的实际能力，通过高频的参与、情境代入等提升学生学习兴趣与主动性。

5. 线上线下结合，多元多维全过程评价

根据高职学生的学情特点，教学团队经过不断的教学实践与改革，最终采用线上线下结合，多元多维全过程评价。引入学生、教师和企业专家3 评价主体，通过学生自评、团队互评、教师评价、企业评价等维度，结

合"过程、终结、线上、线下、量化、质性"6个步骤开展多元多维形成性评价。对促使学生学习过程进行反思,参与自主管理过程,逐步肯定自身的学习效果,培养学生的学习兴趣,逐步从"认知自我"到"习惯培养"进行转变。

同时,利用线上评价工具,把握"课前诊断评价、课中过程评价和课后总结评价"三个环节,实现课程评价和思政评价两层目标。

6. 创新教学资源,打造传统文化新媒体平台

本课程着力打造课堂教学、生活教学和网络教学三维教学组织形式。提供活页教材和丰富的网络课程育人平台,打造传统礼仪文化的新媒体平台,通过教学短视频的拍摄,精品开放课程的建设与完善,为学生提供可持续的学习资源。极大地丰富了学习途径,构建全方位育人载体和空间。

综上,中华传统礼仪文化育人在高职院校的育人机制中有着举足轻重的作用。为国育人、为党育才要解决的就是"培养什么人"以及"如何培养人"这两个根本问题。如何让中华传统礼仪文化焕发新的活力,将学生培养为合格的建设者、接班人甚至文化传承者,必须紧紧把握第一课堂的主阵地,从师资建设、教学材料改革、教学方法改革上下功夫,以思政育人教学新模式作为切入点。才能真正找到文化品牌特色,助力"立德树人"的根本目标。

参考文献

[1] 段玲. 高职院校礼仪课程融入中华传统礼仪文化的课程思政实践研究——以四川国际标榜职业学院为例[J]. 教育教学与管理,2022(11): 150-152.

[2] 刘晓红. "五位一体"优秀传统文化育人模式建构与实践——以江苏建筑职业技术学院为例[J]. 淮北职业技术学院学报,2022(10): 40-44.

[3] 臧晴. 传统文化传承视域下的高校育人模式创新研究[J]. 文化创新比较研究,2019(31): 139-140.

高职计算机基础课程中学生信息素养培养途径研究

马 莉

四川国际标榜职业学院，四川成都，610103

【摘 要】在高职计算机基础课程中，通过各种途径的实现，努力促进学生的信息素养意识的养成。

【关键词】信息素养；计算机基础；教学改革

一、信息素养能力标准

新时期，各国对信息素养的培养都非常重视。美国图书馆协会就曾提出高等教育信息素养能力标准。该标准提出了五个方面：确定信息需求的本质和范围，优质和高效地获取所需信息，客观地评价信息和信息源，利用信息完成给定任务，理解与信息使用相关的经济法律和社会议题，并合理合法地使用信息。2016年教育部发布的《中国学生发展核心素养》对学生应具备的信息素养提出了明确的要求：一是能自觉、有效地获取、评估、鉴别、使用信息；二是具有数字化生存能力，主动适应"互联网+"等社会信息化发展趋势；三是具有网络伦理道德与信息安全意识等。这些能力对于我们高职学生的教育提出了更高的要求。

二、存在问题

近年来，国内外针对信息素养下的各学科教学的研究也有了长足发展，但是目前各高校大多仍停留在将信息素养作为单独一门学科学习，信息素养也即图书馆资料查询、网络查询，未与各学科及各未来职业有所关联；教学资料重理论，轻信息获取与处理过程的训练，教学方式主要以授课教师的灌输为主，学生被动接受，教学过程重操作模仿，轻举一反三的训练；教学方法主要采用传统的教师课堂授课方式，从而制约了学生的自主学习效果，不利于学生信息素养的全面培养等问题。当前，我校培养信息素养的主要方式仅仅是在计算机基础课程中加入了信息检索课程内容。但是，效果并不理想。全校内容统一，两个内容独立存在，并未有机融合，忽略了不同学生专业、能力水平和真正的信息需求。

三、在计算机基础课程中有机融入信息检索相关内容

目前，我校已开展了"信息技术"课程。但是存在计算机基础课程与信息检索课程独立存在。我们需要将二者有机融合，在系统掌握信息检索相关理论技巧方法的基础上，将计算机应用能力应用到解决专业方向知识的过程中，促进学生信息素养的形成。教学过程中，不只是进行"计算机知识"的扫盲，还要培养学生的信息素养；同时，能够对本专业的专业知识进行信息检索、分析、研究，形成研究性课题。我们要在高职计算机基础课程中探索培养学生信息素养能力的途径和方法。

四、高职计算机基础课程中学生信息素养培养途径

1. 对高职计算机基础课程进行教学改革

将计算机基础与信息检索二者有机结合，首先需要进行教学改革，形成新的教学目标、教学内容、教学方法。

（1）教学目标改革。教学目标以培养信息素养为目标。分为三个阶段：初级阶段，通过开设"新生图书馆资源使用培训""信息素养概论""网络资源的利用"等通识教育课程，让学生意识到提升信息素养与计算机应用能力的必要性，使他们充分意识到在学习、生活中的信息需求，并培养计算机及软件熟练操作技能和简单寻求、获取以及加工信息的能力；中级阶段，强化学生信息意识，明确信息需求，利用信息技术，在学习、生活中可以选择恰当信息源，使用正确的检索方法和检索技能来解决遇到的问题；高级阶段，主要面向毕业的学生完成毕业论文、毕业设计、毕业生求职、创新创业大赛项目。这个部分促进了信息素养能力的培养，也深化了专业知识学习，从而保证学生知识结构的完整，促进专业知识的融会贯通和实际应用能力的提高。

（2）教学内容改革。课程内容的改革本着教学内容突出职业需求和信息素养能力培养的原则，以应用为目的，以"必需、够用、会用"为度，以职场真实的案例作为实践的项目，突出信息素养能力的应用。主要通过

信息问题导向、场景模拟和实践体会的方式学习。如在长文档编辑中，为医学美容专业设计了《使用中医疗法治疗黄褐斑》，为电子商务专业设计了《某公司网络营销策略研究》等案例。内容不同，方法相近，都包含了文献检索、文献综述、课题研究方法、文档编辑、信息共享、知识产权等内容。针对我学校专业特点，我们设计完成了各专业所需案例，并初步形成"信息技术"教材。

（3）突出职业岗位特色的任务驱动式教学方法。主要使用突出职业岗位特色的任务驱动式教学方法。在教学过程中，重点体现任务式驱动的思想，将学生置身于职场真实环境，以完成具有职业特色的工作任务为主线，建立了提出问题、分析问题、发现信息、利用信息解决问题的思路，使学生在任务前提下掌握知识，培养学生的信息素养能力。例如，学前专业综合能力测试内容的设计就体现了计算机应用能力与信息素养在解决专业问题的实际运用。我们设计了一个文档和演示文稿制作项目：《幼儿园春游活动设计》，从活动方案的写作、目的地的选择、时间的选择、内容设计、PPT素材的收集、PPT制作的技巧等过程中都实现了学生获取信息，正确识别信息及使用信息的应用。在解决问题的过程中，强化了信息素养能力的培养。

2. 教学模式改革

使用线上线下混合教学模式，线上学习基础知识并自主评价，线下将基础知识进行融会贯通和创新。首先，引入网络教学平台，将基础知识前置，让学生通过MOOC慕课、学习通等在线学习平台，自主学习和了解计算机基础知识和提高信息素养的通用知识。除了网络教学平台，开发出适合我校各专业特色的微课，我们设计的微课内容包括：论文查询、文献综述方法、毕业论文格式制作、求职方法及简历制作等，可解决不同专业、不同时期对本课程内容的复习、利用需求。做到既有系统性与整体性，又富有个性与专业特色。

3. 丰富资源库，信息获取便利化

图书馆目前仍然是查询各种电子资源最为完善的地方。图书馆通过购买、租用、自行开发和建立镜像等方式提供了大量的图书和电子资源，但在很多学校资源使用率并不高，这与资源与专业需求有差距及学生缺乏意识有一定的关系。所以，需要及时通过宣传、培训、微课和"信息技术"课程等方式让广大师生了解我们有哪些资源和使用方法。

信息资源中心除了为学生学习提供网络服务外,还可以提供平台完成本校资源库建设,由各专业老师整合更贴合学生需要的资源,完成各专业课程的资源和微课平台搭建,让获取资源方式直接化、简单化,促进学生更加专业化地自主学习。

4. 积极参赛,以赛促学

积极参加全国大学生计算机应用能力与信息素养大赛,不仅能推动计算机基础课程的改革与创新,还能引导学生在掌握信息技术能力的基础上,增强自主学习能力,更加注重解决问题、创新能力、信息素养的培养。这种面向信息素养的深度学习,有利于学生信息素养的价值观形成。

五、结束语

高职计算机基础课程可以培养学生的信息素养,需要转变教学理念,创新教学方法,优化教学模式,重视资源的整合、宣传和培训。良好的信息素养能提升学生的创造力,让学生更具竞争力。

参考文献

[1] 胡涛涛,孟春岩. 大学生信息素养与计算机教学改革的研究[J]. 教育现代化,2017(5): 37.

基于新课标下的"信息技术"课程思政研究

马　莉

四川国际标榜职业学院，四川成都，610103

【摘　要】在新课标和实施纲要指导下的高职"信息技术"，不仅向学生传授计算机基础知识，更要引导学生树立正确的思想观念。通过重构课程内容，深挖思政内容并与之融合，将思想价值引领贯穿课程教学全过程和各环节，在教学实践中，创新线上线下教学模式、评价体系，潜移默化地培养学生爱国主义情怀、创新精神、科学精神、爱岗敬业精神。

【关键词】新课标；课程思政；教学改革

一、研究背景

"信息技术"是一门覆盖面广的公共基础课，通过建立课程核心内容，在案例、任务和项目，融入思政内容，寓思政教育于无形之中，承担着"立德树人，为战育人"背景下培养学生信息化素养的重要使命。

"信息技术"中的课程思政研究具有重要意义，本研究主要基于以下背景：

（一）应政策形式之需

2020年，在教育部印发的《高校思想政治工作质量提升工程实施纲要》中指出，高校要落实"立德树人"的根本教育目标，要推动以"课程思政"为目标的课堂教学改革，要把思政教育工作渗透到整个教育过程中，将高校各类课程中蕴含的思政元素与思政教育功能一起融入课堂教学各个环节。全国各地的高校也开始进行"课程思政"的改革研究与实践。2021年4月，教育部发布了高等职业学院"信息技术"课程标准，明确指出学科核心素养主要包括信息意识、计算思维、数字化创新与发展、信息社会责任四个方面。不仅重新设定了课程内容，还对本课程思政给予指导意见。因此，我们需要在新政策指导下对本课程进行课程和课程思政研究。

（二）应新时代背景下科技发展之需

当今科技发展已经是大国竞争的关键领域，各行各业对具有信息素养的综合型人才需求尤为突出。那么除了本专业知识外，大学生需要不仅肩负社会责任，还要掌握更多的信息安全技术、互联网技术、人工智能技术等。信息技术课程内容较之以前的计算机基础课程，需要进行内容的更新和变化，增加了信息道德、新时代背景下的新一代信息技术等相关知识。

（三）应高职学校人才培养之需

高职"信息技术"课程是面向全校学生的一门公共必修课，在课程中进行课程思政将有重要的推广意义。依据我校人才培养方案，要求培养爱岗敬业、具有社会责任意识的高素质技术人才。本课程正是通过教学中融入思政元素，提升学生正确的信息社会价值观和责任感，为其职业发展、终身学习和服务社会奠定基础。

本研究充分结合高职学生计算机基础教育及思想政治教育工作，对培养满足社会发展需求的高素质人才具有十分重要的现实意义。

二、信息技术课程思政设计思路

笔者在新课标和实施纲要指导下对高职"信息技术"课程进行课程思政改革，利用具体化的、生动化的、有效的教学载体，在整个学习过程中融入理想信念层面的精神指引。通过经验积累、实践总结、问题分析和教育创新等深层次的综合改革，完善了课程目标、课程内容、线上学习通网课拓展案例、评价方式等。切实将思想价值引领贯穿课程教学全过程和各环节，把"思政"育人目标立于整个教学过程之中，将"思政"理念、理论的认知型学习与价值体验、个体感悟、实践应用有机结合起来。主要目标：

（一）建设内容

在新课标指导下，与我校学情结合，甄选出适合我校学生学习的课程内容。一共包括五大模块，建立能融入思政内容的课程教学核心内容。

（二）提炼思政精神

在实施纲要指导下，提炼出适合本课程的思政精神品质：爱国主义、工匠精神、创新精神、科学精神、法治精神。充分挖掘课程蕴含的思想政治资源，进行课程思政设计。

（三）课程与思政融合

课程与思政的融合，不仅限于课程内容的融合，还包括教学方法、教学模式、教学评价等深度融合。通过线上线下模式、多维评价等逐步增加思政教育内容力度，在教学中将教书育人内化于心，外化于言行。

三、信息技术课程思政设计方法

（一）素材法

教材、内容知识点、学科历史、学科领域人物事迹、时事热点、政策法规等资源中，蕴含有相应的思政元素[3]，包含思政元素的文本、图片、视频等都作为教学案例素材。如在 word 文档编辑中，选择扶贫、环保、党史等素材进行。在完成操作的过程中，让学生耳濡目染，让教育润物细无声，从思想建设上助力提升教学内涵质量。

（二）思政法

直接以思政课程方式讲解，如使用正版软件，尊重知识产权，不违法制造病毒程序，树立正确的法律法规观念。

（三）故事法

课程案例选择具有思政元素国内先进企业、先进故事、先进人物的故事，如介绍当前中国先进的高速计算机"神威太湖之光"，让学生深刻了解中国科技的飞速发展，增强民族自豪感。以行业和身边的优秀人物事迹介绍为融入点，向学生分享 IT 行业时事新闻、先进人物事迹、创业奋斗故事，来引导学生建立健康的目标追求与正确的价值观。也可应用一些真实的反面例子以达到对学生的警示作用。比如有的学生沉迷网络，以致荒废学业，性格封闭，严重影响了身心健康发展。

（四）体验法

以工作式案例让学生浸入体验工作中的乐趣，提前感受职业工作过程，拥有爱岗敬业精神。演示文稿制作中设计与未来职业相关的活动策划方案制作，如任务"人物造型设计策划方案"中，要求选择中国近现代历史杰出风云人物，做出影视人物造型设计。在查找相关历史资料、故事中，在完成任务过程中体验职业精神和爱国情怀。

（五）线上线下互补法

本课程设计了学习通在线开放课程，把课堂延伸到网络，实现线上预习，线下精练，线上拓展巩固的模式。借助网络的力量，及时、有效地把一些正能量传递给更多的学习者，达到更广的育人目的。做到了将思政过程延伸到课外。如新一代信息技术部分，将大量具有思政元素国内先进企业、先进故事、先进人物的故事，作为拓展阅读部分，以学生自学和研讨的方式进行学习和考核。

四、信息技术课程思政建设内容

"信息技术"课程思政建设内容包括：课程目标、课程内容、线上学习通网课拓展案例、评价方式等。切实将思想价值引领贯穿课程教学全过程和各环节，把"思政"育人目标立于整个教学过程之中，将"思政"理念、理论的认知型学习与价值体验、个体感悟、实践应用有机结合起来。

（一）课程思政教学目标

结合我校特点，将"信息技术"课程思政建设目标确定为：通过学习本课程，能够增强信息意识，提升计算思维，促进数字化创新与发展能力，树立正确的信息社会价值观和责任感，为其职业发展、终身学习和服务社会奠定基础。

（二）教学内容

首先，通过新课程标准整理选择出适合我校学生的课程内容，并甄选出与之对应的思政案例，进行课程思政。整个内容，分为基础部分和拓展部分，五个模块。

基础部分：认识计算机、Word 文档处理、Excel 电子表格、PPT 演示文稿制作、信息检索与信息道德四个模块，以提升学生基本信息素养与操作技能。基础部分主要思政融合点包括：爱国主义、工匠精神、创新精神、法治精神。

拓展部分：新一代信息技术，包括大数据、物联网、人工智能等。通过实例增强学生民族自豪感，本模块主要思政融合点包括爱国主义、科学精神、创新精神。

（三）教学方法

按照"思政育人、学为中心、应用主导、混合教学"的理念，以计算机应用基础软件为对象，让学习者既掌握计算机应用的基本原理，也掌握计算机应用的基本操作，构建了信息技术课程"思政+课程""线上+线下""理论+实践"的教学体系，体现出课程思政润物无声，应用主导、混合教学，夯实基础、拓展前沿的创新特色。"信息技术"课程思政教学体系如表1所示：

表1 "信息技术"课程思政教学体系

教师（引导学习、思政导向）	线下课堂教学（实践）					学生（学为中心，形成素养）
	理论讲述	案例展示	实操演练	学生练习	学生展示	
	提炼思政元素					
	爱国主义	工匠精神	创新精神	爱岗敬业	科学精神	
	重构课程模块					
	认识计算机	文档编辑	表格处理	演示文稿	新技术	
	形成评价					
	课前预习	课后巩固	课程拓展	在线测试	案例讨论	
	线上巩固拓展（理论）					

（四）信息技术课程思政评价体系

课程成绩的30%用于思政效果评价。例如：人物形象设计专业的任务：演示文稿综合应用—影视历史人物造型设计策划方案文档制作中，设计了对应的评价表，对爱国主义、工匠精神、创新精神进行评价，如表2所示：

表2 "信息技术"课程思政评价体系

任务工作单 4～5 评价表				
任务5 影视历史人物造型设计策划方案演示文稿制作				
班级		姓名	日期	
	评价指标	评价内容	分数	分数评定
信息素养	信息检索	能有效利用网络、图书资源查找有用的相关信息等；能将查到的信息有效地用到工作任务中	10	
	知识获得	能运用Office软件中的图文形式完成设计预算表，对设计对象的外形特征进行表述和分析以及方案设计。文档制作逻辑清晰，制作精美	60	
思政素养	工匠精神	理解行业特色，认同工作价值，在学习中能获得满足感，爱岗敬业	10	
	创新精神	能发现问题、提出问题、分析问题、解决问题，有创新意识	10	
	爱国主义	通过对近代历史风云人物的了解、分析，产生浓烈的爱国热情	10	
自我评价		从知识、技能、思想角度对自己进行综合评价	10	

五、结束语

我们将不断深化教学改革，巧妙的课程思政设计以润物细无声的方式，引领学生达成思政教育目标。一方面，教师需要持续学习课程思政内容，积极引入新观点、新思想到课程建设和实践中，提高课程的思政效果；另一方面，课程思政内容建设常态化，与时俱进，课程团队会继续关注时事热点、丰富课程思政案例资源，将更多的思政元素融入教学内容中，通过实践，不断完善、优化形成一套凸显信息技术课程特色的课程思政建设模式。

参考文献

[1] 中华人民共和国教育部. 教育部关于印发《高等学校课程思政建设指导纲要》的通知[EB/OL]. [2020-06-01] Https://www.moe.gov.cn/ srcsite/A08/s7056/202006/t20200603_462437.html.

[2] 中华人民共和国教育部. 教育部关于印发《高等职业教育专科信息技术课程标准(2021 年版)》[EB/OL]. [2021-04-01] http://www.moe. gov.cn/srcsite/A07/moe_737/s3876_qt/202104/t20210409_525482.html.

[3] 李曲，王春平，程振波，等. 算法分析与设计课程思政研究与实践[J]. 计算机教育，2020(5): 78-81.

"三全育人"理念下高职院校网络育人探索与实践

马 莉

四川国际标榜职业学院，四川成都，610103

【摘 要】 互联网+时代背景下高职院校通过网络育人工作，能引导学生在网络环境的影响下树立正确的人生观和价值观，促进学生综合素质的锻炼，助力学生全面发展。本文从"三全育人"入手，针对新时代背景下高职院校网络育人的探索和实践进行了分析，并提出了网络育人的合理化建议，旨在能凸显"三全育人"积极引导作用，全面促进高职院校综合育人质量和效能的提升。

【关键词】 "三全育人"；高职教育；网络育人

在全国教育大会上，习近平总书记明确提出"培养德智体美劳全面发展的社会主义建设者和接班人，加快推进教育现代化、建设教育强国、办好人民满意的教育"。中共中央、国务院《关于加强和改进新形势下高校思想政治工作的意见》明确提出，在高校教育改革中应该坚持全员育人、全程育人、全方位育人的思想和理念，推动高校教育改革的深化发展，确保能构建完善的、标准及安全的教育体系，形成长效化的高校育人组织机制。在此背景下，高职院校教育改革实践中"三全育人"逐渐引发高度重视，如何促进"三全育人"思想践行并带动高职院校育人机制的全面改革和创新，成为新时代背景下高校教育改革的重点方向。网络教育是新时期高校思想政治教育的重要表现形式。在网络环境普遍影响高校大学生的背景下，高校应充分发挥网络教育功能，做好校园网络建设与管理，协调校园内外各种教育因素，建立一体化网络教育平台，切实实现全员、全程、全方位育人。

一、网络育人是实现"三全育人"理念的重要途径

在实现"三全育人"理念的过程中，网络育人是一种重要的手段。它

将"全程育人""全员育人"和"全方位育人"这三个维度有机融合,为学生提供了一个开放、灵活且可持续发展的学习环境。网络育人是实现"三全育人"理念的重要途径,具体表现在:

(一)有助于营造全方位育人

网络育人工作可以打破传统教育的时空限制,让学生可以随时随地获取知识和信息,并且通过网络平台,教师可以引导学生在自己的节奏下进行学习,充分发挥自主学习的能力,形成良好的育人效果。另一方面,创新网络育人工作可以提供多样化的学习资源和教学手段,满足学生个性化学习的需求。无论是在线课程、电子书籍还是学术论坛,都可以为学生提供广泛的学习渠道和交流平台。此外,网络育人工作还可以促进学生与社会、行业的深度融合,拓宽学生的视野和人际交往能力。可见发挥"三全育人"思想的引领作用,能形成良好的网络育人体系,使高职院校综合育人工作高效化发展。

(二)有助于调动全员育人

传统的育人工作往往依赖于教师的个人能力和经验,而"三全育人"引领下网络育人工作则可以将更多的育人资源和力量引入到高职院校教育中。通过学校相关部门的努力,建立网络平台,通过网络形式,邀请更多的行业专家、企业导师等外部资源参与到育人工作中,为学生提供更丰富的实践机会和职业指导。这样的方式使得学生可以接触到更多的信息,提升其在网络环境下独立辨别舆情信息的能力和技巧,从而显著提高学生的综合素质。在此过程中,以"三全育人"思想为指引促进高职院校育人工作的全面创新,能在网络育人工作中充分调动育人有生力量,使高职院校育人工作呈现出新的发展趋势。

(三)有助于实现全程育人

在"三全育人"背景下对高职院校育人工作进行创新,在探索网络育人体系的基础上,能通过合理化的教育指导,逐步解决不同时期学生的困惑,使网络育人工作的价值和效能得到系统性提升。在高职院校学生的教育指导工作中,网络能够覆盖学生的学习全程。针对不同学年阶段的学生对于网络的关注点存在差异,我们需要构建一个"全过程化"的网络教育环境。具体来说,针对不同学年龄段的大学生,我们可以设定相应的资源平台，并借助微信、自媒体等多元化渠道，强化针对性宣传，为学生提供积极向上的信息和资源，以满足他们对网络资源的需求，实现思想政治教育网络环境的搭建。从入学前的预习，到在校期间的课堂学习、自主研究，再到毕业后的继续教育，网络都能发挥其独特的作用，帮助学生实现持续学习，达到全程育人的目标。

二、"三全育人"理念下高职院校网络育人的优化创新措施

在"三全育人"理念的指引下，高职院校在对网络育人模式进行改革创新的过程中，应该把握"三全育人"思想对其的影响，积极探索网络育人模式的系统构建，保障人才培养工作能得到系统性的提升，切实促进人才培养工作的高效化发展。下面就对高职院校网络育人模式的构建和优化创新进行细化分析：

（一）加强全过程控制，构建网络育人长效机制

在高职院校网络育人工作中，为了能形成全程育人的效果，让学生从入学阶段到毕业阶段的全过程，都能接受比较完善、系统的网络育人教育指导，从而使学生的综合素质得到全面优化，真正在高职教育的全过程把握网络时代的影响，对学生实施针对性、高效性的综合教育工作。

首先，在入学阶段，提供关于校园的深度了解内容，通过线上导览、介绍视频和讨论区等，学生能够在入学前就了解到校园文化、社团信息甚至课程大纲，帮助他们迅速适应新环境。同时，为学生提供在线预习材料和学习资源，帮助学生了解专业课程和学习要求[3]。可以尝试设立网络导师制度，为新生提供在线指导和支持，帮助他们适应学校生活和学习环境，并且学校还可以开展在线学习技能培训，帮助学生掌握网络学习工具和方法。

其次，在校学习阶段，通过多样化的网络课程，各种在线学习平台的运用，提供专业学习内容，满足大二、大三学生专业技能的需求。通过在线教程、实时直播课程或者MOOC等在线教学资源和互动学习工具，提供高质量的教学体验，使得学生可以按照自己的节奏和方式进行学习，并有机会接触到更广阔的知识领域。同时，利用网络提供个性化的学习支持和辅导服务。这些服务可能包括在线答疑、学习指导和学业规划等。在教师的教育指导下，学生能在网络环境中树立正确的人生观和价值观。这种教育方式既考虑到每个学生的个别差异，又能保证每个学生都得到必要的关

注和引导，从而优化学生的学习体验，提升教育效果。

再次，在实习实训毕业阶段，结合实训教育工作的基本情况，促进思想引导教育和价值观教育的渗透，还可以与企业合作，开展在线企业讲座和实践项目，让学生了解实际工作需求和行业动态，拓展网络育人的范围和空间，使学生能受到多元化的教育和指导。重点为学生提供在线就业指导和职业规划，帮助学生准备求职材料、面试技巧等，也可以开展在线职业素养培训，培养学生的职业道德、沟通能力和团队合作能力，逐步促进学生职业竞争力的提升[4]。

最后，在学生毕业后阶段，学校应通过提供持续教育资源，帮助毕业生实现终身学习。包括更新的行业资讯、专业技能提升课程，以及各类学习交流平台，都能帮助毕业生持续提升自我，更好地应对职场发展。

这样在高职院校网络育人工作的过程中，把握高职学生各阶段的成长需求和思想指引需求，积极探索育人工作的全面创新，能凸显育人指导的综合有效性，使大学生的综合素质得到针对性的训练，确保网络育人工作的价值和效能得到系统彰显。

（二）推进全方位联动，延伸网络育人影响范围

在"三全育人"理念的影响下，高职院校开展网络育人工作的过程中，要构建全方位联动的综合教育体系，确保网络育人工作的价值和效能得到逐步优化。在实际工作中，应该重点针对不同平台网络育人工作进行分析，并确定网络育人的要点，有针对性地保障网络育人工作高效化开展和系统化地创新[5]。

首先，在开展网络育人工作的过程中，应建立一个统一的网络育人平台，支持多种设备和操作系统的应用，如电脑、手机、平板等，以满足学生在不同场景下的学习需求，使学生能从多角度、多模块接触网络育人教育，逐步转变思想观念，树立正确的价值观和人生观。

其次，应该突出强调学校网络育人课程教学的重要性，在学校教育体系中可以尝试设计多样化的网络课程，包括文字、图片、音频、视频等多种形式，以满足学生的不同学习习惯和学科特点。同时，可以采用同步教学和异步教学相结合的方式，让学生可以根据自己的时间和节奏进行学习，确保网络育人工作向学生的专业学习、职业技能训练延伸，能对学生的学习和成长产生积极影响。

再次，应该尝试构建在线学习社区，让学生可以在其中进行学习交流

和互动。通过讨论区、论坛、群组等功能，学生可以相互分享学习心得、解答问题，形成良好的学习氛围。同时在学习社区中可以有意识地引入立德树人的思想，在学习社区中可以适当开展思想政治主题教育、思想道德主题教育等，使学生能在网络社区的沟通和交流中树立正确的职业观念和价值观念，能做出合理化的行为选择，有效促进学生职业竞争力和职业胜任力的全面提升[6]。

最后，应建设完善的新媒体舆情教育机制。在实际开展大学生网络育人工作的过程中，高职院校可以初步建立舆情监测系统，组建专业的队伍，设立专门的机构，对网络信息进行监控，及时获取与高职院校相关的新媒体舆情信息，重点针对社交媒体、论坛、微博等平台上的讨论和评论进行监测。在通过舆情监测发现负面舆情信息后，高职院校要结合舆情信息的实际情况，对学生实施有效的教育和指导，引导学生辩证地看待社会现象和舆情信息，也可以通过官方微博、官方微信公众号等与学生进行沟通和交流，通过及时回答和解决学生的困惑，引导学生树立正确的价值观念，提高学生对舆情信息的辨别能力和认识能力。

这样在高职院校网络育人工作中，有意识地整合多方面的教育模式，促进教育平台的建构和教育体系的构建，能形成多方联动的网络育人综合效果，可以根据学生的成长需求系统化地开展网络育人工作，从而保障网络育人影响范围的逐步拓展和延伸，切实促使学生的综合素质得到相应的锻炼，稳步提升高职院校人才培养工作的综合有效性。

（三）整合全员育人机制，健全网络育人工作队伍

在高职院校的网络育人体系建设中，整合全员育人机制，就是要调动多方面育人工作的质量，无论是教师、管理员、社会力量和家长，都在育人工作中发挥着独特但相互连接的角色。这种全员参与的方式有利于形成广泛的育人网络，提供多元化的学习环境和体验。打造完善的网络育人工作者队伍，支持网络育人工作的创新，确保能在教育实践中对学生实施积极的教育和引导，促进学生正确价值观的树立。

首先，应整合学校教师和管理人员的力量。学校管理人员和教师是网络思想育人的主要承担者，他们不仅能够掌握现代教育技术，还应具备深厚的教育理论知识和实践经验。通过搭建网络课程、线上讨论、互动评价等方式引导学生进行思想教育。同时，教师可以组织线上讲座、主题讨论、在线辅导等活动，提供丰富学习资源和针对性的指导，引导学生树立正确

的价值观和思想观念。

其次，应发挥企业专家的力量。高职院校可以邀请企业专家参与网络思想育人工作，通过线上讲座、座谈会等形式，分享企业经验和职业道德，引导学生树立正确的职业观念和道德观念。在教育实践中可以引导企业专家分享自己的职业发展经验，讲述成功的道德故事，激发学生的职业热情和责任感。

再次，可以发挥学生家长的力量。家长是学生成长的重要影响力量，高职院校可以通过线上家长教育课程、家长讲座等形式，加强与家长的沟通和合作，通过向家长传递正确的教育理念和育人方法，引导家长积极参与学生的网络思想育人，共同培养学生良好的思想品质。

最后，可以发挥社会道德模范和一线工作者的力量。高职院校可以邀请社会道德模范参与网络思想育人工作，通过线上分享、互动交流等方式，传递正能量和道德观念。同时，一线工作者是社会实践的重要力量，他们具有丰富的实践经验和行业知识。高职院校可以邀请一线工作者参与网络思想育人工作，通过线上交流、案例分享等方式，让学生了解不同行业的实际情况和职业发展路径，引导学生树立正确的职业观念和人生态度。

在高职院校网络育人工作中，通过整合多方力量，学校就能构建多元参与的网络思想育人格局，为学生提供全方位、多角度的思想教育和引导，彰显"三全育人"工作的综合有效性[8]。

三、结束语

综上所述，网络育人在实现高职院校"三全育人"教育改革中起着至关重要的作用。网络育人不仅深化了立德树人的根本任务，还推动了思想道德教育、社会实践教育和文化知识教育的有机融合。借助网络育人，我们能够将教育特色和思想引领贯穿于整个教育系统中，从而构建出长效化的育人机制。因此，网络环境下的教育改革是必然的，为适应这种新形态，高职院校需要聚焦于育人模式的创新。教师们需要认识到网络育人工作的重要性，并基于其现实需求，积极探讨和塑造独特的"三全育人"体系。通过突出网络育人的重要作用，我们可以提升育人工作的综合效果，使高职院校人才培养呈现出新的发展趋势。这对于高职院校来说，不仅有助于提升自身教育的影响力，也能为社会输送更多具备优秀技能和思想素养的高质量人才。

参考文献

[1] 吴斌. 基于"三全育人"理念下的民办高职院校"以体育人"体育教学改革浅析[J]. 冰雪体育创新研究, 2023(10): 123-126.

[2] 赵娜, 黄蕊, 滕兆朋. "三全育人"视域下高职院校学生党支部网络育人模式研究[J]. 职业教育（中旬刊）, 2023, 22(2): 26-28.

[3] 楚熙婷, 王芝飞. "三全育人"视域下高职学生网络舆情引导路径研究[J]. 教育科学论坛, 2021(33): 28-31.

[4] 王国良. 三全育人视域下的高职网络思想政治教育策略研究[J]. 华东纸业, 2021, 51(4): 120-123.

[5] 李亚平, 施向峰. 三全育人视域下高职院校网络思政育人模式建构研究[J]. 青岛职业技术学院学报, 2021, 34(3): 24-27.

[6] 董志鸿. 新媒体时代高职院校"三全育人"有效路径构建[J]. 理论观察, 2020(7): 147-149.

[7] 田秀丽, 胡岳潭. 基于"三全育人"理念的高职院校网络育人路径研究[J]. 青岛职业技术学院学报, 2020, 33(2): 16-19.

[8] 彭银年, 裴智民. 基于顶岗实习网络系统的高职"三全"育人模式的探索[J]. 继续教育研究, 2016(5): 75-77.

"大学生职业生涯规划与就业指导"课程三层三阶全程化教学模式的探索与研究

马晓龙

四川国际标榜职业学院,四川成都,610103

【摘 要】大学生职业生涯规划教育的好坏将直接影响学生在大学期间的学习生活质量和求职就业,甚至影响未来整个职业生涯。目前许多高校都是通过公共课必修或选修的形式进行授课。但是大学生的职业生涯规划教育是一个注重多元化与个性化指导,针对性与实践性很强的一门课程,公共基础课往往受到授课人数多、授课学时少等因素的限制,无法对学生形成个性化、长期化的学习指导过程,学生缺少应用与实践,无法在实践中得到有效指导。因此,以学生大学期间的学业发展为职业规划应用的载体,构建一个在学生学业发展中,以学生学业发展为中心,在解决学业发展的实际问题中掌握职业规划技能的学用一体的教学模式,有效地将职业规划课程的知识与技能与学生大学期间学业发展中的实际问题相结合,利用多层资源,从不同的角度形成不同层次、不同需求展开实践指导,才能从真正意义上让学生,掌握职业规划技能,获得职业发展的竞争力,帮助他们经营成功的人生。

【关键词】职业规划;学业规划;实践化;实用化;资源整合

一、我国高校的职业规划课程基本情况与存在的不足

自2007年教育部颁布了《大学生职业发展与就业指导课程教学要求》后,全国各个高校陆续开设了"大学生职业生涯规划与就业指导"课程。大部分高校都是通过公共基础课的形式进行授课,一般是合班授课制,也有部分院校是小班授课制。目前,职业规划课程正逐渐受到各高校的重视。但同时我们也发现,在授课中也普遍存在一些问题,主要有以下几个方面:

（一）部分院校授课模式、课程安排与课程特质不匹配

高校虽然均已开设职业规划相关课程，但是授课模式与课程安排不合理，导致教学效果不理想。首先，大多数高校的"大学生职业规划与就业指导课程"基本上是以课堂集中理论授课的模式进行的，这种单一的教学模式无法满足学生的需求，也不符合课程的特点，所以不能达到良好的教学效果。其次，职业规划课程是实践性、应用性很强的一门课程，但目前多数高校，本课程的授课痛点就是无法进行实践指导。因为课程结束后，授课教师基本不再与学生有接触，所以未能有效地跟进和追踪，导致课程结束后无法对学生职业规划的实施效果进行实践指导，从而使学生不能将理论转化为实践，无法深刻理解并掌握相关知识与技能。

（二）部分高校和学生对职业规划课程的重要性认知不足

具体指以下三方面内容：一方面指的是大学生对自身职业规划的学习意识淡薄，对职业规划学习的不确定性，将职业规划的学习作为一项静态的学习内容，从而在未来工作期间与自身定位产生严重冲突。另一方面指的是高校大学生自身对于职业规划学习的态度，职业规划是为高校大学生进一步了解社会和增强自身能力而开设的专项课程，学习态度不端必然导致学习动力不足。三是部分高校的引导欠缺，学校把课程定位于边缘位置，表现为或者将课程安排在晚上、周末等时间段，或者作为选修课程，这就造成了学生对其不重视，或者平时也较懒散，对课程的教学效果影响很大。很多情况下流于形式，甚至有部分教师直接对学生说，此课程学习与不学习没有什么关系之类的贬低课程的话，这就更使学生对本课程的重视降低。

二、应对问题的对策研究与教学模式的建立与实施

针对课程授课出现的问题，结合学生实际发展的需求与课程的特点，我们突破传统教学模式，构建了一套必修课+辅导课授课形式的、以学生学业发展为中心，整合多方资源，分阶段的三年贯穿式的教学模式，将第一课堂与辅导班会、社团活动、企业进校园、毕业生分享会相融合，将专业教师、辅导员、学业发展导师、企业、毕业生共同育人相融合，将课程知识与学生实际发展应用相融合。

（一）教学模式设计框架

此教学模式（图1）主要从三位、三层、三阶中体现，具体为：

三位：分别指基础课第一课堂、专业发展导师辅导会、生涯咨询室三个平台，涉及的主要人员为：公共基础课教师（第一课堂）、学业发展导师（或辅导员）、生涯咨询室咨询教师，还有配合企业讲座、优秀毕业生分享会等活动（社团平台），以学生为中心进行合作联动，纽带为学业发展辅导手册，核心为学生的职（学）业发展指导。

三层：个人、团体、全体。因为三位针对性不同，所以分出三层的受众，第一课堂针对全体，辅导会针对团体，咨询室针对个体，这样就有效地进行了分层，可以更好、更准确地进行培训和学习，根据不同场所不同特点进行有效分层匹配。

三阶：指的是大一、大二、大三三个阶段，根据不同阶段其辅导内容也不同，是阶段划分的针对性培养匹配。

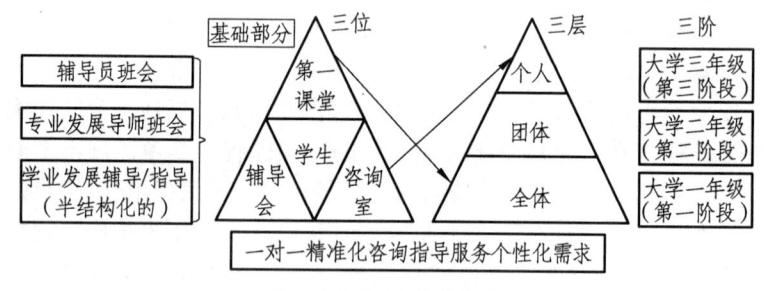

图1 教学模式框架图

该教学模式突破了第一课堂限制，将课程知识与技能应用于学生实际发展中，解决了课程无法实践实操的困难。授课目标转变成了以解决学生实际困难、解决学生在校期间不同发展阶段的真实需求为目标，真正做到以学生需求为中心，在大学期间，使用"学业规划"为载体，通过对大学学业的规划、实施的过程来理解掌握职业规划的技能，将课程知识进行了实际应用的转换。

（二）教学模式的实施

1. 资源的组合与实施

在新的教学模式中，第一课堂教师、辅导员、专业发展导师、企业人员、优秀毕业生之间形成了密切关系，为学生在大学整个阶段的学习发展中，围绕"学业规划及实施"共同育人，其间的资源组合结构如图2所示。

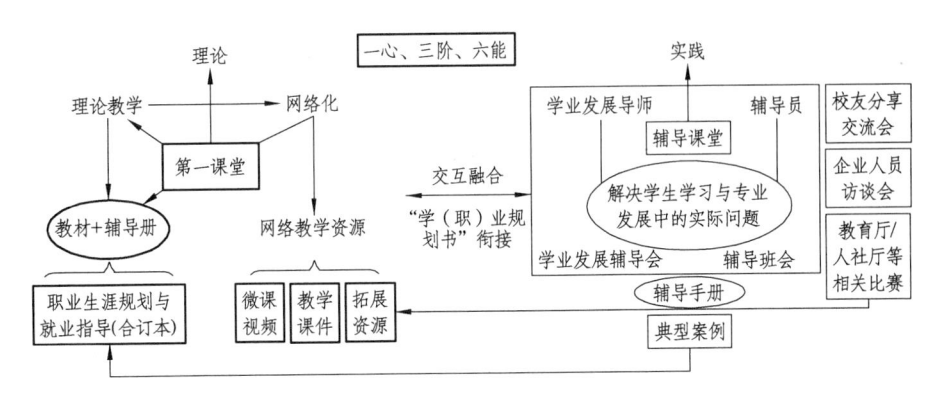

图 2 教学模式的资源组合

第一课堂利用线下课堂结合网课资源授课，主要对理论部分进行传授，课程结束时以"大学学业规划书"为结点，此结点也是实践部分的起点，专业发展辅导会将以"学业规划书"为学生学习发展依据，以"辅导手册"为辅导标准，辅导大学生执行"学业规划"中所遇到的问题、困惑，对其及时介入、帮助解决，将职业规划的知识与技能应用在学生学业发展中，帮助学生根据实际情况不断调整规划书，并采取实际行动。在实际行动中遇到困难或问题时再反馈给能够解决问题的教师或平台，并制订下一步计划，如此良性循环。而企业人员与优秀毕业分享会一般会在大三年级进行，从另一个角度和层次解决这个阶段的学生学业发展中的问题。在整个过程中，学生是通过自己的学业规划并具体实施这个规划来进行实际应用的，而各方资源是为了解决学生学业发展并进行具体实施的过程中遇到的实际问题，并帮助学生掌握职业规划的知识与技能，将理论与实践通过这一模式紧密结合。

此教学模式打破了课上与课下的界限，由简单的课上培养转换成了大学期间全程贯穿式的应用指导。教师由对课程负责转变成对培养的学生在三年中的学习发展负责，采用陪伴式辅导，增强了师生的黏度。同时打破了课程由某一个老师讲授的界限，将公共基础课授课教师、专业授课教师（含学业发展导师）、辅导员、企业人员、毕业生进行组合连接，为达成课程教学效果而互联互溶。同时将第一课堂和专业发展导师班会进行融合（图3），实现了多课堂融合，提升了人才培养质量。

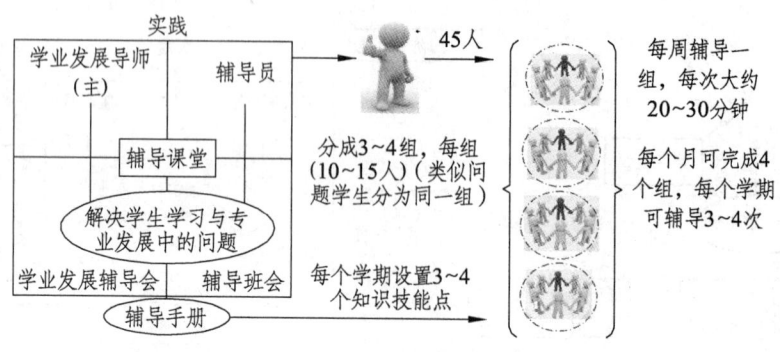

图3 "学业发展导师辅导班会"实施过程演示图

2. 学业发展导师会的实施

实践教学部分是以学业发展导师辅导会为主要载体进行的，辅导会由学业发展辅导会与班会辅导会组成，学业发展辅导会为主要载体。辅导过程中，是以解决学生学习发展中的实际困难为目的，以辅导手册为标准依据，在解决学生的实际困难中掌握职业规划技能。团体辅导为主要形式，在研究实践中，我们的实施过程以班为单位，本次实验班的班级人数为45人，将班级学员分为3组（以学习发展遇到的问题类似的学生为一组，所以小组人员是会变换的），每组15人左右。辅导方式可以有两种方式展开，第一种是每周辅导其中一组即可，每次辅导时间30~45分钟，每个月即可完成4组的辅导，每个学期可以辅导同一小组4次左右；另一种方式是每周辅导3个小组，每组时间15分钟左右，每个月可同时辅导一个小组3~4次，每个学期辅导同一小组12~16次。两种方式最终辅导总时长相同，一种方式频率高但每次时间短，另一种频率低但每次时间长，采用哪种方式由学生面对的问题而决定。经过实践，这种方式能解决绝大多数学生问题，在同样的时间上，比传统的辅导模式更有效。

3. 企业人员、毕业生的指导实施

企业人员与毕业生是模式中重要的资源部分，提供真实市场层面的指导。这部分资源主要是通过社团活动完成的。具体形式为"企业进校园""行业专家讲座""优秀毕业生分享会"等。一般是在大三年级就业前期介入，其目的是让学生能清晰地了解职场外部环境，补充学校教学的不足，为就业做准备，解决这个阶段学生最关心的问题。活动由社团组织完成，学校提供资源，学生根据自己的需求选择相关活动。在学生不同的阶段，解决学生不同的需求，实现了真正的以学生为中心。在学生的实际应用中解决问题，重点在于实际应用。在这个目标的实现过程中，是以学生在实际发展中遇到的困惑和困难为由帮助其加以解决的方式来传授相关知识、技能、思维等教学内容的，也是课堂教学理论在实践中的应用（比较接近专业课的理论与实操的关系）。由关注课程转变为关注人，将人才培养的标准化"生产"转变成多元化"生产"，这一模式的最大特点是关注到个体的特质和需求。这一转变的过程是通过激发学生潜能，是在教师适当点拨、指导下学生自主完成的。而在这个转变的过程中，教师的关注点是不同的。

三、教学模式实践效果分析

我们在某高职院校进行了新教学模式的实践。为了检验新模式的实践教学效果，我们分别对实验班和三个平行普通班做了调查，调查数据如下：

毕业前一个月调查数据分析（图4）：

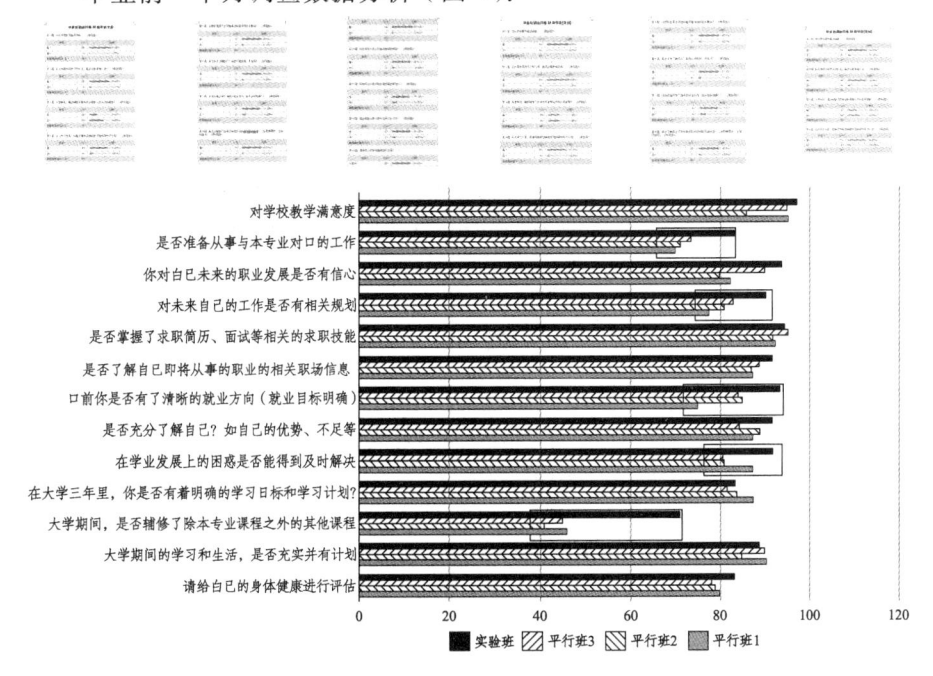

图4　毕业前调查数据（有效数据172份）

我们对实验班和非实验班进行了毕业前调查，从"教学满意度""个人学习成长""毕业计划"三个方面共计13个指标点进行了调查，从调查数据中可以看出，第"2""4""7""9""11"5个点上有着明显差异，实验班明显高于非实验班，其他几项也略高于非实验班。通过毕业前调查反馈得出，经过新教学模式培养的班级在多方面都优于非实验班。

四、工作半年后调查数据分析（图5）

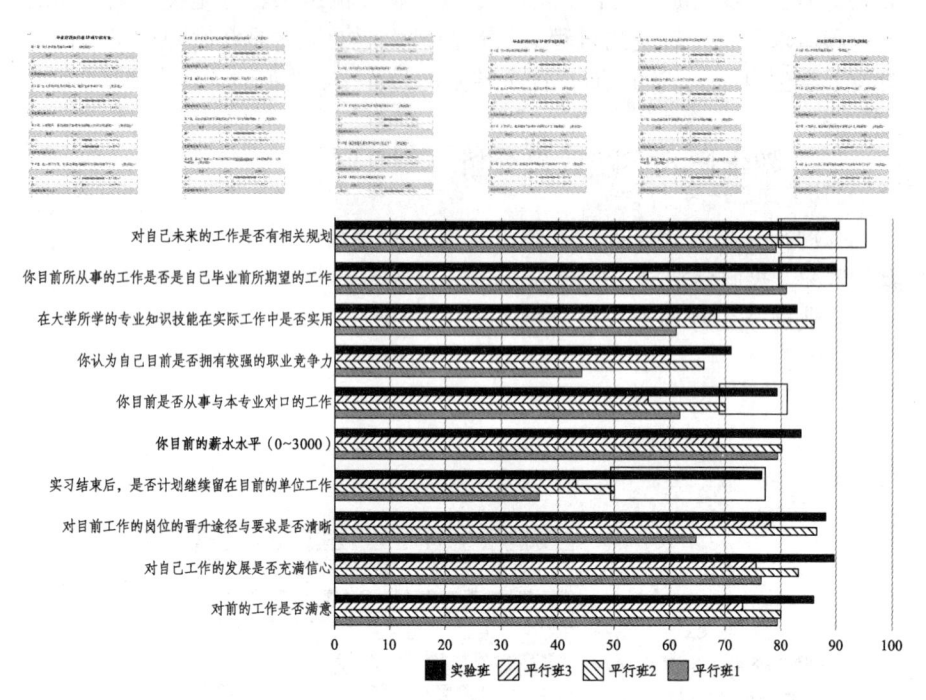

图5 工作半年后调查数据（有效数据132份）

通过对学生工作半年后的调查数据的分析和比较，我们可以发现，实验班在"工作规划"（高于平均值10个点）、"达到工作期望值"（高于平均值14个点）、"专业对口率"（高于平均值12个点）、"单位稳定性"（高于平均值22个点）4个方面均明显高于非实验班，其他指标也略高于非实验班。数据调查表明，通过新模式培养后的学生整体优于普通模式培养的学生。

五、结束语

三层三阶全程化教学模式的研究，对高职院校"大学生职业生涯规划"课程教学模式的改革创新提供了新的思路与方法，体现了"大学生职业生涯规划"课程的实用性、针对性、阶段性、系统性等原则。该教学模式以学生需求为中心，着手于职业规划的具体应用，以指导学生学业规划为载体，打破以往"课上培养"模式，改革创新为大学全周期全过程培养，公共基础课授课教师、专业授课教师（含学业发展导师）、辅导员融合参与，第一课堂和专业导师班会、辅导员班会、企业人员、优秀毕业生等资源进行融合开展，提高了教学效果，提升了人才培养质量。

参考文献

[1] 尹娟. 导师制在大学生职业生涯规划实践教学中的应用[Z]. 江苏：江苏高教，2011: 65-67.

[2] 马胜添. 成长小组对大学新生职业规划的作用研究[D]. 广西：硕士电子期刊，2015: 17-18.

[3] 吕华芹. 行动导向教学模式在大学生职业生涯规划课程教学实践中的应用[Z]. 江苏：吕梁教育学报，2016，33(4): 90-93.

二阶课程建设研究

高职学生经典诵读能力培养现状分析

马经义

四川国际标榜职业学院，四川成都，610103

【摘　要】高职学生经典诵读能力培养越来越受到重视，本文从高职院校对经典的界定与诵读内容的选取，经典诵读意义的阐释，经典诵读培养方法的研究以及经典诵读培养存在的问题等四个方面进行梳理与分析，从高职学生经典诵读能力培养现状中寻找问题从而提升其培养质量。

【关键词】高职学生；经典诵读；能力培养；现状分析

文化是一个国家的灵魂，文化自信是一个民族强盛的表现之一，所以加强中国传统文化教育已成为当下贯穿整个国民教育的大战略。国家先后出台一系列文件来促进传统文化的传承，如2015年《教育部关于深化职业教育教学改革全面提高人才培养质量的若干意见》指出："要把中华优秀传统文化教育系统融入课程和教材体系，在相关课程中增加中华优秀传统文化内容比重。"2017年初，中共中央办公厅、国务院办公厅联合印发了《关于实施中华优秀传统文化传承发展工程的意见》，专题阐述中华优秀传统文化传承与发展的具体工作。正因如此，加强优秀传统文化教育已被各高职院校融入人才培养体系并具体实施。作为高等职业院校，经典诵读是优秀传统文化教育中最主要的形式之一。那么在实际教学中，高职院校对学生经典诵读能力培养的现状如何呢？本文将从四个方面进行梳理与分析。

一、对经典的界定与诵读内容的选取

何谓"经典"？这是进行经典诵读之前必须界定的概念。看似一个很简单的问题，回答起来却异常复杂。因为中华文明延绵了几千年，成就了博大精深的文化体系，处处是经典。如从学术层面上看，有先秦诸子经典、两汉经学经典、魏晋玄学经典、隋唐佛学经典、宋明理学经典、清代朴学经典等；从文学层面上看，有上古神话经典、两周诗歌经典、先秦散文经典、汉代辞赋经典、唐代诗词经典、宋代传奇经典以及明清小说经典等。这一切经典构成了中华民族的精神气脉。

那么在高职学生经典诵读中，如何界定经典，从而选择经典诵读文本呢？从现有的文献资料来看，很多高职院校界定经典，都是从汉语语境下经典一词的含义入手的。经典的含义，原有广义和狭义之分：广义的经典是指包括学术和文学两种不同形式下的权威性和典范性著述；狭义的经典是指以儒家和道家为主的根源性典籍。所以概括性地说，经典就是具有超强生命力、始终活在当下并持续不断地影响、润泽着一个国家和民族的著述。然而从现有的高职院校经典诵读实施情况来看，绝大多数院校划定的经典范围都只在《大学》《中庸》《论语》《孟子》《老子》《庄子》《诗经》《易经》等为代表的先秦诸子之学中。换而言之，当下高职学生诵读的经典文本几乎都是以儒道两家为主的学术经典。在高职院校经典诵读的概念中，中华优秀传统文化就约等于"四书"与"五经"。

将经典范围框定在学术经典的范畴，其原因何在？笔者认为，这是混淆了"中华优秀传统文化"与"国学"的概念。中华优秀传统文化的范围囊括了上文所提到的学术经典和文学经典，但是国学的范围却比优秀传统文化的范围小得多。国学原本是晚清时期区别于西方学术而诞生的新概念，所以国学的概念是指中国固有的学术传统。著名学者马一浮先生即主张所谓国学就是研究《诗》《书》《礼》《易》《乐》《春秋》的"六艺之学"，可见国学的范围只是中华优秀传统文化中的学术经典部分。当下我们常将中华优秀传统文化笼统地称为"国学"，这势必误导大众。所以在高职教育中原本应该传承中华优秀传统文化的内容就被不自觉地框定在了固有学术的范畴。这就是造成经典诵读内容选取局限在"三玄""四书""五经"之中的根本原因。

毋庸置疑，"四书""五经"都属于华夏文化的元典，都是经典诵读的对象，但这些著作几乎都是理论性较强的学术经典，其中所阐释的学理与哲理可谓博大精深，很难通过一般的诵读掌握其精髓。现实也告诉我们，高职学生对学术经典的诵读效果并不理想。为什么会出现这样的情况？因为我们界定经典以及选择经典文本时忽略了一个重要的前提——学情分析。高职学生的文化基础原本薄弱，在此基础上去应对更为广博的学术经典，心有余而力不足，久而久之学生诵读的兴趣就会消耗在学术经典的浩繁之中。所以此时我们应该回过头来重新界定经典内容，准确地说是为高职学生划定符合他们学情的经典范围。这是提升高职学生经典诵读能力并传承中华优秀传统文化的第一步。

二、对高职学生经典诵读意义的阐释

高职院校开展经典诵读的意义何在？从现有的研究成果来看，主要包括以下四个方面的诠释：

第一个方面着眼于学生自身。经典诵读有助于学生健全身心人格，端正礼仪行为，固化伦理道德，提高感悟力、审美力，加强记忆力等。

第二个方面着眼于教育。经典诵读有助于专业学习的提升，能构建和谐校园，引领社会的精神文明。

第三个方面着眼于社会。经典诵读符合社会发展需要，可以为社会输送拥有深厚文化底蕴的品学兼优的人才。

第四个方面着眼于文化传承。经典诵读是民族文化得以延续的最好方式。

综合来看，以上四个方面的意义阐释都指向一个方位，那就是经典诵读培养的是学生的素质。以素质目标作为经典诵读的终极意义，这当然不会有错，似乎也是一个不需要再加以阐释的话题。然而，当我们纵观各类高职学生经典诵读意义的诠释时，总觉得其中少了一项最为重要的意义阐释，这项意义直接关乎高职学生经典诵读培养的终极效果。它是什么呢？

高职教育的总目标是为国家培养高素质技能型人才、服务经济社会发展和人的全面发展，其中有五个"对接"极其关键：专业设置与产业需求对接、课程内容与职业标准对接、教学过程与生产过程对接、毕业证书与职业资格证书对接、职业教育与终身教育对接。高职学生经典诵读能力培养属于哪一个"对接"呢？应该是职业教育与终身教育对接。高职学生经典诵读能力培养是实现职业教育对接终身教育的基础。所以被遗忘的这项意义就是经典诵读可以实现职业教育与终身教育对接的意义。这项意义为什么关乎高职学生经典诵读培养效果呢？因为职业教育和终身教育对接靠的是一种惠及终身的学习能力，这种能力分解之后就是一个人的阅读能力、思考能力和表达能力，而经典诵读正是培养这种能力的最佳做法。如果没有这项意义的阐释，这项意义不被重视的话，经典诵读就只能浮在表面而沦为一种形式，而不能落到实处，升华成能力培养。如此一来，势必影响高职学生进行经典诵读的价值。在当下高职学生经典诵读的实施过程中，我们确实看到了这种遗憾的普遍出现。所以这个时候我们似乎看清楚了一个问题，即高职学生经典诵读首先培养的是一种能力，只有能力目标达到了，才能实现素质目标。

三、对高职学生经典诵读培养方法的现状研究

高职学生经典诵读能力培养最重要的环节就是方法的运用，各高职院校在这方面都做了不同程度的研究与实践，概括起来有如下五点：

第一，从制度上保障经典诵读能力培养的实施。如出台相应文件、健全领导制度、加大师资力度、明确相关责任、建立激励机制、配备经典诵读活动经费等，从制度上构建一个良好的循环工作机制，从而保障高职学生经典诵读能力的培养。

第二，从教学模式上设定经典诵读能力培养的框架，如"理论讲授＋琴棋书画活动""国学教育＋社区教育""理论第一课堂＋活动第二课堂＋网络资源第三课堂"等。但从现有的实际情况看，对经典诵读教学模式的研究还不深入，浅尝辄止者居多。另外，固有的传统课堂教学模式对经典诵读影响较大，很多所谓的经典诵读模式也没有摆脱其束缚。所以真正的适合高职学生经典诵读能力培养的教学模式还没有完全形成。

第三，从教学方法上落实经典诵读能力培养。各类高职院校对经典诵读能力培养仍以课堂为主，有专题教学法、原点阅读教学法、多媒体教学法、案例教学法、游戏活动教学法等教学方法；同时也尝试性地编撰相应的诵读教材与文本。另外还有在公共基础课上加大诵读课时，将经典诵读内容与专业课程教学融合等。这些具体措施确实取得了一定的效果，但必须要看到的是，经典诵读教学方法的探究还停留在宏观层面，针对不同诵读内容的教学法研究还没有受到重视，如诗词、小说、散文等的读法。

第四，从课外活动上促进经典诵读能力培养。各高职院校在这一方面做得最多，效果相比较而言也最好。此类课外活动主要有邀请名家讲座，建立学生诵读社团，组织经典诵读比赛等。从现有情况而论，这些活动确实能激发学生的诵读激情，不足之处是都未形成系统化课外活动体系。所以从整个经典诵读能力培养层面看，以课外活动促进经典诵读能力培养，其力量仍然显得过于薄弱。

第五，从校园环境上营造经典诵读氛围。"环境育人"逐渐被各高职院校所重视，其本着"润物细无声"的理念建设校园环境，从视觉感官上凸显中华优秀传统文化的风貌。如建立各类博物馆，打造适合经典诵读的建筑环境，借助各种场景将学生带入优秀传统文化氛围之中，从而实现经典诵读能力培养的目的。这种方式固然有它的优势，但财力物力耗费较大，推广起来颇有难度。

四、高职学生经典诵读培养存在的问题

在教学过程中不断查找问题并加以修正是提升教学质量的重要路径，所以各高职院校也在不断地反思、寻找影响经典诵读能力培养效果的根源。那么是什么原因导致经典诵读能力培养效果欠佳呢？总结起来主要有以下三个方面的原因：

首先，从观念上看，无论是高职教育还是高职学生，都把学习目标定在技能培养和实用技术的学习上，潜意识里"文化无用论"根深蒂固，这就导致高职院校对经典诵读教学重视不够，学生不愿意参与。

其次，从高职教育学制上看，无论是基础课程安排还是专业课程设计，都很难安排足够的时间来专门开设经典诵读课程。

最后，从教学方法上看，教学模式陈旧，教学方法单一，内容零碎不成体系，活动多而杂乱，目标不统一。

以上即为高职学生经典诵读能力培养效果欠佳的原因，或说是存在的主要问题。笔者认为要想改变现状，各高职院校必须认真思考以下四个问题：

第一，经典诵读到底要培养学生什么能力？

第二，基于真实学情之上的经典诵读的内容如何选取？

第三，如何构建一种适合高职学生的经典诵读能力培养模式？

第四，在教学模式框架下深入研究适合现实的教学方法。

只有将以上四个问题解决了，才能从实质上提升高职学生经典诵读的效果，从而达到培养的目标。

参考文献

[1] 宋婕. 高职院校国学教育模式新探索[J]. 广州城市职业学院学报，2008(6).

[2] 雷阳. 国学经典教育在高职教育中的探索与实践——以中华文化原点课程为例[J]. 太原城市职业技术学院学报，2016(2).

[3] 曲文军. 中华经典诵读研究[M]. 北京：高等教育出版社，2013.

高职学生经典诵读能力培养策略与方法研究

马经义

四川国际标榜职业学院，四川成都，610103

【摘　要】本文通过对高职学生经典诵读现状的问卷调查分析，结合实际提出了培养高职学生经典诵读能力的"基于信息化教学的四三模式"。详细阐释了依托信息化教学的重要性，并解析了培养学生阅读、思考、表达三种核心能力的"三三读法"和"三三教法"的内涵。本文为高职学生经典诵读能力培养策略与方法研究提供了新视角和新思路。

【关键词】高职学生；经典诵读；培养策略；四三模式

　　随着时代的发展，我们越来越坚定一个民族的强盛最终应表现于文化的繁荣与自信：越强大的国家，它的固有文化保存并传承得越完好；一个衰弱的国家，它的文化总是支离破碎。《国家中长期教育改革和发展规划纲要（2010—2020）》指出："要加强中华优秀传统文化教育。"作为国家未来中流砥柱的大学生群体成了传承中华优秀传统文化的主力军，其中高职学生也不例外。作为高职院校，用什么样的方法和策略培养学生中华经典诵读的能力，从而实现传承中华优秀传统文化的目的呢？这是一个值得我们深入研究的课题。

　　我们首先需要思考以下几个问题：第一，高职学生经典诵读能力培养的含义是什么？换言之，通过经典诵读到底要培养学生何种能力？第二，高职学生经典诵读的现状何如？第三，构建何种培养模式，才能有效提升高职学生经典诵读能力？第四，除了培养模式的构建与运用，还有哪些活动可以辅助培养从而增加参与度与趣味性？不难看出，以上四个问题构成了一条环环相扣的思路，只有在这条清晰而富有逻辑的思路下探究策略与方法才是有的放矢，否则就会离题千里。下面我们逐一探究。

一、高职学生经典诵读能力培养的含义

高职院校的办学定位是为国家和社会培养高素质技能型人才，学生的高技能是从专业学习中获得的，而高素质主要是从文化学习中获得的，经典诵读就是培养这种高素质的路径之一。在实际教学中，我们往往会忽略一个问题，即高素质的获得是从高能力中来，换句话说，素质目标的达成是建立在能力目标的基础之上的。何谓能力？从心理学角度理解，能力就是一个人的认识力和辨别力，"它是保证人们有效地认识客观事物的稳固心理特点的综合"[1]。从教育学的角度看，能力是具有可迁移性的，它是学生从具体的知识中提炼出来的思维方式、认识方法、操作法等综合而成的行动力。这种行动力是一种可再生资源，它可以生产创作出其他的知识与技能。那么经典诵读到底要培养学生的何种能力？概括起来，主要有三种：

（1）阅读能力。从字面上讲就是看书的能力，其核心在于通过阅读获取相关的信息并有所领悟。著名教育学家叶圣陶先生认为阅读能力就是"自能读书"，会不会阅读是决定学习效果的关键因素。对于高职学生而言，阅读能力是他们实现职业教育对接终身教育的基本功。

（2）思考能力。思考是一种思维活动，但有思维并不等于有思考。因为思考是思维的高阶，它是以事实、数据、图像等作为依据，通过已有的原理与方法推演出来的具有系统化和逻辑性的能力呈现。从教育学的角度讲，思考具有独立性和创造性，它是一个人的自主思维。思考能力的强弱往往是判断一个人聪明才智最重要的标准。对于高职学生而言，思考能力是完成职业教育与终身教育对接的关键能力。

（3）表达能力。所谓表达是指"把自己内化了的知识赋予能够传递给他人的形式来加以表现的过程，或是由于外化而得以表现的内容"[2]。一个人能够准确地表达，这说明他有自己的思想、观点、判断，这一切都是通过阅读和思考产生出来的外显，所以表达能力是学习效果的综合反映，是经典诵读能力的最终体现。

通过上述分析，不难看出，高职学生经典诵读能力培养的含义就是：通过经典诵读的方式，培养学生阅读、思考、表达三种核心能力，从而提升学生人文素养的目的，进而完成能力培养，实现素质目标达成的过程，让职业教育与终身教育对接，最终实现传承中华文化、发扬民族精神。

二、高职学生经典诵读的现状调查分析

为了准确掌握高职学生经典诵读的状况，为构建适合高职学生经典诵读能力培养的策略与方法，我们专门制定了一份问卷调查，希望通过真实的数据为本研究做支撑。问卷共设置了8个问题，选择省内5所具有代表性的高职院校进行调查，情况分析如下：

（1）你觉得有必要了解中国传统文化方面的知识吗？98%的学生认为很有必要，2%的学生认为一般了解即可，无人选择"没有必要了解"项。

（2）面对当前的"国学热"，84%的学生认为这是文化的传承与发展，11%的学生认为这是一种知识的延续而已，5%的学生认为这是学术界的炒作。

（3）你觉得传统文化对你的生活、学习以及今后的工作有什么样的影响？97%的学生认为可以提升自己的素养，3%的学生认为只是一种消遣的方式，无人选择"没有影响"项。

（4）日常生活中你会阅读中国传统文化经典著作吗？5%的学生经常阅读，12%的学生偶尔阅读，83%的学生从不主动阅读。

（5）如果让你选择自己喜欢的经典著作，你会选择什么？97%的学生会选择小说、诗词或散文，2%的学生选择先秦诸子经典，1%的学生选择学术文献典籍。

（6）你认为自己在阅读经典的过程中最缺乏什么？92%的学生认为缺乏阅读的方法，8%的学生认为缺乏阅读环境，无人选择缺乏"阅读的书籍"项。

（7）通过阅读中华经典，你最想获得什么？79%的学生想获得阅读、思考以及表达能力，11%的学生想获得广博的知识，10%的学生想增强自信。

（8）你愿意在专业课程体系中增加一门《经典诵读》吗？92%的学生愿意，8%的学生表示无所谓，无人选择"不愿意"项。

从以上8个方面的问卷结果来看，在高职学生的意识中，中国传统文化方面的知识仍然很重要，并认可优秀传统文化对自身素养的提升，而且愿意在人才培养体系中增加经典诵读课程，从而提升自己的阅读、思考以及表达能力，增加知识面，树立自信。同时，在问卷结果中我们也看到与前者相矛盾的一面：绝大多数的高职学生都不会主动阅读经典。他们更愿意选择可读性强的小说、散文以及诗词类的文学经典作为自己阅读的对象，而如先秦诸子类的学术经典几乎无人问津。从这份问卷调查的结果来看，影响高职学生经典诵读效果的最主要问题在于学生缺乏阅读方法，以

及经典诵读文本选择的引导。

三、高职学生经典诵读"四三模式"的构建

基于高职学生经典诵读能力培养的调查与分析，我们构建了一套适合高职学生经典诵读能力培养的模式——基于信息化教学的"四三模式"。该模式的构架如图1所示：

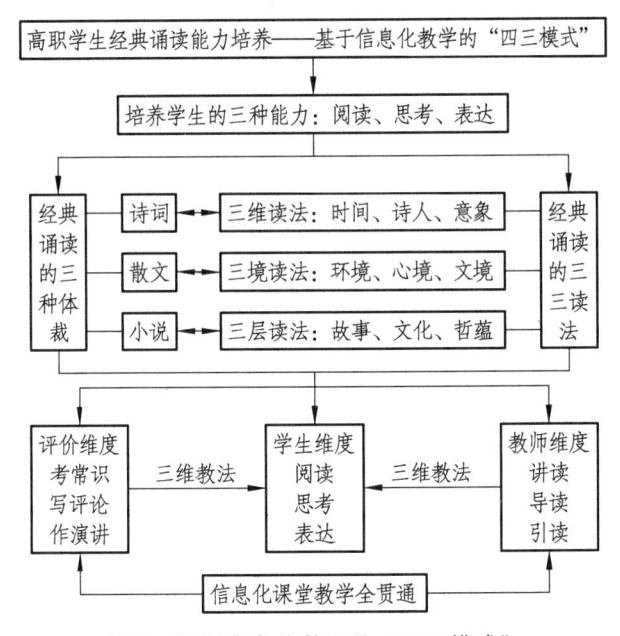

```
高职学生经典诵读能力培养——基于信息化教学的"四三模式"
                    │
        培养学生的三种能力：阅读、思考、表达
        ┌───────────┼───────────┐
        │           │           │
经典     ┌诗词┐←→三维读法：时间、诗人、意象    经典
诵读     │散文│←→三境读法：环境、心境、文境    诵读
的三     └小说┘←→三层读法：故事、文化、哲蕴    的三
种体                                          三读
裁                                            法
        │           │           │
  ┌─────────┐  ┌─────────┐  ┌─────────┐
  │评价维度 │  │学生维度 │  │教师维度 │
  │考常识   │三维教法│阅读  │三维教法│讲读  │
  │写评论   │  │思考   │  │导读   │
  │作演讲   │  │表达   │  │引读   │
  └─────────┘  └─────────┘  └─────────┘
        │           │           │
        └──信息化课堂教学全贯通──┘
```

图1　基于信息化教学的"四三模式"

1. "四三模式"的内涵

首先需要解释这套培养模式中有哪四个"三"：

第一个"三"是指通过经典诵读，培养学生三种能力即阅读能力、思考能力、表达能力。

第二个"三"是指经典诵读内容选自三种文学体裁即诗歌、小说、散文。每种文学体裁的内容选取以时间为纵向、作者为横向。

第三个"三"是指经典诵读内容的"三三读法"：诗歌的"三维读法"——时间维度、诗人维度、意向维度；小说的"三层读法"——读名著故事、读中国文化、读哲学意蕴；散文的"三境读法"——读环境、读心境、读文境。

第四个"三"是指诵读能力培养的"三三教法"。"三三教法"基于黑格尔"正反合"哲学理念，融合教、学、练、做、评等方式，让学生达到对经典诵读方法的掌握，从而实现学生阅读、思考、表达三种核心能力的提升。主要从三个维度入手：

（1）教师维度方面，运用讲读、导读、引读三种方式教学。讲读是指教师从理论层面讲阅读方法。导读是指教师使用阅读方法讲具体作品，进行示范性阅读。引读是指学生在老师的引导与启发下运用相应的方法尝试性地阅读作品。

（2）学生维度方面，围绕阅读、思考、表达三条线路进行训练。学生独立选择具体作品并阅读，运用相应的方法思考，以自己的语言表达对作品的理解。

（3）评价维度方面，使用考常识、写评论、做演讲三种方式完成考评。考常识是指以考试的方式对文学知识性的内容进行考评，此项针对学生的阅读基本能力进行评价。写评论是指老师指定作品，学生运用所学的阅读方法对作品进行书面评论，此项针对学生的思考能力进行评价。做演讲是指学生将自己的书面评论以演讲的方式讲授给听众，此项针对学生的表达能力进行考评。

2. "三三读法"的内涵

"四三模式"针对的是高职学生经典诵读能力的培养，所以其中的"三三读法"是该模式中最关键最核心的一环。所谓"三三读法"即对诗词、小说、散文三种文学体裁的阅读方法。阅读方法的使用原本并没有统一的规范与标准，在实际运用中以适不适合阅读者为衡量的最高尺码。

针对诗词，我们提出了"三维读法"，分别从时间维度、诗人维度和意象维度来解析一首诗词作品。所谓时间维度就是将诗作放置到产生它的那个时代来解读，这个维度可以让学生看到诗词演变历程与内在律动，理解不同时代不同风格的诗词作品。所谓诗人维度就是突出诗词作者的身世背景与生命轨迹，理解诗词作品是在诗人何种生活际遇中产生出来的，从而解读作品所反映的真情实感。所谓意象维度就是以诗词作品中所表现出来的具体事物为对象，理解诗词作品写作的技巧与技法，理解诗人如何将人、境、物、情等元素协调在一起，从而达到"意与境混"的创作境界。

针对小说，我们提出了"三层读法"[3]，分别从读故事情节、读中国文化、读哲学意蕴三个层次完成对小说文本的赏析。在众多文学作品中，小说的故事情节是最强的，所以读懂故事是进入小说的第一层。一部小说之所以能成为经典，其中一定承载着孕育它的文化基因，所以在读懂故事的前提下梳理文本中的固有文化就成了解析小说的第二层。读小说文本中的哲学意蕴是第三层，因为经典的本身是可以激活生命的，所谓"激活"就是生命个体在小说文本故事中得到感悟，这份感悟可以开启对生活、工作、情感等的新认知，这就是哲学意蕴的启示。

针对散文，我们提出了"三境读法"，即读环境、读心境、读文境。散文的特点是形散而神不散，作者将时间环境、空间环境以及自己的心境进行高度融合，再用文字凝练升华形成特有的文境，最终形成散文作品。所以指导学生赏析散文宜从"三境"入手。

"三三读法"的好处在于能让高职学生记住阅读路线和层次，在学生心中构建一种符合阅读文体的具体方法，学生根据这种方法就可以深入而全面地赏析名篇名作。

3. 信息化教学的内涵

随着时代与科技的发展，传统教育方式已经不能满足学生获取知识的要求。借用高科技使教学内容更丰富，学生课堂参与度更高，已成为当下高职教育的一种新趋势。在这种新趋势下，传统教学观念就应该逐渐向信息化教学观念转变。所谓信息化教学是指学生和教师运用现代化的教学技术和教学资源，借助网络平台而进行的一种双边教学活动。

信息化教学的内涵主要包括三个方面：一是信息化教学环境，主要是从硬件上来说的信息化资源。如网络覆盖的区域、计算机与手机终端的使用等都是构成信息化教学环境必不可少的资源。[4]二是信息化教学资源，主要是从课程教学角度来说的课程资源。如微课、动画、音频、视频等，这些资源可以从多角度多渠道刺激学生，从而提高课堂教学质量。[5]三是信息化教学平台，主要是从师生互动上来说的信息化软件平台，这个平台可以实现课前、课中、课后的师生教学互动。依托这个信息化教学平台，教师可以在课前布置学习任务，在课中进行课堂任务驱动，在课后实现答疑解惑；更重要的是，信息化教学平台可以在短时间内收集完成各种教学信息反馈，并做出客观的教学评价，为提升教学质量奠定坚实基础。

信息化教学虽然是时代的大趋势，但是信息化本身是一个相对的概念。随着科技的发展，在今天看来是信息化的技术，明天也许就是教学的常态了，所以信息化教学永恒不变的是教学，是符合学情的教学设计。因此，基于信息化教学的高职学生经典诵读能力培养，在信息化教学中主要构建的是教学设计以及信息化教学资源。

4. "四三模式"的创新性

高职学生经典诵读能力培养"四三模式"的创新点在哪里呢？总结起来主要有以下三点：

第一，从原有的经典诵读立足于素质培养转变为立足于能力培养。因为素质的达成是需要通过能力来完成的，强调素质提升但弱化能力培养无异于空中楼阁。

第二，在遵循教学规律以及高职学生阅读现状的基础上提出了诗歌、小说、散文的"三三读法"。"三三读法"的提出，改变了高职学生经典诵读宏观教学研究思路，转而从经典教学法的微观角度入手，来研究针对高职学生学情的教学法。"三三读法"为经典诵读从素质培养转变为能力培养奠定了坚实的基础，为最终提升学生的阅读、思考、表达三大能力找到了具体而可行的方法。

第三，以现代信息化教学为依托，以任务驱动为基础，实现了以学生为中心、教师为引导的教学策略。

5. 高职学生经典诵读能力培养的辅助方略

必须要明确的是，基于信息化教学的高职学生经典诵读能力培养的"四三模式"偏重具体的课堂教学法研究；然而经典诵读能力培养还需要从课堂以外的活动来加以巩固和推进，所以这种辅助性的方略也是构成高职学生经典诵读能力培养的路径。在这方面，各高职院校已经做了较为广泛的研究和实践，概括起来主要有以下四种辅助方略[6]：

第一，建立学生经典诵读的社团组织，引导学生开展有序的经典诵读活动。第二，邀请校内外专家定期开设同经典诵读相关的讲座，建立系统而规范的讲座课程。

第三，建立院系经典诵读比赛，定期开展，规范实施，从而调动学生的积极性与参与性。

第四，用"环境育人"的理念营造经典诵读环境与氛围。

参考文献

[1] 余文森. 从有效教学走向卓越教学[M]. 上海：华东师范大学出版，2016: 13.

[2] 钟启泉. 重视儿童的表达活动[J]. 基础教育课程，2014(1).

[3] 马经义. 论〈红楼梦〉的"三层读法"[J]. 青年文学家，2016(10).

[4] 张颖怡. 高职院校信息化教学环境构建的探究[J]. 网络安全技术与应用，2014(5).

[5] 李喜云，吴金娇. 高职院校信息化教学改革探析[J]. 科技创业月刊，2016(20)

[6] 徐源. 基于隐性课程文化的高职人文素养提升策略研究——以传统文化经典诵读为例[J]. 职业教育研究，2013(2).

中国古典诗词的"三维读法"

马经义

四川国际标榜职业学院,四川成都,610103

【摘 要】本文以当代大学生为阅读主体,以赏析、传承、发展中华诗词文化,树立文化自信为目标,进而提出从时间维度、诗人维度、意象维度阅读中国古典诗词的"三维读法",并分别解析了"三维读法"的理论依据和可行性。为提升大学生的文化自觉提供了思路引导与方法参考。

【关键词】古典诗词;阅读方法;三维读法

在中国传统文化中,诗词不仅仅是一种文学体裁,更是华夏儿女所追求的生活状态与人生境界。情感无论是婉约还是豪放,状态无论是雅正还是闲逸,都可以在诗词里蜿蜒流动。可以说,诗词是中国传统文化的精与神,是中国文学史上一颗璀璨的明珠,所以中国诗词的传承与发展是全面复兴传统文化最重要的任务之一。当代大学生群体是传承与发展中国文化的力量源泉。2017年8月,中共中央办公厅、国务院办公厅联合印发了《关于实施中华优秀传统文化传承发展工程的意见》,其中明确提出要推动高校开设中华优秀传统文化必修课,在哲学社会科学及相关学科专业和课程中增加中华优秀传统文化的内容。在这样的教育导向下,诗词的赏析与阅读就成了当代大学生的必修课。

中国诗词作品可谓浩如烟海,仅《全唐诗》就收录了三千多位诗人的五万多首诗作。由中华书局出版的《全明诗》所收录的诗文已经高达四十万首。那么问题随之而来了,面对浩浩荡荡的诗歌长河,在数不胜数的诗词作品中,我们如何去赏析中国古典诗词呢?什么样的阅读方法最适合大学生群体呢?在回答这个问题之前,需要明确:

第一,定位阅读诗词的人群。阅读方法的探讨,是基于阅读者而言的,不同阅读群体会有不同的方法论。此处所针对的目标人群是大学生,而且是非中文专业方向的大学生。如此定位,学情就清晰了。既然是大学生,就应该有一定的语文功底，诗词的赏析就不能仅停留在了解诗歌内容的表层上；既然不是中文专业方向的大学生，那么阅读诗词就不以学术研究为目的，而是以提升人文素养为目的。

第二，明确阅读诗词的目标。如果把中国古典诗词阅读作为大学生的公共基础课，那么它的目标就有三个层面：知识目标、能力目标和素质目标。所谓知识目标就是通过古典诗词的阅读，理解诗词的内容含义，了解韵律特点，掌握作者信息等；所谓能力目标是指通过学习，掌握一种方法，进而可以举一反三对其他古典诗词进行赏析；所谓素质目标是指通过对诗词的学习，提升人文素养，树立学生的文化自信，进而自觉地传承、推广、发展中华优秀文化。

有了上述两个基点的分析与定位，我们提出较为适合当代大学生赏析中国古典诗词的"三维读法"，即以时间、诗人、意象三个不同的维度赏读诗词。

一、以时间维度赏读诗词

以时间维度赏读诗词，就是把诗词放到历史的时间长河中，赏析它所具有的时代特点。中国的诗词源远流长，在神州大地上延绵了三千多年而不曾间断。每一个时代都有属于自己的文化面貌与思想主流，这些面貌与主流汇聚融合成了不同时代的特殊气质，而这些气质又会通过诗人的文字彰显在他们的诗歌之中。刘勰在《文心雕龙·时序》里分析"建安文学"时就说过："观其时文，雅好慷慨，良由世积乱离，风衰俗怨，并志深而笔长，故梗概而多气也。"意思是说，看这一时期的诗词文学作品，常常感觉到字里行间流露出慷慨激昂的情绪。为什么呢？是因为社会的长期动荡，风气在日渐衰落，人心积怨。作者身处其中，情志与文笔受到影响，故而在诗词作品中就散发着气势激昂之态。所以以时间维度赏析诗词最能把握时代背景与文脉发展之间的内在律动。

例如唐诗和宋诗，以时间维度而论，前者讲"情趣"，后者说"理趣"，我们分别找出一首诗作举例说明。唐代的李白和宋代的苏轼，他们在不同的时间维度上都去过庐山，并且双双留下了脍炙人口的诗作。李白的《望庐山瀑布》其二："日照香炉生紫烟，遥看瀑布挂前川。飞流直下三千尺，疑是银河落九天。"整首诗以极度夸张的手法，将庐山瀑布的自然雄伟之气，描写刻画得淋漓尽致；"烟""挂""疑"等字眼又使得诗作充满了朦胧与浪漫的色彩。李白望庐山突出一个"情"字，这里的"情"不是儿女私情，是诗人运用比喻、夸张的技法以及朦胧与浪漫的意法所展现的人与自然的和谐之情，是生命个体惊叹大自然的鬼斧神工的敬畏之情。同样是在庐山，苏轼《题西林壁》道："横看成岭侧成峰，远近高低各不同。不识庐山真面目，只缘身在此山中。"苏轼从远近高低不同的角度看到了不一样的庐山面貌，于是他在"岭"与"峰"的变换之中得出了一个普适性的道理——世间万事万物，所处的视角不同就会呈现出不一样的效果与面貌，而这种效果与面貌又会影响人对事物做出的判断。所以苏轼望庐山突出的是"理趣"。

需要注意的是，以时间维度赏读诗词，这里的"时间"是一个大概念，而不是一个小时段。它需要站在文学史的高度来观察每一个历史阶段的文脉变化所带来的文风、文貌以及文理的呈现。

二、以诗人维度赏读诗词

以诗人维度赏读诗词就是以作者的生命个体为原点，理解赏析他所独有的诗词风格，体会感受字里行间所表达的真情实感；并探寻是什么样的人生阅历、家世背景、学识涵养、处世之道等元素铸就了属于诗人的特殊形象与气质。以诗人维度赏读诗词符合孔子"智者知人"的理念，也最能把握"人有其才"与"文如其人"的内在关联。

例如杜甫和王维，后世尊称他们为"诗圣"与"诗佛"。这就是以诗人维度赏读诗词后而得出的结论。所谓"圣"，是站在儒家的角度给予一个人的最高评价。"仁政"是孟子治国之道的核心理念，杜甫承袭了这一思想，所以"致君尧舜上，再使风俗淳"就成了他一生追求的政治抱负。儒家思想铸就了杜甫热衷政治的豪情，虽然他一生在仕途上并不得志，但他时时关注民生疾苦，所以才有"朱门酒肉臭，路有冻死骨"的愤慨。杜甫亦曾对裴虬说："致君尧舜付公等，早据要路思捐躯。"（《暮秋枉裴道州手札，率尔遣兴，寄递呈苏涣侍御》）正是这些充满着儒家情怀的诗句，使他成为中国文学史上政治色彩最浓厚的诗人，同时也奠定了他"诗圣"的地位。

为什么把王维称为"诗佛"呢？因为他的诗篇充满着禅意。王维是唐代开元十九年的科举状元，曾官至吏部郎中，也有过积极的政治理想与抱负；后因政局变动，党派纷争，便对仕途失去了信心，并吃斋念佛、参禅悟道。自此，佛道思想逐渐在他的诗作中缓缓渗溢出来。例如他在《辋川闲居赠裴秀才迪》中写道："寒山转苍翠，秋水日潺湲。倚杖柴门外，临风听暮蝉。渡头余落日，墟里上孤烟。复值接舆醉，狂歌五柳前。"诗作所传达的平淡之气，不仅体现着自然美学意蕴，还充溢着佛道的境界。当然，王维被称为"诗佛"，也和他生活的时代背景有很大的关系。他所处的时代佛教兴起，士大夫们学佛成了一种风尚，一旦官场失意，色空思想、悟道理念等就会在笔下流露出来。

需要注意的是，以诗人维度赏读诗词，需要站在对诗人的整体评价上。换言之，对诗人特殊风格与气质的定位，是建立在诗人所有诗词之上的，而不是对诗人某一首诗作的评价与定性。

三、以意象维度赏读诗词

什么是意象？意象就是人们在接触客观事物之后，根据自己的主体感受，经过思维想象的加工而创作出来的一种文学艺术形象。以意象维度赏读诗词"就是以诗词作品中所表现出来的具体事物为对象，理解诗词作品写作的技巧与手法，理解诗人如何将人、境、物、情等元素协调在一起，从而达到'意与境混'的创作境界"。

在中国古典诗词中，意象表达方式是非常多的。如头顶的那轮明月，初唐时期的张若虚在江边借它感叹道："江畔何人初见月？江月何年初照人？人生代代无穷已，江月年年只相似。"到了盛唐，诗仙李白端着一杯酒，望了望乌云密布的天空，叹息道："青天有月来几时，我今停杯一问之。"因为没有了明月，所以李白心中少了一份下酒的菜，于是把手中的酒放了下来。时间又流淌到了宋代，苏轼因为思念亲人又把这杯酒捧了起来，问道："明月几时有，把酒问青天。"同样是这轮明月，清代的曹雪芹将它写入书中，借史湘云和林黛玉在凹晶馆对诗联句，勾画出了"寒塘渡鹤影，冷月葬花魂"的凄楚。这个时候你会发现，时间、空间、诗人、诗体等元素都在变，而唯独没变的就是诗词中意象指代的客观事物。

需要注意的是，以意象维度赏读诗词，相同的意象并不代表相同的情感表达。意象的准确把握可以帮助我们理解作者所处的自然环境，而情绪、情怀、情愫的呈现是可以千变万化的。例如"酒"这个意象，陶渊明可以抒发"采菊东篱下，悠然见南山"的归隐之情；曹操可以抒发"对酒当歌，人生几何"的现实之态；李清照可以抒发"东篱把酒黄昏后，有暗香盈袖"的思念之感。

对于文学作品而言，原本读无定法，中国古典诗词也是如此。以时间、诗人、意象为维度的"三维读法"也不是三种绝对孤立的阅读方法,而是需要相互融通、切换来赏读诗词。同一首诗从不同的维度上可以看到诗词内涵的不同层面。准确理解诗词的内涵意蕴,用生命激活经典,从而赏析、传承、发展中华优秀文化才是我们真正的目的。

参考文献

[1] 马经义. 高职学生经典诵读能力培养策略与方法研究[J]. 消费导刊, 2018(15).

中国古典小说的"三层读法"

马经义

四川国际标榜职业学院，四川成都，610103

【摘　要】本文以中国古典小说为阅读对象，提出了精读小说故事层、探究小说文化层、感悟小说哲学意蕴层的"三层读法"。分别从小说的文学性解读、文化性探究、哲理性感悟三个方面阐释了"三层读法"的理论依据。为读者多层次阅读与全面认识小说的价值与意义提供了方法参考。

【关键词】古典小说；阅读方法；三层读法

　　小说作为一种文学体裁，有着属于它自己的成长轨迹与脉络。与诗词、散文相较，中国古典小说的发展显得更为曲折而传奇。"小说"这个词最早出现在庄子的《外物》篇中："饰小说以干县令，其于大达亦远矣。"[1]庄子把琐碎浅薄的言论称之为"小说"，意在把"小说"与"大达"的思想进行比较，将二者之间对立起来。当然，庄子口中的"小说"和作为文学体裁的小说是不一样的，然而正是因为有这样一种源头性的言论，使得小说的文学地位始终处于底层。班固在《汉书·艺文志》中将小说列为"十教九流之末"，而且定义小说为："小说家者流，盖出于稗官，街谈巷语，道听途说者之所造也。"[2]正因为小说长期处于被正统主流文化所鄙视的状态，创作小说的作者们为了避免麻烦而将自己的信息有意隐蔽起来。这就导致了后世学者研究中国古典小说却找不到作者的奇怪现象。根据《中国通俗小说总目提要》统计，在唐代至清代的1164部小说中，有作者真实姓名的只有186部，署名别号的606部，没有任何作者信息的372部。

　　在这样一种历史状况之下，有一个问题出现了，小说如此不受正统文化的待见，为什么它的生命力在夹缝中却依旧表现得顽强而坚挺呢？答案其实很简单，那就是普通民众对它喜闻乐见。小说不是需要置于庙堂的圣典，它可以走入寻常百姓之家，在街头巷尾作为谈资笑料的素材。小说超强的可听可读性是它能发展到今天的原始生命力。那么中国古典小说如何读，才能品出其中之味，才能更为准确地抓住小说的价值与意义呢？就此，笔者提出中国古典小说的"三层读法"。

所谓"三层读法",是指精读小说故事层、探究小说文化层、感悟小说哲学意蕴层。精读小说故事层是指读者站在文学作品赏析的角度,以人物、事件、环境为中心,读懂小说的故事情节,了解它的叙事结构与方式,理解其中的环境描写,剖析人物形象与意义等。探究小说文化层是指读者在赏析了小说的文学性层面之后,进而寻找支撑小说故事情节发展、人物形象塑造、环境描写的文化元素,以小说文本为平台和窗口,透视、欣赏其中所蕴藏的中国传统文化,最终理解作者是如何借用固有文化传统服务于小说创作的。感悟小说哲学意蕴层是指读者以作者在小说中所营造的环境、社会、生活空间等以及小说人物的生命轨迹,进行自我审视与反思,让自己的生活感知、人生阅历在故事情节与人物刻画中找到生命的参照,从而有所觉悟与唤醒。

从上面的诠释不难看出,中国古典小说的"三层读法",其实质是让读者在小说文学性解读、文化性探究、哲理性感悟等多个层面进行有效的阅读叠加。这三个层次是依次递进的,它既是阅读的步骤与顺序,又是解析古典小说价值与意义的路径,更是融通文化、文学与阅读主体三者之间的助推剂。对于中国古典小说三层读法的提出,其理论依据何在?前面一些文章有所简述,这里我们逐一分层解析。

一、为什么要精读小说故事层

要回答这个问题,我们首先来理一理小说的发展历程。比较起中国古典诗词和散文,小说作为文学作品其发展也是很早的,但是成熟却要晚得多。小说起源于先秦两汉时期,虽然彼时小说不登大雅之堂,但是主流社会毕竟承认了"小说家"的存在,而且将其纳入诸子百家的行列,只不过排在最末而已。到了魏晋南北朝,因为近百年的动乱,使得整个社会意识形态混乱,没有统一的思想,然而就是在这样的境况之下,小说却迎来了它的发展。诸如神话、寓言、散文、诗词等文学内容逐渐成为小说创作的素材,志人和志怪小说出现了。到了唐代,撰写奇闻轶事的文学作品陆续出现,因为故事富有传奇色彩而被称为"传奇"。它的形式以文言短篇为主,因为有了较为完整的故事情节、细腻的人物刻画、曲折的情节铺陈、详细的环境描写、虚构的艺术形式等特点,这标志着小说作为一种正式的文学体裁逐渐走向了成熟。到了宋代,随着"说话"艺术的兴起,原本用于说话艺人备忘或者传承的"话本",经过文人的改良成了具有"话本"色彩的短篇小说。又因为"说话"艺术主要的服务对象是市民大众,为了他们能听懂,便采用以口语为主的表达形式,所以白话小说就此诞生。从元代开始,小说的撰写长度有了明显的变化,从短篇开始向长篇章回体转变。到了明清时期,小说开始蓬勃发展,《三国演义》《水浒传》《儒林外史》《聊斋志异》等一大批优秀小说陆续出现,至《红楼梦》问世便成就了中国古典小说的巅峰。

在中国小说发展史上,这些优秀的具有代表性的小说,都有一个共性,它们之所以经典是因为其中有一大批栩栩如生的人物形象,有起伏跌宕、引人入胜的故事情节,有详细而真实的环境描写。换句话说,书中人物、情节、环境的经典成就了小说的经典。后来学界定义小说为:"是以刻画人物形象为中心,通过完整的故事情节和环境描写来反映社会生活的文学体裁。"[3]这就注定了小说的可读性。也正因为如此,精读小说故事层就是从文学性的角度切入,从而获得小说的价值与意义。另外,小说的发展与经史子集的发展构成了两条线,它们在形式上似乎永不相交,但当读书人在正统文化中失意或有所看破的情况下,往往会被小说的文学性所吸引,进而投身小说的创作。于是小说服务的对象就从普通民众延伸到了仕途中郁郁不得志的文人群体。这群文人不仅借小说消遣娱乐,还要抒写内心的积愤,这样一来又赋予了小说更为宽广的内涵与可读性。其后随着印刷术的普及,小说以其超强的故事性成了人们竞相追捧的商品,并广泛流传。所以从这个角度看,精读小说故事层契合了小说可读性的原始意义。

二、为什么要探究小说文化层

任何一部小说的诞生都离不开孕育它的文化背景与时代背景,在不同文化与社会环境下诞生的小说一定会有时代烙印。如魏晋时期的志怪小说,其佛教道义的色彩非常浓厚。为什么会这样?缘于当时社会上各种宗教思想与活动的盛行。动乱频仍,民不聊生,老百姓只有通过祈求神灵而得到一些心理安慰。所以在这种时代背景下,作为魏晋时期的志怪小说必会刻录上那个时期的文化现象。正是因为小说文本与社会文化之间有着相互折射的内在联系,所以借小说探究中国文化就成了阅读古典小说的核心层。

经典名著与一般小说之间的差异不仅体现在人物刻画与故事情节的建构上,还表现在读者通过小说能看到何种文化基因的浸润以及中国传统文化的广度与深度。例如《西游记》,它以神话故事吸引万千读者。通过《西游记》我们不仅能看到降妖除魔的孙悟空、救苦救难的观音菩萨等文学形象，还能透过文本看到中国民间的真实信仰，了解中国民俗形态。《水浒传》是一本写实性的小说，阅读它不仅能够看到一百单八将的忠义之心，还能透过文本了解元末明初的市井江湖与民俗风情。《红楼梦》是中国古典小说的巅峰，更是中国传统文化的结晶，阅读它不仅仅是明晓贾史王薛的兴衰历史、宝黛爱情的曲折、金陵十二钗的悲剧命运，更是了解中国传统社会的百科全书。所以，探究小说文化层并以此了解传统人文知识是中国古典小说给予我们最大的文化性意义。

三、为什么要感悟小说哲学意蕴层

要回答这个问题，需要理清文化、文学与人之间的关系。对于文化的概念可谓众说纷纭，但有一点是统一的，即文化不是自然生成的，而是人有意识的创造。自然与文化之间是并存的关系，前者是天然生成，后者是人为制造，所以往简单了说，文化就是"人的存在"。人是文化的创造者，文化往往会在一些实物上体现出来，所以大多数情况下文化是看得见摸得着的。什么是文学呢？如果说文化是一种物质形态，那么文学更多的就是一种精神形态，它满足人类的一种精神需要。可以看出，无论是文化还是文学，它们的核心主体都是"人"。一本经典小说的问世，是一个"人"有意识地将现实世界中的各种"文化"融汇自己的思想与认知并编织起来形成的，这就构成了作家与作品之间的关系。对于一本经典小说的传播，也是一个"人"有意识地在作品中品味大千世界，从而接受小说文本思想并有所感悟，这就构成了读者与作品之间的关系。感悟小说哲学意蕴就是读者通过小说文本与作者之间产生心灵的共振，以小说中的虚幻世界作为参照系对现实世界进行哲思，最终达到一种了然与觉悟。用西方的文学理论来说，感悟小说哲学意蕴层就是一个"接受学"的过程，这个过程搭建起了作者、作品、读者之间的心灵桥梁，只有如此才能更大意义地彰显经典小说对人的价值。

参考文献

[1] 张庆利. 庄子[M]. 北京：崇文书局，2007: 35.
[2] 陈国庆. 汉书艺文志注释汇编[M]. 北京：中华书局，1983: 52.
[3] 百度百科"小说"词条：https://baike.baidu.com/item/%E5%B0%8F%E8%AF%B4/45851?fr=aladdin.

中国古典散文的"三境读法"

马经义

四川国际标榜职业学院,四川成都,610103

【摘　要】本文以散文的概念与形象性问题为切入点,将其分别与小说、诗词、戏剧进行比较从而梳理它的本质与特点;其次以古代散文的内容与形式为分类基础,从理论上提出了"读环境、读心境、读文境"的三境读法;最后以具体的作品分析进一步论证了"三境读法"对中国古典散文赏析的可操作性。

【关键词】中国文学;古典散文;三境读法

在中国文学史上,散文是数量最多、发展历史最长、内容涉及面最广的一种文学体裁。其以"形散而神不散"的特有气质,记录着先贤的智慧,刻画着大自然的鬼斧神工,反映着历史的兴衰际遇,折射着大千世界与人生百态,编织着华夏文明的辉煌,延绵着中华文明的精神与脉动,故此它和诗词一道位列中国古代文学的"正宗"。中国古典散文如何读?要回答这个问题,首先需要理清一个概念:什么是散文?

散文这个词对于我们来说并不陌生,但散文这个概念的形成却比较晚。在中国古代,"散文"一词最早出现在北宋时期,它的提出虽然是从文学的角度,但是和现代散文的概念并不一样。散文的出现是相对于骈文而言的,骈文讲究字句对仗工整,声律铿锵,用典精准;而散文字句参差,以单行散句为主,不讲究对偶韵律。不难看出,在中国文学史上,散文的最早提出主要是针对文句的表达形式而言的。随着时代的发展,到了"五四"新文化运动时期,散文开始流行,然而对它的定义依旧没有统一的说法。朱自清先生在《什么是"散文"》中就曾感慨:"很难说得恰到好处,因为它实在太复杂,凭你怎么说,总难免顾此失彼,不实不尽。"[1]后来文学界有了一个约定俗成的看法,把不讲究字句对仗、不重排偶、不押韵的一切散体文章都纳入散文的范畴。这种划分当然是笼统而广义的,它对于我们认识散文依旧没有深入到核心层面。看来从定义概念上诠释散文不大行得通，那么可以更换另一种方法——从文学体裁相比较的角度切入。

按照体裁，文学作品一般分为诗词、散文、小说、戏剧四个大类。首先，我们把诗词与散文做一个区分。中国古典诗词是严格按照韵律来进行创作的文学作品，所以它的句式整齐，读起来声律节奏感强；散文显然不具备这样的文学特征，所以中国文学中诗词曲赋等一切以韵律为基础写成的文学作品，都应被排除在散文之外。其次，小说和散文有什么区别呢？从中国文学作品分类来看，小说历来都不和诗词、散文同集，无论是文言小说还是白话小说，都被列入子部，这是中国文学最根深蒂固的认识。从实质上看，小说和散文的区别其实主要体现在内容的真实性上：无论我们怎么强调"艺术来源于生活"，小说都是虚构的，这一点无可置疑；而散文的内容多以实录为基础，是以真实性为原则进行创作的。另外，从规模上比较，小说的篇幅要远远大于散文的篇幅。最后再看戏剧与散文的区别。戏剧作为文学概念，主要是指为了戏剧表演而专门撰写的演出剧本，包含人物语言、舞台动作、环境描写、音乐配置等要素，其主要目的是叙事。戏剧最擅长的是活动的再现、场景的渲染以及情绪的表达，最缺乏的是"发表议论"；而散文的长项就是"发表议论"，只要作者心有所感、日有所思，就能通过散文表达出来。

经过上述一番对比，散文的轮廓明显显现：它是以实录为基础，力求在"实用基础上求审美，以审美促进实用"[2]，宜于发表议论又不拘泥于韵律、对仗等表达形式，且文字精练简洁、篇幅不大的文学作品。我们常说散文的特点是"形散而神不散"，"形散"指它不局限于固定的格式，表达自由活泼；"神不散"指它可以集中记叙、议论，指向明确，有章可循，有法可依。须指出的是，上面所定义的散文的概念适合于所有阶段与时期的散文，那么中国古典散文该如何读呢？对此，笔者提出一个读环境、读心境、读文境的"三境读法"。

中国古典散文从内容和形式上看，有记叙散文和游记散文之分：记叙散文主要是对人物、事件、社会活动以及生活百态等方面的描写，所以记人记事就成了记叙散文的主要内容；游记散文主要是对自然山川、秀丽风景、园林建筑等方面的描写，所以写景状物就成了游记散文的主要内容。在"三境读法"中，所谓"读环境"就是读这两类散文中的自然环境、生活环境、社会环境以及人所处的历史环境。中国古典散文除了记叙与游记这两类之外，还有抒情散文与议论散文之分：抒情散文是作者借助某一事或某一物抒发自己的情感；议论散文是作者借助某一事物进行自我思想、理论、观点的阐述。不难看出，无论是抒情散文，还是议论散文，都发自于作者的内心感受与思考，所以"三境读法"中的"读心境"就是读懂并理解作者的心绪、情感与哲思。无论我们对散文如何归类划分，有一点是殊途同归的，那就是记人记事、写景状物、抒情言志、说理论道都要用"形散而神不散"的文字表达出来，编织成一篇篇散而有序的文章。所以"三境读法"中的"读文境"就是细品散文的字法、句法、文法，赏析作者如何将人、境、物、思、论等元素糅合成一篇美文。

"三境读法"的提出是基于散文内容与形式的分类，但有一点需要注意，对于散文的分类是一个相对的概念。也就是说，无论是记人记事还是状物写景，也不论是抒情言志还是阐发理论，在实际的散文作品中往往不是完全独立或单一存在的，而是相互渗透的。正所谓记叙中有抒情，言志中有议论。所以中国古典散文的"三境读法"往往会在一篇文章中同时运用读环境、读心境、读文境。

中国古典散文发展到唐宋时期达到了一个高峰，特别是北宋古文运动促进了散文的高度繁荣，欧阳修便是其中最具代表性的人物之一，他的成就用苏轼的话说就是："欧阳子，今之韩愈也。"从文学史的角度看，欧阳修的成就甚至超过了韩愈。欧阳修的散文从内容上看，记叙类、议论类、抒情类都有涉猎，他的《醉翁亭记》便是记叙类散文的典范之作。下面我们用"三境读法"对《醉翁亭记》作简单赏析。

（1）读《醉翁亭记》的"环境"。前已述及，读环境主要是读散文中的自然环境以及作者所处的生活环境、社会环境以及历史环境。《醉翁亭记》中所描写的自然环境是非常优美的，开篇"环滁皆山也"五个字极其简洁而清楚地将滁州群山介绍了出来。整篇游记描写的是作者带着众人游山玩水的情景，充满着与民同乐的情感，彰显着人与自然和谐相处的氛围。这一份自然环境体现着人与人、人与世间万物的亲和。那么这篇游记又是在怎样的社会与历史环境中写成的呢？欧阳修是在他四十岁的时候创作了《醉翁亭记》，这个时间正是他被贬官到滁州的时候。从历史环境来看，虽然宋代的政治、经济、文化不能和汉唐相比，但对文人的重视程度却非常高，国家的很多政策里都有优待文士的规定。如文官获罪，一般都只是贬官，少有动辄杀头的事例。文人学子只要通过科举考试，在仕途上的升迁速度是很快的，而且工资俸禄十分优厚。所以在宋代文学史上，少有散文家在作品中表达生活困顿或怀才不遇的，且宋代文化思想也比较宽和，儒释道等多家思想融会贯通。正是因为有这样一种社会与历史的环境，使得像欧阳修这样的文人对政治、军事、国事的议论大胆而直白。所以在《醉翁亭记》中，我们可以清晰地看到作者因为自然环境而引发的感叹，以及抒发感叹中的议论。

（2）读《醉翁亭记》的"心境"。"心境"是作者通过散文表达出来的一种态度。我们知道，欧阳修是被贬到滁州的，对于常人而言，此时的失落之感是在所难免的，然而在整篇文章中却看不到欧阳修人生失意的低落，反而彰显着他豁达、乐观、随遇而安的心境情怀。这种心境与当时朝廷优待文士有关，也与欧阳修的文学个性有关。欧阳修历来主张"慎勿作戚戚之文"，所以欧阳修在滁州期间的其他几篇散文如《丰乐亭记》《偃虹堤记》等，都没有"戚戚之文"。

（3）读《醉翁亭记》的"文境"。《醉翁亭记》在写作技法上，最大的一个亮点就是"境我交融"，作者把自己放到山水景物之中加以刻画与塑造。这种创作方式在历来的散文游记中是比较少见的，所以当文章最后的画面定格在太守与民同乐的时候，是以作者的真实身份来做文章的结束。在"文境"上，《醉翁亭记》还有一个特点，那就是大量运用"也"这个虚词，全文有21处。这种"字法"使得整篇文章读起来舒缓淡然，富有一唱三叹的音乐感。多用虚词也成了欧阳修散文的一大风格，这种风格从文脉传承上看，是他继承发扬了包括《孙子兵法》《易传》等著作的写作技法。

"三境读法"是针对中国古典散文而提出的一种阅读方式，也是赏析散文的层次与步骤。需要注意的是，任何一种读法的提出，都是技巧性的，而方法的最终目的是更好更全面地赏析文学作品。

参考文献

[1] 萧华荣. 中国散文史话[M]. 北京：中国国际广播出版社，2010: 89.
[2] 谭家健. 中国散文史纲要[M]. 太原：山西教育出版社，2011: 51.

《红楼梦》课程建设与实施现状研究

马经义

四川国际标榜职业学院，四川成都，610103

【摘　要】《红楼梦》课程的开发与建设是红学研究惠及民众最有效的方法之一。职业高等教育与普通高等教育是两种不同教育类型，具有同等重要的地位。且从数量上看，高职高专院校占据了我国高等教育的半壁江山，其重要性不言而喻。然而高职院校《红楼梦》课程建设与实施呈现出教学目标笼统、内容零散以及教学方法单一、资源缺乏的现实状态。

【关键词】红楼梦；高职院校；课程建设；实施现状

如果我们将1924年《红楼梦》被编入教科书看成《红楼梦》课程研究的原点的话，到如今《红楼梦》课程建设已有百年的历史。随着社会与科技的发展，教育信息化出现，"互联网＋教育"、线上线下混合式教学、翻转课堂等教学模式相继出现，《红楼梦》的教学方式与传播途径也随之发生了翻天覆地的变化。在回归本源文化、树立文化自信的大背景下，《红楼梦》作为人文类通识课程，在普通高校得到了较为深入而系统的研究，因此诞生了多门国家级、省级《红楼梦》慕课以及精品在线开放课程。当然，任何一种学问的探索与研究，都不可能一蹴而就，红学与教育学的嫁接之路亦是如此。就现有的《红楼梦》课程建设与教学实施而言，主要有五大特点：

一、从教学对象上看

主要集中在初高中和大学本科两个层面，面向高职学生的《红楼梦》课程较少。

《红楼梦》为什么集中在初高中和大学本科两个层面呢？首先对于中学阶段的语文教学而言，不同版本的教材，历来都有《红楼梦》的章回节选进入课本。从 2016 年起，全国统编的小学、初中《语文》教材也将《红楼梦》的节选纳入其中。2017 年北京市将《红楼梦》纳入高考必考书目。2019 年全国统编高中语文教材将《红楼梦》纳入"整本书阅读"范畴。2022 年《红楼梦》作为高考作文题材进入全国语文甲卷。正因为如此，广大中学生就成了《红楼梦》课程的授课对象。

其次，对于高校人文素质教育而言，中共中央办公厅、国务院办公厅曾在 2017 年 8 月印发了《关于实施中华优秀传统文化传承发展工程的意见》，其中明确指出要"推动高校开设中华优秀传统文化必修课，在哲学社会科学及相关学科专业和课程中增加中华优秀传统文化的内容"。2019 年，教育部联合科技部等国家 13 部委启动了"六卓越一拔尖"计划 2.0，全面启动信息技术下多学科融合的"新文科"建设。这使得国内多所本科院校将《红楼梦》开发成通识课而面向学生开放，所以本科生成了《红楼梦》课程的第二大授课对象。

面向高职学生的《红楼梦》课程为什么较少呢？首先是因为高等职业教育是以培养技术技能型人才为主，人文素质教育在高职教育中成了短板。其次，除了国家要求开设的公共基础课程以外，绝大多数的高职院校都将精力放在了专业技能课程建设上，这就使得通识类的人文课程开发受到了很大的局限。再加之高职学制是三年，其中只有两年半在校学习，在专业课程较多的情况下，能留给《红楼梦》这样的特色人文课程学习的时间就非常有限了。

二、从教学目标上看

《红楼梦》课程的教学目标处在一个动态变化的过程中，其主要集中在提升学生的人文素养以及拓展人文知识上。

基础教育阶段的《红楼梦》课程，在不同的时期有着不同的教学目标。例如 20 世纪 80 年代，中小学语文教育强调思想政治功能，所以《葫芦僧判断葫芦案》就被编入了初中语文课本，其教学目标便落在了思想政治上。90 年代，语文教育强调语言的工具性，所以《红楼梦》课程就以掌握语文的基本知识、基础技能为教学目标。到了 21 世纪，语文教育的工具性逐渐弱化，所以此时的《红楼梦》课程目标便转向为提升人文素养、增强人文底蕴。

高等教育阶段的《红楼梦》课程，其教学目标也是一个动态变化的过程。本科院校的《红楼梦》课程，早期多面向文学专业的学生，所以此时的教学目标多以文学评论、学术研究的技能达成为主。党的十八大以来，在中华文化全面复兴的大背景下，高校自然肩负起传承与弘扬中华优秀传统文化的使命，所以高校面向各专业学生，纷纷开设人文通识课程，《红楼梦》课程位列其中，其教学目标也从原来的文学鉴赏转变为拓宽人文知识面与提升人文综合素养的普适性上。

高职院校因为开设《红楼梦》课程较少，虽有零星课程，其形式多以单次讲座为主，内容不成体系，知识涉猎也较为有限，虽然《红楼梦》讲座也旨在提升人文素养，但是教学目标呈现笼统而零散的状态。

三、从教学内容上看

《红楼梦》课程的教学内容主要从三个维度进行选取，分别是章回维度、人物维度、文化维度。

所谓章回维度是指《红楼梦》课程内容以经典章回为选择对象；所谓人物维度是指课程内容以红楼典型人物为选择对象；所谓文化维度是指课程以不同的文化主题为切入点进而选择内容。

基础教育阶段的《红楼梦》课程，其内容基本上采用的是章回维度。例如高中语文课本的《林黛玉进贾府》节选自《红楼梦》第三回，初中语文课本的《香菱学诗》节选自《红楼梦》第四十八回等。

高等教育阶段，本科院校的《红楼梦》课程，因面对的是不同专业的学生，所以内容选择囊括了多个维度。例如：中央民族大学曹立波教授的《〈红楼梦〉经典章回评讲》属于章回维度。中国传媒大学李汇群副教授的《〈红楼梦〉与中国文化导论》属于文化维度，该课程内容"设置了《红楼梦》的女性文化、诗歌文化、戏曲文化、影视文化、绘画文化、服饰文化、饮食文化、茶文化、酒文化等多个专题"。北京大学开设了《伟大的〈红楼梦〉》课程，这是一门聚集了国内众多红学家为主讲的在线开放课程，其内容选择综合了章回、人物、文化三个维度，例如张庆善先生的《王熙凤形象赏析》、顾春芳教授的《红楼梦与戏曲传奇》等等。三个维度的内容选择，使得本科院校的《红楼梦》课程呈现出人物解析、文本鉴赏、专题解读的三种性质。

高职院校的《红楼梦》课程，起步较晚，数量不多，但在零星的《红楼梦》课程开发个案中，有个较好的趋势，那就是内容的选取与设计比较系统。例如四川国际标榜职业学院建设的《红楼梦与中国传统文化》课程，在内容选取上采用的是"章回＋文化"的维度。比如《〈红楼梦〉与中国服饰文化》，首先节选《红楼梦》第三回"宝黛初会"这个片段作为阅读文本；然后按照"服饰文化"这个切入点分析贾宝玉出场的两次服饰描写，进而让学生在读懂红楼文本的前提下拓展认知中国服饰文化。再如毕节医学高等专科学校在大美育背景下开设了《〈红楼梦〉欣赏》课程。该课程"以《红楼梦》之美为经，以《红楼梦》文化、文学故事为纬"，其中设置了《红楼梦》的悲剧之美、生活之美、艺术之美等内容，进而落实学生的美学教育。

四、从教学方法上看

《红楼梦》课程主要采取的是学科体系下的传统讲授式。

基础教育阶段的《红楼梦》课程，因其受到"应试"的影响，要让学生对某一知识有系统化的认识，"讲授"自然是主要的授课方式。在《红楼梦》课程实施过程中虽然增加了"师生、生生之间的交流、合作，要求学生搜集素材，根据个人的兴趣，写人物评论"等环节，但是这不过是对教师讲授之后的学习补充而已，并没有改变"讲授式教学"的实质。

高等教育阶段，本科院校的《红楼梦》课程，学科体系下的讲授式教学尤为突出也最为明显。2002年南京大学苗怀明教授率先开设《红楼梦》研究课程，在多年的教学实践中"授课方式由原来的讲授为主变成讲授、讨论并重"，以此增加学生的参与度。课程中的"花式作业"极具特色，例如"论证《红楼梦》是自己所写"，这些看似荒诞的论题，其目的在于训练学生对学术问题的辨别与判断能力。从课程的教学方法上看，苗教授采用的显然是学科体系下的讲授式。虽然在"互联网+"的信息化背景下，很多院校采取了线上线下的混合式教学，但其本质依旧属于"讲授模式"。例如"实体课堂讲授+MOOC视频资源插入""MOOC线上学习+实体课堂讨论"等，虽然利用了信息化资源，改变了教学的组织形式，但无论MOOC也好还是实体课堂也罢，采用的都是"传统讲授"。当然，为了提升学生的积极性与参与度，本科院校《红楼梦》课程的教学方法也在进行试探性的改变，如引导学生实地探访曹雪芹故居，体验《红楼梦》中所涉及的北京生活细节等等，但这样的探访与体验受时间与空间的局限，实施起来并不容易。

高职院校的《红楼梦》课程属于第二课堂性质的居多，所以依旧是以传统讲授为主。它区别于本科院校的地方在于，高职院校的《红楼梦》课程讲授不以学科体系为脉络，换句话说，无论是文化解读还是文本赏析，都会避开红学研究的学术层面。这样做的原因是高职学情所决定的。

五、从教学资源层面上看

《红楼梦》课程资源主要集中在视频资源上。

课程资源建设原本是一个广泛的概念，课程资源的种类也非常多，例如教材资源、文献资源、试题资源、影视资源等。《红楼梦》课程资源的产生主要集中在本科院校，以视频讲授资源为主。高职院校因人力资源有限、经费投入不足，所以《红楼梦》课程资源就难以和本科院校相提并论。

为什么《红楼梦》课程资源多产生于本科院校呢？原因主要有两点：第一，能建设《红楼梦》课程资源的红学专家绝大多数集中在本科院校，这就为资源建设提供了人力保障；第二，源于2013年慕课在我国本科院校的兴起，教育部分别在2018、2019年评定了1291门国家级精品慕课，[10]这就催生了一批精品课程资源的诞生，《红楼梦》的视频课程资源就是在这样一个时代背景下大量产生的。就现有的《红楼梦》课程资源而言，主要有三大特点：一是这些资源的建设面向的是本科院校的学生，为高职院校学生量身打造的资源极少；二是视频课程单集时间较长，多以45分钟为标准；三是视频课程的后期制作比较单一，多以课堂式或讲座式呈现。

从前面的《红楼梦》课程建设与实施现状可以看出，基础教育阶段的《红楼梦》课程因为被纳入"应试"的需求，所以备受关注。相关的《红楼梦》课程，无论是教学设计还是课堂教学，红学专家与一线的专任教师都在积极地探索中。《红楼梦》课程建设最系统、实施效果最显著、教学成果最丰硕的是本科院校。对于高职院校而言，《红楼梦》课程的系统开发还处于待开垦状态。无论是课程理论、教学目标、教学内容、教学方法、教学评价等方面的研究，都近乎空白。这对于红学与教育学的融通之路而言，既是一种遗憾也是一种机遇。

参考文献

[1] 杨锦辉. 中学语文《红楼梦》"整本书阅读"五人谈[J]. 曹雪芹研究，2020(4).

[2] 马经义.《红楼梦》作为高校人文素质课程建设探究[J]. 普洱学院学报，2021(1).

[3] 张俊宗. 新文科：四个维度的解读[J]. 西北师大学报（社会科学版），2019(5).

[4] 李汇群. 新文科背景下《红楼梦》课程建设的思考与实践[J]. 曹雪芹研究，2020(4).

[5] 马经义. 红楼梦与中国传统文化[M]. 北京：电子工业出版社，2020: 66.

[6] 李全星，王伟. 大美育背景下《红楼梦》欣赏课程设计研究[J]. 名作欣赏，2022(5).

[7] 徐理群.《品读"红楼"》校本课程开发和实施方案[J]. 湖州师范学院学报，2015(5).

[8] 苗怀明. 南京大学的红学课[M]. 南京：南京大学出版社，2020: 2.

[9] 曹立波，郝林芳.《红楼梦》导读课堂与慕课相结合的互补型教学范式探究[J]. 曹雪芹研究，2020(4).

[10] 马经义.《红楼梦》人文素质课程研究[M]. 北京：知识产权出版社，2021: 109.

高职院校《红楼梦》课程建设路径与方法研究

马经义

四川国际标榜职业学院,四川成都,610103

【摘　要】本文提出了高职院校《红楼梦》课程建设的路径与方法：第一、依据国家要求，对标专业人才培养方案，确定教学目标。第二、基于行动体系，以"通晓中国文化，融通不同专业"为理念，组合优化教学内容。第三、围绕教学目标，精准学情分析，优化教学策略，形成"一心、两通、三读、四教、五学、六有"的《红楼梦》课程范式。第四、线上线下结合，多元多维并举，建立《红楼梦》课程教学评价体系。第五、视频音频共建共享，课前课后联动使用，开发"三层三阶"《红楼梦》教学资源。从而为高职院校人文素质培养提供课程建设的新范式。

【关键词】红楼梦；高职院校；课程建设；路径方法

《红楼梦》是中国古典文学与传统文化最成熟的形态，这为红学研究奠定了深厚而牢固的基础。纵观近 270 年的学术历程，《红楼梦》研究有着极强的学科切入能力以及与不同领域的融合能力，所以红学研究早已超出小说研究的范畴，而横跨哲学、史学、美学、医学等多个学科门类，这已然成了红学研究的一大特点。1924 年，《红楼梦》首次出现在由吴研因等人编写的《新学制国语教科书》中，进而拉开了"红学与教育学"的融通之路。

从宏观上讲，一门课程的建设一般从教学目标、教学内容、教学方法、教学评价、教学资源等五个维度展开，高职院校《红楼梦》课程的建设亦是如此。

一、依据国家要求，对标人培方案，确定教学目标

一门课的教学目标是基于隶属于所在专业人才培养总目标而言的。支

撑专业人才培养总目标的达成是课程体系。一个专业的课程体系一般分为四阶：公共基础课，专业基础课，专业核心课，专业拓展课。在这个课程体系模式中，每一门课的教学目标都是专业人才培养总目标的分解，换言之，课程体系中的每一门课都在支撑总目标的达成。

针对高职院校的《红楼梦》课程，其课程性质应属于公共基础课。那么《红楼梦》课程的教学目标该如何确定呢？回答这个问题，要从两个层面考虑。一是国家对专业的要求。任何一个高职专业，培养的都是"德智体美劳全面发展的高素质技能型人才"，虽然"技能"会因专业不同而千差万别，但"高素质"与"德智体美劳全面发展"是一致的。二是专业人才培养方案中对人文素质教育的基本要求。人文素质教育具有普适性，换句话说，任何一个高职专业，它所培养的人文素质目标是一致的，"为党育人，为国育才"的核心思想一成不变。人文素质教育绝不是高职教育的一个"补充"，而是其不可或缺的有机组成部分，"人文素质教育乃大学教育之魂"。

基于国家要求和人才培养方案两个层面，《红楼梦》课程的教学目标从知识、能力、素质、思政四个维度确定。知识目标为：了解红楼文本故事、语言风格和叙事特点；理解红楼典型人物的艺术特点和思想内涵；掌握红楼文本中所涵盖的中国传统文化。能力目标为：能够运用合适的方法阅读红楼文本，并通过相关文献的查找与阅读分析评论红楼人物、事件与情节，最终能通过文字或语言将其表述出来。素质目标为：养成阅读经典名著的习惯以及独立思考与判断的意识。思政目标为：通过《红楼梦》的阅读与学习，在透视、欣赏中国传统文化的基础上树立文化自信，进而担当起弘扬与传承中华优秀传统文化的使命。

需要注意的是，高职院校《红楼梦》课程属于人文素质类的公共基础课程，不是培养文学家、红学家的专业课程，其课程的主旨思想是以《红楼梦》为载体，培养高职学生阅读、思考、表达的三大核心能力。所以课程的四维目标皆是以三大核心能力的培养而展开的。

二、通晓中国文化，融通不同专业，组合教学内容

一门课的内容设置，从宏观层面而言，有两种体系：一是基于知识储备的学科体系；二是基于知识应用的行动体系。对于本科院校而言，多以学科体系序化教学内容，它的主要特点是以某种理论的发展历史为脉络，

从定义、范畴、结构、方法、意义等方面进行授课。对于高职院校而言，多以行动体系序化教学内容，它的主要特点是以某种工具的发展历史为脉络，从对象、内容、方法、组织等方面进行授课。

对于高职院校的《红楼梦》课程，主要采用行动体系，以"通晓文化、融通专业"的思路序化教学内容。所谓"通晓文化"就是让学生在学习《红楼梦》课程的过程中认知传统文化。所谓"融通专业"就是根据不同专业的学生，选择和他们专业相关的红楼文本内容进而认知与专业相关的中国文化。例如服装设计专业的学生，为他们开设的《红楼梦》课程其内容主要聚焦在红楼人物服饰部分。从章回节选层面上看，可以选择第三回王熙凤、贾宝玉出场的服饰描写情节。从整本书阅读层面上看，可以归纳梳理红楼服饰的相关信息，让学生在阅读、理解《红楼梦》的基础上赏析中国传统服饰文化。

需要注意的是，在"行动体系"思路下组合起来的课程内容，其内容本身只是一个载体，它的目标是指向"应用"，也就是前面提到的课程能力目标。换句话说，基于行动体系，在"通晓文化、融通专业"思路下构建起来的《红楼梦》课程，主要目标不在于"内容"本身，而是通过这些内容的学习，达到学生能阅读、思考和表达的能力。

三、围绕教学目标，精准学情分析，优化教学策略

对于一门课程，明确了教学目标，确定了教学内容之后，如何才能实现教学目标的达成呢？需要分两步走，第一步是学情分析，这是实现教学目标的原点。如何分析学情？对于高职院校的学生而言，一般从四个维度展开：知识基础、实践能力、学习特点、生源结构。第二步基于学情，优化教学策略，形成一套可运行、可实施的教学范式。

教学策略的设计，没有对错之分，只有适合与不适合之别。教学策略的最终形态可以是千变万化的，然而构成教学策略的八大要素相对固定。这八大要素分别为：教学理念、教学模式、教学方法、教学手段、时间维度、教师活动、学生活动、教学内容。需要注意的是，教学理念、模式、方法是一个相对的概念。例如"以学生为中心"这是教学理念，最能体现"以学生为中心"的教学模式有"基于工作过程""行动导向"等。具体的教学模式对应相匹配的教学方法，例如"行动导向"教学模式下就有"项目教学""引导课文教学"等典型方法。对于高职院校的《红楼梦》课程，

我们应秉持"以学生为中心"的教学理念,采用高职院校广泛使用的"行动导向"教学模式,以"项目教学""引导课文教学""线上线下混合式教学"等为主要方法,进而形成以学生为主、教师为辅的授课形式,最终实现教学目标。

针对教学目标,基于学情分析,以教学策略的八大要素为经纬,我们可以建构"一心、两通、三读、四教、五学、六有"的《红楼梦》课程教学范式(图1)。

	《红楼梦》课程范式:一心、两通、三读、四教、五学、六有		
两通 通晓文化 融通专业 选择教学内容	红楼梦与中国服饰文化 红楼梦与中国建筑文化 红楼梦与中国园林文化 红楼梦与中国儒家文化 红楼梦与中国礼仪文化 红楼梦与中国民俗文化 红楼梦与中国医药文化 红楼梦与中国家具文化 红楼梦与中国佛道文化 红楼梦与中国饮食文化 红楼梦与中国经济管理 红楼梦与中国科举文化	教学目标 一心 提升三大核心能力·阅读思考表达	读红楼故事 读中国文化 读哲学意蕴	三层读法
			项目教学法 引导课文教学法 角色扮演法 线上线下混合式教学法	四类教法
			任务导学 自主探学 合作研学 展示讲学 课后拓学	五种学法
六有:育人有思政、教学有手段、学习有方法、个性有发展、质量有评价、课堂有理趣				

图1 《红楼梦》课程范式图

"一心"是指教学目标以学生的阅读、思考、表达三大核心能力提升为中心。"两通"是指教学内容的选择在通晓中国传统文化的基础上,融通学生所学的专业。"三读"是指适合于高职学生阅读《红楼梦》的三层读法:读红楼故事、读中国文化、读哲学意蕴。"四教"是指教师教授《红楼梦》课程主要选择的四种方法:项目教学法、引导课文教学法、角色扮演法、线上线下混合式教学法。"五学"是指学生在进入《红楼梦》课程之后,接收到的五种学法:任务导学、自主探学、合作研学、展示讲学、课后拓学。"六有"是指《红楼梦》课程教学的一种整体观念:育人有思政、教学有手段、学习有方法、个性有发展、质量有评价、课堂有理趣。

四、线上线下结合，多元多维并举，建立教学评价

教学评价是对教学目标达成情况的一个判断。教学评价体系的建构包括四个要素：评价依据、评价主体、评价方式、评价比例。对于高职院校的《红楼梦》课程，评价依据为《红楼梦》课程标准。评价主体是教师、红学专家、学生。评价方式以老师主评、学生互评、专家参评的形式展开。评价比例是过程性评价、结果性评价、增值性评价三者相结合。因为《红楼梦》课程的能力目标是聚焦在学生三大核心能力基础之上的，所以对于阅读能力的考察，可以放在课前，在线上以红楼常识测评为载体。对于思考能力的考察，可以放在课中，以写红楼人物评论为载体。对于表达能力的考察，可以放在课后，在线下以作红楼演讲为载体（图2）。

图 2 《红楼梦》课程教学评价图

五、视听共建共享，课前课后联动，开发教学资源

教学资源是一个广泛的概念，能用于教学目标达成的素材皆可以称之为教学资源。对于《红楼梦》课程而言，因为要实现课前课后联动，线上线下结合，校内校外资源共享，所以教学资源的开发首先要聚焦在课程视频资源上。因为国家对慕课与精品在线开发课程的推广，所以本科院校的《红楼梦》课程视频资源相对比较丰富。针对高职院校开发的《红楼梦》课程视频资源则较为稀缺。

高职院校的《红楼梦》视频课程资源，我们按照"三层三阶"理念进行开发与建设（图3）。

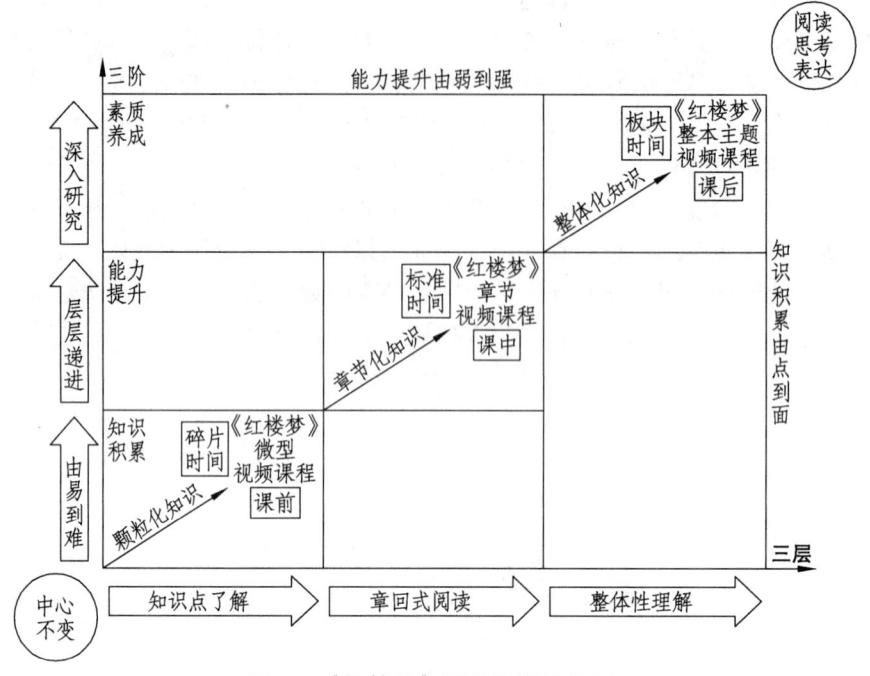

图3 《红楼梦》课程视频资源图

所谓"三层"是指《红楼梦》视频课程的三层形态，即微型视频课、章节视频课、主题视频课。微型视频课是以颗粒化的知识为对象来录制的，也就是说一个微型视频课讲解的是一个知识点，时长大概3分钟。章节视频课，是以《红楼梦》文本的某一个章回节选来录制的，一个章节视频课讲解的是一个相对独立且完整的情节内容，是一个面的知识，时长大概40分钟。主题视频课，是以某一个文化主题为切入点来录制的，一个主题视频课讲解的是整本《红楼梦》在一个文化主题下的内容，时长大概90分钟。

所谓"三阶"是指三层形态的视频课，在使用的过程中构成了三个阶梯。微型视频课对应的是知识点的学习，这是第一阶。章节视频课对应的是知识面的学习，这是第二阶。主题视频课对应的是整本书的学习，这是第三阶。

《红楼梦》"三层三阶"视频资源除了有"层"与"阶"的关系外，在内容上还有"系列"关系。例如"红楼梦与中国服饰文化"这个主题，从微型视频课层面上看，是把《红楼梦》中关于服饰文化罗列出20个知识点来，每一个知识点录制成一个微型视频课，比如红楼服饰的面料、工艺、颜色、纹样等等。从章节视频课层面上看，是选择《红楼梦》第三回"宝黛初会"的情节，以贾宝玉出场的服饰为讲解对象，从贾宝玉的头衣、上衣、腰衣、下衣、足服等方面录制成一个40分钟左右的视频课。从主题视频课层面上看，是以服饰文化为主题，将《红楼梦》整部书中关于服饰文化的内容，按照某一讲解逻辑，录制成90分钟左右的视频课。

《红楼梦》"三层三阶"视频课程在使用的过程中，从时间维度上看，微型视频主要用于课前，以颗粒化的知识对应碎片化的时间。章回视频主要用于课中，实现线上线下混合式教学。主题视频主要用于课后。从教学设计维度看，微型视频课多用于任务导学，章节视频课多用于自主探学，主题视频课多用于课后拓学。从能力维度上看"三层三阶"视频课程，内容从点到面，由易到难，层次递进，最终都指向阅读、思考、表达三大核心能力的形成。

在红学研究赫赫扬扬的两百多年间，丰富的是学术观点，稀缺的是惠及民众的理念。高职院校《红楼梦》课程建设旨在探寻红学惠及民众的路径与方法。无论成功与失败，它都可以建立一个坐标系——Y轴指向红学研究的深入，X轴指向《红楼梦》课程的普及。

参考文献

[1] 张心科. 《红楼梦》与百年中国语文教育[M]. 上海：华东师范大学出版社，2019: 1.

[2] 王文奎，宋振航，王玥. 复杂性视角下中国大学人文素质教育创新研究[M]. 北京：中国社会科学出版社，2018: 236.

[3] 马经义. 论《红楼梦》的"三层读法"[J]. 青年文学家，2016(10).

[4] 马经义. 《红楼梦》"三层三阶"视频课程建设研究[J]. 大观·论坛，2021(4).

《红楼梦》"三层三阶"视频课程建设研究

马经义

四川国际标榜职业学院，四川成都，610103

【摘　要】《红楼梦》视频课程是推动红学发展、普及红楼文化最有效的方式之一。基于当下网络技术的发展和学习者对视频课程的需求状况，《红楼梦》视频课程以"三层"即微型视频课、章节视频课、整本主题视频课进行建设，进而完成"三阶"即知识目标、能力目标、素养目标的达成，最终实现学习者认知并传承中华优秀传统文化的目的。

【关键词】红楼梦；视频课程；三层三阶；人文素质

将《红楼梦》开发建设成一门人文素质课程，是实现"学术惠及民众"的重要路径。然而，如何打破课程实施只能在校园与线下的局限性呢？随着互联网信息技术的发展，慕课（MOOC）、微课、资源共享课等视频课程的兴起，逐渐打破了课程学习的时间局限与地域壁垒。正因如此，《红楼梦》课程要想惠及更多的学生，服务于社会大众，除了确定课程目标、构建课程内容、选择教学方法、设计教学过程以外，还要重点建设视频课程。那么问题随之而来了，什么是视频课程？《红楼梦》视频课程本着何种理念构建？如何构建？本文将围绕这些问题展开论述。

一、视频课程的含义

"视频课程"是一个笼统的概念，学界对此并没有一个明确的定义。它的兴起源于互联网技术的高度发展，以及视频教学资源的广泛运用。从视频课程的发展历史来看，它分为三个阶段：

一是教育影视阶段，即通过电影电视实录传播知识。早期的教育影视资源多是自然科普类的节目，从严格意义上说，它并不是课程，因为它缺少了相应的教学管理以及教学评价机制。然而它结合影视技术，让枯燥的概念在生动的视听图像中变得直观而有趣，这为视频课程的发展起到了积极推动作用。20 世纪 70 年代，随着卫星电视的发展与普及，电视教育逐渐成熟。

二是网络视频课程阶段。20 世纪 90 年代，网络技术发展迅猛，电脑逐渐进入普通百姓之家，此时的电视教育也开始向基于网络数字化平台转变。2003 年，教育部下发《国家精品课程建设工作实施办法》，从国家层面上正式拉开了网络视频课程建设的序幕；随后的十多年间，建成 1 000 多门国家级精品视频课程。这些课程通过视频录制与后期制作，借助互联网与智能学习平台，为学习者提供了一个方便快捷且多元化的学习环境。此时的视频课程已逐渐发展成熟。

三是微型视频课程阶段。这里的"微"主要是指智能终端移动技术的发展，PC 机逐渐被掌上电脑与智能手机所替代，因此改变了学习者接受知识的途径与方式，碎片化的时间被有效利用，进而引起了网络视频课程向微型视频课程转变。这种科技的发展与人们生活方式的改变倒逼了视频课程的升级，"微课程"由此逐渐成为视频课程的主要形式。

从上述视频课程发展的三个阶段来看，科技的突飞猛进是其发展的内在动力，虽然视频课程随着时代与科技的发展而变化，但"视频课程"是"视频"与"课程"两相结合的本质始终没有改变。换言之，视频课程既要有课程的基本属性，又要有视频的灵活性与可视可听性。更重要的是，视频课程可以借助网络平台与智能移动终端实现资源共享，所以视频课程还具有可重复利用的网络教学资源属性。需要注意的是，"视频课程"和"课程视频"是两个完全不同的概念。"课程视频"是将线下的课程录制成视频，它展示的是线下课堂的实施理念以及实况记录；而"视频课程"是基于网络环境，结合多媒体视听技术而专门设计的课程形式。所以对于视频课程的含义，我们可以概括为：本着课程教学的基本原理，以传授知识为目的，灵活运用教学分析与教学理念，以视频为教学实施的表现形式，以互联网为传播平台，以数字化资源整合为手段，且符合学习者接收信息的实际情况与习惯的课程类别。

二、《红楼梦》视频课程的现状

在网络社区平台接受《红楼梦》的相关知识是当下普通民众最喜闻乐见的形式。正因为如此，像 B 站（哔哩哔哩）、抖音、喜马拉雅等平台推出了海量的红楼视听资源。三大平台在推送红楼信息的过程中，各有特点：

因不受时间长短的限制，B 站汇聚了众多《红楼梦》影视剧以及红学名家讲座等视频；抖音平台以短视频传播为主，所以短而精的《红楼梦》分析主要集中于此；喜马拉雅是现在规模最大的视听平台，据不完全统计，其中至少有六千多个和《红楼梦》相关的音视频资源，单是《红楼梦》原文诵读就有近 1 亿人次的听众。以上三大平台对红楼文化的推广，起到了积极的推动作用。但是如果按照视频课程的含义来审视三大平台的《红楼梦》视听资源，其中百分之九十以上的内容都不能称之为"课程"，因为它们不具备课程教学的基本原理与要素，例如没有明确的教学目标、没有具体的教学设计、没有有效的教学评价等等。

真正能称得上《红楼梦》视频课程的是"中国大学 MOOC""慕课网""智慧树"等国内大型慕课平台上的《红楼梦》课程。所谓慕课（MOOC）是指网络开放性在线课程，它的英文全称是"Massive Open Online Courses"。我国的慕课发展始于 2013 年，教育部分别在 2018 年和 2019 年评定了 1291 门国家级精品慕课，到现在为止，各大慕课平台已有 12 000 多门慕课上线。在如此庞大的慕课数量中，《红楼梦》慕课数量不算多，包括台湾地区在内一共有 9 门课程：

序号	视频课程名称	开设学校	主讲教师
1	《〈红楼梦〉的空间艺术》	暨南大学	张世君
2	《〈红楼梦〉经典章回评讲》	中央民族大学	曹立波
3	《伟大的〈红楼梦〉》	北京大学	刘勇强等
4	《走近〈红楼梦〉》	九江学院	郑连聪
5	《〈红楼梦〉叙事趣谈》	中国海洋大学	薛海燕
6	《〈红楼梦〉"三书"浅说》	西安文理学院	贺信民
7	《红楼梦》	台湾大学	欧丽娟
8	《红楼梦——母神崇拜》	台湾大学	欧丽娟
9	《大观与微观：红楼梦 1—40 回》	台湾清华大学	杨佳娴

这 9 门《红楼梦》视频课程有着什么样的特点呢？第一，主讲教师绝大部分都是较为著名的红学研究专家，他们对《红楼梦》有深入的研究，所以在课程内容设置上有较强的学术性。第二，这 9 门课程，从内容上看，分为文本解析和专题研究两类。例如曹立波《〈红楼梦〉经典章回评讲》、杨佳娴《大观与微观：红楼梦 1—40 回》属于文本解析；张世君《〈红楼梦〉的空间艺术》、欧丽娟《红楼梦——母神崇拜》则属于专题研究。第三，这

9门课程主要面向的是一流本科院校的学生，且指向文学类专业。也正因为如此，课程的普及性和受众面就大大地降低了。第四，这9门课程都属于"长视频课程"，所以学习者需要有较为固定的时段来学习，进而时间的灵活性受到限制，当然这和国家精品慕课的评价标准有一定的关系。第五，在文本解析类课程中，虽然主讲教授都能深入浅出地分析并娓娓道来，但是缺少了《红楼梦》整本书阅读与赏析的全面设置；同时，讲解与分析的对象也多以小说情节中的点或面为主，并不全面，前后贯通有一定难度。第六，这9门课程都是国家级精品课程，课程除了担负《红楼梦》相关教学目的以外，还需要有更为宏观的文化传承功能与义务，但9门课程都少了树立文化自信与传承优秀文化的课程思政元素。

除了慕课以外，教育部还主导推动了另外一种视频课程的建设——"精品资源共享课程"。其实慕课与精品资源共享课的本质是一样的，都是通过网络给学习者提供优质的课程资源。然而它们之间的区别在哪里呢？从课程的发展源头来看，慕课最早兴起于欧美国家，精品资源共享课程是我国教育部主导各大高校共建共享的网络课程。从课程的服务对象来看，精品资源共享课程主要针对的是我国的高校师生，而慕课所面向的是全世界的高校。所以受欢迎的慕课，其学习者的数量可以高达上百万人。从课程与学习者之间的交互来看，慕课更为方便快捷。因为精品资源共享课程有着固定的网络课程建设模式与交互系统，从形式上看虽然整齐划一，但却局限了课程与学习者之间的交流和互动。

在我国的精品资源共享课程系列中，也有《红楼梦》视频课程，例如超星学习通平台上的《红楼梦与中国传统文化》《红楼梦赏析》等等。这些课程因为属于高校自建课程，所以在推广上稍逊一筹。

三、《红楼梦》"三层三阶"视频课程的体系构建

基于视频课程的内涵与《红楼梦》视频课程的现状，结合网络技术与移动终端的发展趋势，我们应该建立什么样的《红楼梦》视频课程体系呢？在回答这个问题之前，需要明确三个要点：

第一，《红楼梦》视频课程的教学目标是什么？这是一个关键性的问题，同时也是一个没有标准答案的问题。如果我们以红学的终极意义在于惠及民众为理念，以《红楼梦》是中国传统文化的集大成者为前提，以肩负普及与传承中华优秀文化为责任而出发，那么《红楼梦》视频课程的教学目标就应该确定为以《红楼梦》为载体，在了解红楼文本故事与红楼思

想内涵的文学性鉴赏前提之下，系统认识中华优秀传统文化，从全书系统框架上理解《红楼梦》与中国传统文化之间的关系与渊源。

第二，《红楼梦》视频课程的教学对象是谁？要想达到传承中华优秀传统文化的目的，树立民族文化自信，教学对象的设定就不能仅仅圈定在文学专业的大学生群体，还要兼顾非文学专业的学生以及中小学生。同时，《红楼梦》视频课程还要能共享服务于社会大众。

第三，《红楼梦》视频课程的建设既要满足课程的基本属性与课程建设的系统性，还要适应当下网络技术的发展与人们因为智能终端的不同而养成的接收信息的习惯，充分利用碎片化的时间。

在上述三个要点的基础上，《红楼梦》视频课程可以按照"三层三阶"的体系来建设，如图1所示：

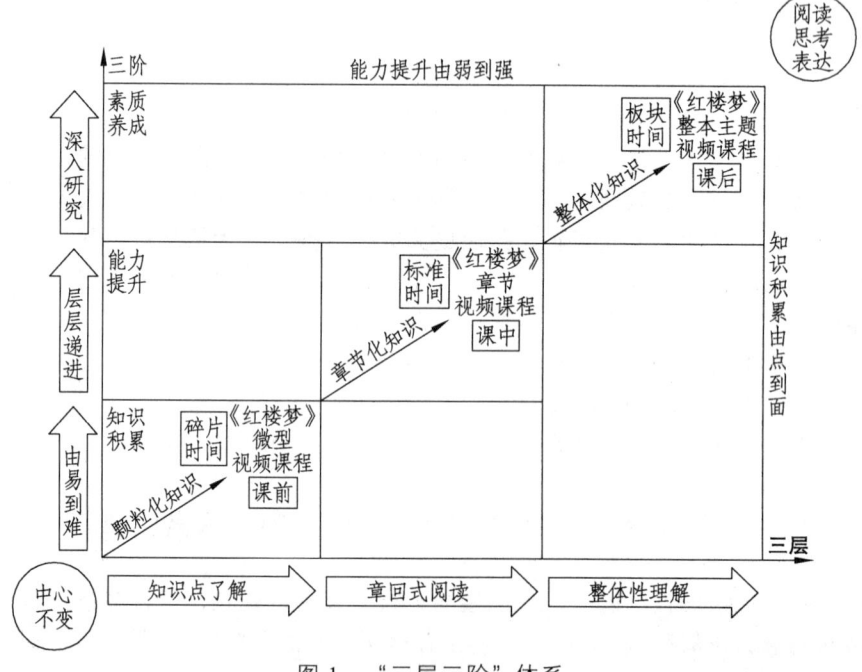

图1 "三层三阶"体系

所谓"三层"是指《红楼梦》视频课程的内容按照三层设置，分别是微型视频课、章节视频课、整本主题视频课。所谓"三阶"是指学习者通过"三层"内容的学习之后，能达到课程的知识、能力、素养"三阶"目标。在《红楼梦》"三层三阶"视频课程体系中，有四个要点需要解释：

（一）中心不变

所谓"中心不变"是指"三层"视频课程的教学目标一致，且教学内容指向同一方向。例如我们确定要建设《红楼梦与中国传统文化》视频课程，其教学目标是以阅读《红楼梦》文本故事为载体进而认知中国传统文化，所以无论是微型视频课、章回视频课还是整本主题视频课其教学目标都是围绕这一点来展开的。所谓教学内容指向同一方向，其意是指"三层"视频课程的内容是一致的，例如微型视频课程有《红楼梦》与中国服饰文化、建筑文化、儒家文化等内容，对应章回视频课程和整本主题视频课程也要有《红楼梦》与中国服饰文化、建筑文化、儒家文化等内容。

（二）微型视频课

所谓"微型视频课"就是微课。微课这一概念源于美国，它是戴维·彭罗斯（David penrose）提出的一种方便在线学习的课程形式。微课有三大特征：一是时间短，一节微课一般在5分钟左右；二是内容聚焦，一节微课解决一个知识点；三是呈现形式多样化，内容不局限于教师的讲解，可以是动画或者影视片段的剪辑融合等等。《红楼梦》微型视频课程是将《红楼梦》中相关的中国传统文化内容，划分为不同的系列，然后将每一个系列解构成若干个知识点，运用影视技术与数字化资源为每一个知识点制作一节微课。

例如《红楼梦与中国传统文化》课程，先将此课程划分为《红楼梦》与中国服饰文化、建筑文化、园林文化、饮食文化、儒家文化等等系列。然后将每一个系列分别解构成若干个知识点，例如《红楼梦》与中国服饰文化系列，将其解构成款式、头衣、上衣、腰衣、下衣、足服、面料、纹样、工艺、饰品、颜色等二十个知识点。然后将这二十个知识点分别制作成二十集微课。每一集微课相对独立，时长不超过5分钟。学习者观看一集微课就掌握一个知识点，如果将这二十集微课连起来看，掌握的就是一个系列的知识点。

（三）章节视频课

所谓"章节视频课"就是以《红楼梦》文本中的某一章回节选为阅读对象，以读红楼故事、读中国文化、读哲学意蕴的"三层读法"为路径解析《红楼梦》。章节视频课一般为45分钟一集，依旧本着认知中国传统文化为目标进行教学。例如《红楼梦》与中国服饰文化的章节视频课，可以选择小说第三回林黛玉进贾府"宝黛初会"这个片段，在了解了"宝黛初会"的故事情节以及感悟了所选片段的哲学意蕴之后，在"读中国文化"这一层面上，就可以着重讲解贾宝玉出场的服饰与穿戴。例如从贾宝玉的头衣、上衣、腰衣、下衣、足服、工艺、纹样、颜色等诸多方面，进行分析讲解。需要注意的是，章节视频课只是对所选片段进行阅读和讲解，不做延伸。

（四）整本主题视频课

所谓"整本主题视频课"就是以《红楼梦》全书（前八十回）为载体，以某一个主题为中心，在赏析红楼故事、感悟红楼哲学意蕴的基础上认知中国传统文化。整本主题视频课与微型视频课和章节视频课最大的区别就在于它的讲解对象既不是一个点，也不是一个节选的面，而是《红楼梦》全书。正因为如此，整本主题视频课每一集都在90分钟以上。依旧以《红楼梦》与中国服饰文化为例，对它的讲解仍然是从头衣、领衣、上衣、腰衣、下衣、足服、面料、纹样、工艺、饰品、颜色等等方面展开，但不同的是，对每一个点都要基于全书来讲。例如"头衣"，就要把《红楼梦》中出现的所有"头衣"情节集中起来，以作讲解；讲"面料"，就要把《红楼梦》中出现的所有面料如丝绸、皮毛、舶来品等等全部梳理归纳起来。

综上所述，《红楼梦》"三层三阶"视频课程体系主要有四个方面的特点：

第一，从时间维度上看，它能满足不同时间段的学习需求。微型视频课对应的是碎片化的时间，用颗粒化的知识满足碎片化时间的学习；章节视频课对应的是标准化的45分钟课堂时间；整本主题视频课对应的是要深入研究的整块化时间。

第二，从认知维度上看，微型视频课是知识点的学习，章节视频课是知识面的学习，整本主题视频课是立体框架性的学习。

第三，从能力维度上看，三层视频课程对学习者能力的提升是层层递进、由表及里、逐渐深入的。

第四，从服务对象上看，微型视频课主要服务于普通民众，因为他们并没有整块的时间用于学习红楼知识。章节视频课主要服务于非文学专业的学习者，他们可以选择和自己专业相关的主题进行选择性学习。整本主题视频课主要服务于文学类专业的学者，他们可以从学术的高度理清《红楼梦》与中国传统文化之间的关系与渊源，理解《红楼梦》是中国传统文化百科全书的真正含义。需要注意的是，三层视频课程的服务对象并不是绝对的，它主要体现的是《红楼梦》视频课程的可选择性。

参考文献

[1] 王觅，贺斌，祝智庭. 微视频课程：演变、定位与应用领域[J]. 中国电化教育，2013 (4).

[2] 张云，胡晴，何卫国. 2019 年度中国红学发展研究报告[J]. 红楼梦学刊，2020(2).

[3] 彭利芝，陈黎.《红楼梦》慕课的发展现状与思考[J]. 曹雪芹研究，2020(2).

[4] 张一川，钱扬义. 国内外"微课"资源建设与应用进展[J]. 远程教育杂志，201(6).

三阶课程建设研究

高职学生劳动素质养成长效机制及其协同推进模式建立的实践研究

张 元

四川国际标榜职业学院，四川成都，610103

【摘　要】高职学生劳动素质养成是劳动教育目标达成的关键。高职院校作为学生劳动素质养成教育的主体，应从学生在校期间的学习、生活和校园活动出发，将培养学生良好的劳动习惯和品质作为目标。本文以"三全育人"理念为指导，将高职学生劳动素质养成教育划分为学生个人生活、职业操守和社会公德三个维度，认为应在不同阶段侧重学生不同维度的劳动素质养成教育，明确学生日常劳动的内容要求与评价标准，形成体系。同时，要通过配套教育资源、搭建实践平台、培养师资队伍、落实教育管理形成保障机制。以此，构建高职学生劳动素质养成教育长效机制及其环境协同、组织协同、人员协同的推进模式，以期全面提升高校劳动教育成效，促进学生全面发展。

【关键词】高职学生；劳动素养；长效机制；协同模式

2020年3月，中共中央、国务院颁布实施《关于全面加强新时代大中小学劳动教育的意见》（以下简称《意见》）。2020年7月，教育部印发《大中小学劳动教育指导纲要（试行）》（以下简称《纲要》），提出"准确把握社会主义建设者和接班人的劳动精神面貌、劳动价值取向和劳动技能水平的培养要求，全面提高学生劳动素养"的总体目标，提出了各学段的劳动教育要求。高职教育肩负为国家建设与发展培养高素质高技能职业人才的重要使命，而劳动教育是高职教育的基础教育。

一、劳动教育与劳动素质养成的内涵解析

劳动教育是发挥劳动的育人功能，对学生进行热爱劳动、热爱劳动人民的教育活动。劳动素质养成是以培养学生的劳动素质为目标，通过将劳动纳入学生日常的行为规范，细化学生的劳动内容、规范劳动项目管理、

营造良好的崇尚劳动的氛围，让学生在校园的学习生活中去感知和参与劳动，从一言一行中去学会劳动，并且逐渐养成劳动习惯，养成尊重劳动、热爱劳动、崇尚劳动的品质。

因此，劳动素质养成教育是劳动教育中的重要环节，是劳动教育的基础，也是劳动教育目标达成的关键。

二、高职学生劳动素质养成的重要性和必要性

（一）劳动素质养成是高职人才培养的基础

马克思认为劳动贯穿人整个生命活动的全过程。每个人在家庭和社会生活中，都需要通过劳动才能够获取需要的物品。劳动素养水平直接影响个人的生活质量及幸福指数。高职教育的目标是培养高素质技能人才，而良好的劳动素养是技能培养的先决条件。因此，学生劳动素质养成是高职人才培养的基础环节。

（二）高职学生劳动素质养成是国家社会主义建设发展的需要

在 2020 年 12 月 8 日教育部介绍"十三五"期间职业教育改革发展情况的新闻发布会上，公布我国高职（专科）招生 483.61 万，占普通本专科的 52.90%。高职学生作为在全国大学生中人数超过"半壁江山"的重要人群，肩负着社会主义建设者和接班人的重要使命，将成为各行各业的中坚力量。劳动素养是学生成长成才的必备素养，是职业素养的基本组成部分。因此高职学生劳动素质养成是国家社会主义建设发展的需求。

（三）高职学生劳动素质养成是国家生态文明战略需求

生态文明建设关系到人民福祉、民族未来，关系到中国梦的实现。党的十八大提出建设中国特色社会主义的"五位一体"总体布局，生态文明建设是其中一位；党的十九大将"坚持人与自然和谐共生"作为新时代坚持和发展中国特色社会主义的基本方略之一。劳动是人类适应自然的活动和改造自然的方式。因此新时代的生态文明建设与人民的劳动素养密不可分，生态文明教育与劳动教育融合共生。高职学生作为国家未来生态文明建设的重要力量，需要通过实际行动将保护环境、节约资源等落到实处，这就要求学生必须要先具备良好的劳动素养，才能够真正做到"知行合一"，有效推进生态文明建设。

三、高职学生劳动素质养成的现实困境

（一）高职学生普遍存在不愿劳动、不会劳动的现象

目前的高职学生在成长过程中没有经历过生存物质缺乏，不需要为了生活参加生产劳动；在家长的照顾下，也较少承担家庭日常生活劳动；在生活中享受着科技产品带来的便利，省去了许多参与、体验劳动的过程。同时，在教育分流中，高职学生往往学习成绩相对较差，其整体的自主学习能力弱、行为习惯较差这就使得高职学生普遍不愿劳动、不会劳动、不珍惜劳动，在劳动素养上存在自主意识弱、动手能力差、行为习惯糟等问题。

（二）高职劳动教育未融入学生日常学习生活

《纲要》印发后，高职院校纷纷将学生劳动素养纳入了人才培养方案，开设劳动教育理论课程，组织劳动教育周等教育活动，但是取得的效果一般。这是因为进行劳动理论课程学习时，缺乏了实际的劳动体验；参加劳动活动时，缺乏了对劳动的深刻认识与思考。同时，学生都只需要在某个时间段去参与劳动教育课程和活动，学习任务与活动任务完成以后，就可以抛诸脑后。所以造成了高职院校对于学生劳动素养的培养缺乏理论与实践的深入结合，未能将劳动真正融入学生在校的学习生活中去。

（三）高职学生劳动素质养成教育缺乏长效机制

国家教育行政学院佛朝晖带领研究团队，通过总结来自754所职业学校的调研报告中的情况，提出职业院校劳动教育存在的问题，如在顶层设计上，劳动教育体系不够完善；在管理上，校内劳动教育统筹力度不够，甚至交给后勤部门负责；在保障条件上，师资、经费和场地不够充足，特别缺乏科学指导和研究。这说明目前全国各所高职院校在劳动教育开展的过程中，虽然都在积极开设劳动教育必修课程、加强师资队伍建设、与其他课程相结合，但是仍然缺乏高职学生劳动素质养成教育的长效机制。

四、高职学生劳动素质养成教育的长效机制建立

（一）将培养高职学生良好的劳动习惯和品质作为劳动素质养成教育的目标

中国人民大学特聘教授周光礼认为，劳动教育的核心是劳动价值观的

塑造和劳动素养的培育。高职劳动素质养成教育的目标首先是要让学生能够自主自愿、认真负责、安全规范地参与劳动，具备良好的劳动习惯；其次要能让学生在劳动的过程中形成诚实守信、吃苦耐劳、坚持不懈的劳动品质；最后才能够让高职学生的劳动素质养成向职业精神、劳模精神、工匠精神迈进。

（二）形成高职学生劳动素质养成教育体系

1. 划分为学生个人生活、职业操守和社会公德三个劳动素质养成教育维度

根据《纲要》中对于高职学生的劳动教育学段要求，提出职业院校要组织学生持续开展生活劳动，定期开展校内外公益服务劳动，依托实习实训，参与真实的生产劳动和服务性劳动。结合学生在校的学习生活，将高职学生三年培养过程中的劳动素质养成教育可分为学生个人生活劳动素质养成、职业操守劳动素质养成和社会公德劳动素质养成三个维度。

2. 明确劳动素质养成教育在高职各年级的维度侧重

根据高职学生人才培养方案，结合各个年级的特点，对学生劳动素质养成教育的侧重维度进行阶段性划分。大一侧重于学生个人生活劳动素质养成，帮助大一新生尽快适应集体生活，培养学生独立劳动的动手能力和自主意识。大二侧重于学生社会公德劳动素质养成，引导学生通过参加各类劳动，在校园生活、社会生活中体现个人的劳动价值，形成正确的劳动观念。大三侧重于学生职业操守劳动素质养成，让学生具备步入各领域、各行业的基本素养，能更好地适应岗位需求和社会竞争。

3. 梳理高职学生劳动素质养成教育各维度的具体内容

高职院校应结合各学校的实际情况，梳理学生在校学习生活的全过程，形成学生劳动素质养成的培养计划，设定劳动素质养成教育学分的分布与获得方式，明确各个维度的具体劳动内容。如在学生个人生活劳动素质养成维度，具体劳动内容有学生的宿舍卫生、教室卫生、安全用电、公区保洁、垃圾分类、衣物洗涤、教室保洁等；在学生社会公德劳动素质养成维度，具体劳动内容有学生参与校内公益劳动和校外志愿服务劳动；在职业操守劳动素质养成维度，具体劳动内容有学生在校内的专业实训劳动和校外的专业实习劳动。高职院校要形成确切的学生在校三年的劳动任务清

单,以期让每位学生在劳动素质养成教育各个维度都能有所提高。这就使高职学生劳动素质养成教育具备有序、规范的计划并得以实施。

4. 完善高职劳动素质养成教育评价办法

《纲要》中提出"高等学校要将劳动教育考核结果作为毕业依据之一","将劳动素养纳入学生综合素质评价体系"。劳动素质养成教育落实在学生的日常实践。首先,由于劳动素质养成教育各维度每项日常劳动内容所涉及的对象、目标、过程、频率、时长等都不一样,应分别对其设置相应的评价标准,采取真实记录、有迹可循、有章可依的动态化评价。其次,为引导学生自主认知和思考日常的劳动,应采取自我评价、同学评价、服务对象评价、指导教师评价等多面化评价,帮助学生端正劳动态度、改进劳动方法、加强劳动认识、培养劳动习惯。最后,通过过程性评价将劳动素质养成教育贯穿高职学生培养的全过程,帮助学生提高劳动品质、提升劳动素养。

(三)构建高职劳动素质养成教育保障机制

1. 研究新型教材,配套劳动素质养成教育资源

劳动素质养成教育要能够有效进行,需要学生在做中学、学中做。因此高职院校应积极开发活页式或手册式教材,指导学生掌握劳动实践操作的基本原理、程序、规则,正确使用工具的方法和技术;引导学生从现实生活中发现需求,充分发挥学生的积极性、主动性、创造性;引导学生从劳动体验中提升劳动能力,提高劳动认识。教材开发能够让劳动素质养成教育的具体内容有载体、有呈现、有参考、有记录,使得劳动素质养成教育实践与理论相统一。

2. 整合校地资源,搭建劳动素质养成教育平台

劳动素质养成教育要建立在学生实践的基础上,因此高职院校要为学生搭建参与各项劳动实践的平台。高职院校应积极建设多样化的劳动教育基地或中心,不仅要加强专业实训实习基地的建设,还应用创新开设各项劳动教育中心,让学生更多地参与到日常生活劳动、生产劳动和公益服务劳动中。如在学生公寓建设学生个人生活劳动教育中心,向学生正确展示各项生活劳动的步骤和注意事项,同时也对每个学生的日常生活劳动情况进行考核记录。又如利用学校的环境绿化项目,建设生产劳动教育中心,

让学生参与绿色校园建设的各项劳动中，参与到校园公益服务劳动中。还可以构建学校与学生劳动素质养成教育合作平台，开设固定的服务地区的劳动项目，让学生可参与到真实的生产性劳动或利用自身专业参与服务性劳动。学生的劳动素质养成贯穿其学习生活的全过程，要保障各项劳动内容均可以正常开展，就需要高职院校全方位地整合资源、创造条件，搭建好劳动素质养成教育平台。

3. 加强队伍建设，培养劳动素质养成教育教师

高职院校要对全校教师定期开展多样化的劳动主题培训，培养教师的劳动意识和劳动品质；在对双师型教育培养中，除注重教师的专业技能外，还应将劳动素养作为教师的考核指标之一；对于新入职的教职员工，应在入职培训中加入劳动教育教学主题；要积极鼓励全校教师对劳动教育进行思考与研究，不断完善劳动素质养成教育的内容、方法等。

4. 完善制度文件，落实劳动素质养成教育管理

劳动素质养成教育区别于传统教育活动，全方位融入学生的日常学习生活，既涉及学生日常管理，也涉及第二课堂，还涉及系列活动项目。高职院校应完善与其相关的系列制度文件，首先将劳动教育纳入人才培养方案，明确劳动教育目标；其次要形成学校劳动教育实施方案，明确劳动教育的规划设计、组织协调、过程管理等；最后要将劳动素养要求纳入学生的评奖评优，激励学生自愿劳动、自主劳动。

五、高职学生劳动素质养成教育的协同模式

学生良好劳动素质的养成必须要有一个长期的理论与实践相结合过程，而且要将劳动意识和劳动行为变为学生的自觉行动，必须要从大局出发，从小事做起，在细节上培育。高职学校作为高职学生劳动素质养成教育的主体，在其长效机制建立过程中，需要合理运用现有资源，分配各项工作，构建对应的协同模式，才能保障高职学生劳动素质养成教育有效推进。

（一）环境协同

高职学生劳动素质养成教育涉及学生学习生活的每一个场景，需要营造充满劳动氛围的环境。即无论是在教学楼、图书馆、宿舍、操场或其他

校园环境中,都应统一对学生劳动素养的高标准、高要求;校园内外的任一角落,都可以成为劳动素质养成教育的场所。

(二)组织协同

高职学生劳动素质养成教育划分为学生个人生活、职业操守和社会公德三个维度,则分别对应学生的日常生活劳动、专业实习实训劳动及公益服务劳动,其中会涉及多个职能部门。各部门之间应该相互协作,共同致力于学生劳动素质养成教育。如在学生个人生活劳动素质养成中,学生管理部门和后勤部门共同协作,统一对学生宿舍保洁的要求与标准,由学生管理部门进行日常监管,由后勤部门进行示范指导;又如在学生职业操守劳动素质养成中,教学部门和学生管理部门合作,严格要求学生进行专业实习实训的同时,鼓励学生积极创业;还如社会公德劳动素质养成中,教学部门、学生管理部门、后勤部门共同监管学生的行为规范,组织学生参加校内外公益服务劳动。

(三)人员协同

全员育人是高职学生劳动素质养成教育的一大特色。辅导员作为学生日常学习生活的直接管理者,要在劳动教育中发挥出主导作用,把握学生劳动素质养成教育的整体节奏。要积极发挥生活导师、专业导师的积极作用,帮助学生发现劳动需求、认识劳动过程、提高劳动能力、养成劳动习惯。还应将所有教师群体发动起来,共同参与到学生劳动素质养成教育中,真正做到全员育人。

六、结束语

高职学生劳动素质养成教育不仅是学生成长成才的需要,更是社会主义建设发展和国家生态文明建设战略的需要。将校园中学习生活的点点滴滴作为高职学生劳动素质养成教育的主阵地,高职院校要结合学生实际,明确目标、形成体系、落实保障,构建切实可行的学生劳动素质养成教育长效机制及环境协同、组织协同、人员协同的推进模式,注重教育实效,实现知行合一,全面提高学生劳动素养。

参考文献

[1] 教育部关于印发《大中小学劳动教育指导纲要(试行)》的通知[EB/OL].（2020-7-7）[2022-4-16].http://www.moe.gov.cn/srcsite/ A26/jcj_kcjcgh/202007/t20200715_472808.html.

[2] 佛朝晖，张宇泉. 职业院校劳动教育实施成效、问题与建议——来自754所职业院校的调研报告[J]. 中国职业技术教育，2021(6): 20-49.

[3] 中国劳动关系学院劳动教育中心. 劳动教育评论（第1辑）[M]. 北京：社会科学文献出版社，2020: 31-41.

新时代高职劳动教育生活化实施路径研究

张 元

四川国际标榜职业学院，四川成都，610103

【摘 要】高职劳动教育生活化是以新时代高素质高技能职业人才培养为目的，以实践育人为导向，从学生现实生活出发，将劳动素养的培养融入学生成长成才全过程。高职劳动教育生活化是以学生为主体，从高职学生个人生活劳动教育生活化、高职学生职业操守劳动教育生活化以及高职学生社会公德劳动教育生活化三个方面共同展开，需要创新劳动教育生活化课程，完善劳动教育评价体系，构建劳动教育生活化保障制度，使劳动教育真正融入学生学习生活的方方面面，提升高职劳动教育成效。

【关键词】高职劳动教育；生活化

高职劳动教育生活化是基于陶行知"生活即教育"理论，主张将高职劳动教育渗透到学生日常学习生活中的方方面面，让学生在生活的各处细节中，都要进行劳动实践，从而在"做中学、学中做"，真正达到劳动教育的目的，让学生提升劳动技能，增强劳动意识，养成良好的劳动习惯，具有积极向上的劳动精神和正确的劳动观念，提升学生的综合素质，促进学生全面发展。

一、新时代高职劳动教育的重要意义

习近平总书记在全国教育大会中指出，教育工作的根本任务是培养德智体美劳全面发展的社会主义建设者和接班人。"时代新人"的一个重要特征就是具备劳动的素质，能够弘扬劳动精神、崇尚劳动、懂得劳动最光荣[1]。高职教育肩负为国家培养与发展高素质高技能职业人才的重要使命。因此在新时代的人才培养中，高职教育更需要夯实劳动教育这一重要基础环节。新时代高素质高技能职业人才，需要具有与时俱进的劳动技能，同时更需要具有基础的劳动素养，才能够胜任各领域中的岗位，才能有效推动各行各业的发展，成为社会主义建设者和接班人。

二、高职劳动教育存在的问题

2020年7月,教育部印发《大中小学劳动教育指导纲要(试行)》(后简称《纲要》)印发后,各学段的学校纷纷按要求开展劳动教育。高职院校陆续将劳动教育纳入人才培养方案,开设劳动教育理论课程,组织开展劳动周,取得了一定成效,但仍存在一些问题。首先,高职学生从小到大的生活环境中,基本上物质条件比较充裕,不需要负担生产类的劳动;并且由于家长的照顾,一些学生在日常生活中也不用参与家庭生活劳动。从而使得大部分学生在步入高职校园前,缺乏自主劳动意识和能力。其次,高职院校或重视劳动教育理论知识教学,开设劳动教育、劳动法等系列理论课程;或组织开展劳动实践活动,让学生参与校园清扫、农业耕作等体力劳动。这就存在着未将劳动理论与实践教育相融合的问题,不能达到劳动教育让学生手脑并用、知行合一的目的。最后,学生只需要参加学校规定的、老师要求的、一定时效内的劳动教育教学活动,在此外的个人时间与空间中,学生就都不再参与劳动、学习劳动。这样的方式使得学生的劳动都是被动的,缺乏对于学生劳动自主性的引导和培养。学生在参与教育教学活动的过程中,虽然能够有一定的劳动体悟和实操,但短暂的理论学习和活动参与,很难引导学生形成完整的劳动认知、养成良好的劳动习惯、优化自身的劳动素养。劳动教育只存在于理论课程或活动中,缺乏与学生日常生活的融入渗透。

三、高职劳动教育生活化的重要性和必要性

陶行知先生认为"教育只有通过生活才能产生作用并真正成为教育,并且劳动教育的目的,在谋手脑相长,以增进自立之能力,获得事物之真知,及了解劳动者之甘苦。"劳动教育从生活出发,才能够真正起到创造物质财富和精神财富的作用,才能够发挥育人功效。

(一)高职劳动教育开展需要融入学生日常生活

《纲要》针对学生教育经历、行为规范等方面的特点,首先提出了职业院校的劳动教育要"持续开展日常生活劳动,自我管理生活,提高劳动自立自强的意识和能力"。由此可见,高职劳动教育的开展要以学生日常生活为基础,需要融入学生日常生活。

（二）高职劳动教育生活化是劳动实践育人的前提

劳动教育必须坚持实践育人导向。高职学生需要在参与劳动实践的过程中，通过亲身体验、思考才能够实现劳动技能的习得、劳动观点的树立、劳动习惯的养成。并且，劳动教育要起到使学生入脑入心的效果，那么劳动实践就必须是要有延续性的、有进步性的，这就要求将劳动教育生活化作为前提。

（三）高职劳动教育生活化是新时代培养高素质技能型人才的客观要求

习近平总书记提出要"培养一代又一代热爱劳动、勤于劳动、善于劳动的高素质劳动者"。新时代培养高素质技能型人才，需要的不仅是过硬的专业劳动技能，更需要优秀的综合劳动素养。高职劳动教育生活化实施，正是对学生劳动素养的全面培养，是新时代培养高素质技能型人才的客观要求，是对高职教育进行改革和创新发展的重要举措，是提升高职办学水平、促进高职教育高质量发展的重要抓手。

四、高职劳动教育生活化的实施路径

《纲要》要求职业院校要组织学生持续开展生活劳动；定期开展校内外公益服务劳动；依托实习实训，参与真实的生产劳动和服务性劳动。因此高职劳动教育生活化应当要在劳动教育设计、劳动教育教师培训、学生劳动教育评价中，从学生现实生活出发，以学生为主体，以学生自我教育和学习为根本出发点。

（一）形成高职劳动教育生活化全面布局

高职劳动教育生活化要培养学生在日常学习生活中学会各类劳动技能，养成良好的劳动习惯，树立正确的劳动观念，同时结合学生专业，致力提升高职业劳动技能水平，培养学生职业荣誉感和责任感。这就需要进行合理布局，让劳动教育生活化形成体系。

1. 高职学生个人生活劳动教育生活化

当前青年学生的成长过程中，大多数缺乏对于日常生活劳动的参与，所以学生不会劳动、不愿劳动，因此高职劳动教育生活化首先应该针对学生个人生活劳动展开。学生宿舍是大学生日常生活中的主要场所，高职劳动教育应当充分用好这一重要的教育阵地，让学生学会自觉完成个人生活劳动，养成自主劳动意识，充分认识到生活靠劳动创造，人生也靠劳动创造的道理，从而培养学生勤劳朴实的精神。

2. 高职学生职业操守劳动教育生活化

高职劳动教育中应该将职业体验、职业意识和职业技能有机地融入进去，让学生更多了解劳动与职业的关系，具备专业劳动技能的同时，具备日后进入各领域、各行业的基本素养，能够适应社会需求。劳动教育生活化要在学生日常学习生活的过程中，在专业、职业相关的场景下，如教室、实训室、实践单位等，都要以职业基本要求对学生的行为进行要求。同时，从专业实践的各项流程细节、专业器具的使用和维护，专业实习实训的参与体验，甚至于职业礼仪和规范的遵守等，全方位渗透劳动精神、工匠精神，着重培养学生职业劳动基本素养和职业荣誉感、责任感。

3. 高职学生社会公德劳动教育生活化

高职教育要坚持立德树人的根本任务，将学生培养为德智体美劳全面发展的新时代人才。"以劳树德"是劳动教育的重要内涵之一。高职学生劳动教育生活化要注重学生社会公德的培养。首先要引领学生尊重劳动以及珍惜他人的劳动成果；其次要让学生在日常生活中参与到社会公共劳动中去；最后要培养学生从社会公共劳动中，体验、学习和进步，养成良好的道德品质。

（二）明确劳动教育生活化的具体内容及要求

高职劳动教育应根据学生在校日常学习生活的实际情况，明确学生参与劳动、学习劳动的具体内容及要求，形成具体的劳动教育清单。如在高职学生个人生活劳动教育生活化方面，学生需要完成日常宿舍卫生、衣物洗涤、垃圾分类等劳动，并且制定相应的合格标准和检查制度；在高职学生职业操守劳动教育生活化方面，结合各职业特点，根据学生专业学习安排，设计相应的专业劳动实践环节，学生需要完成校内的专业实训以及校外的专业实习劳动；在高职学生社会公德劳动教育生活化方面，举办常态化的公益服务活动，开设固定的志愿服务项目，明确学生需要参与到校内外的公益活动或志愿服务劳动的次数与频率。需要强调的是，劳动教育生活化的内容和要求，应当考虑到参与普及程度和过程深度[2]，必须是以学生为中心，符合学生日常生活常态的、可持续开展的。

（三）创新劳动教育生活化课程建设

高职劳动教育要坚持理论与实践相结合，通识与专业相结合。劳动教育生活化课程建设是在劳动教育理论课程的基础上，着力打造劳动教育实践课程；在劳动教育公共通识课程的基础上，着力打造专业劳动课程。

在学生日常生活劳动、职业劳动、公益服务劳动上，从学生实践角度出发进行课程设计，让学生成为自主体验、参与的主体，老师作为学生实践的观察者、指导者予以相应的帮助，让学生学会如何劳动、理解为何劳动、懂得珍惜劳动；从学生所学的专业出发，结合职业特点进行有针对性的劳动实践，让学生从中体会职业责任、感悟职业精神。例如可创新开设学生志愿服务指导课程，让学生结合自身专业进行志愿服务项目的策划和实施，课程内容是学生在老师的指导下进行志愿服务的方案设计、物品准备、人员分工和实际操作，学生发挥主体作用，老师进行监督并提供帮助。这样的过程中，学生不仅开展了此项任务中的日常劳动，还开展了与专业相结合的公益服务性劳动；既学会了如何进行方案策划，也参与到劳动实践中；既收获了劳动的喜悦感和成就感，也从劳动中收获了创新意识和集体意识。区别于学生志愿服务活动而言，这类课程的开设是面向全体学生的，是每个学生都需要参与和学习的。通过这种方式，才能够真正让每个学生的日常生活中都具有劳动实践和劳动学习，进而有效地推进高职院校劳动教育生活化实施，培养高职学生形成正确的劳动观、价值观和积极健康的人生态度、生活态度和职业态度，养成良好的劳动习惯和品质。

（四）完善劳动教育考核评价

《纲要》中提出"高等学校要将劳动教育考核结果作为毕业依据之一，将劳动素养纳入学生综合素质评价体系"。区别于学科课程考核，高职学生的劳动素养评价应当是一个过程性的考核，应当是从学生的日常表现中来进行评定，而不应该仅以学生的某一个考试成绩、某一门课程成绩来判定。劳动教育考核评价应当与劳动教育生活化的内容与要求相对应，学生是否按要求完成劳动教育清单、是否达到合格的要求，都应形成真实记录，并通过学生自我评价、合作成员评价、服务对象评价、指导教师评价等多元化评价的方式，全方位、立体化考核学生劳动素养情况。在专业课程考核中应纳入劳动素养评价指标，促使学生在日常专业学习过程中就潜移默化养成良好的劳动意识和劳动习惯[3]。

（五）构建劳动教育生活化保障机制

1. 落实劳动教育生活化管理机制

劳动教育生活化全面融入学生的日常生活，涉及学生的课堂学习、课后活动以及日常管理，涵盖学生在校期间的所有教育教学活动，因此高职院校要落实劳动教育生活化管理的机制。首先，要明确劳动教育的培养目标，并将其纳入高职院校人才培养方案；其次要形成劳动教育生活化的实施方案，明确劳动教育的具体措施、组织协调等；最后，明确学生劳动教育生活化的职责分工，形成劳动教育有内容、有指导、有监督的协作体系。高职劳动教育生活化全方位贯穿整个人才培养过程，不应该只是某个部门或某老师的职责，应该是一个全员育人的过程，需要各部门和老师共同参与负责，如学生的个人生活劳动主要由辅导员和宿舍老师共同指导，学生的职业劳动教育主要由专业统筹、双师型教师指导，学生的社会劳动主要由团委、辅导员共同指导等。

2. 加强劳动教育师资队伍建设

劳动教育生活化的实施，需要所有教师从思想理念层面提高对劳动教育内容生活化的重视程度，有意识地将生活化的知识融合到具体教学过程中，并且保证劳动教育课程中相应的干预和控制机制得到全面落实。因此，应当充分发挥教师队伍中的骨干力量和中坚力量的作用，鼓励教师深入研究劳动教育理论，不断探索新的教学方法和手段，改革教学内容、考核办法、评价体系等[4]；同时，学校还需通过各种途径引进双师型师资人才，与社会行业发展相对接，提高教师对学生专业劳动的指导质量，完善师资培养体系。

3. 营造校园劳动生活化的文化氛围

校园文化对于学生的价值培养具有不可忽略、不可替代的浸润作用，能够潜移默化地对学生产生影响。在校园中充分发挥校园文化资源优势，加强宣传引导，营造人人懂得劳动、尊重劳动、热爱劳动的文化氛围，能够很好地在高职学生中形成劳动风尚，调动学生参与劳动实践的积极性，让学生自觉地参与劳动、自发地开展劳动、自主地学习劳动，促进学生在参与各项劳动中收获体验感和荣誉感，培养学生尊重劳动、热爱劳动、崇尚劳动的情感，深化学生对于劳动的价值认知，提升学生劳动素养。

4. 拓展社会劳动实践的参与平台

高职学生需要在校园生活阶段就开始为走向社会做好个人能力与担当的准备，因此社会劳动实践对于高职劳动教育生活化而言也是必须贯穿于学生劳动素养的培养过程中的。高职学生参与社会实践，不仅能够让学生丰富劳动体验，更重要的是能够很好地帮助他们了解社会、步入社会、适应社会，明确作为新时代的青年在社会中应当承担的社会责任和应当具备的能力，从而促使他们在个人的学习和生活中真抓实干、积极向上、不断进步。

五、结束语

新时代劳动教育生活化是劳动教育回归生活世界的具体实践，是对"劳动育人"价值旨趣的回归，是实现学生全面发展的有效途径。劳动教育生活化需要克服劳动教育中理论与实践相脱离、技能与素养相脱离的问题，从学生的日常生活出发，以学生为主体开设各类劳动生活化课程，着力培养学生各方面的劳动素养，优化劳动教育评价机制，构建劳动教育生活化保障体系，才能促进学生手脑并用、知行合一，使学生形成正确的劳动观、价值观、人生观和世界观。

参考文献

[1] 人民教育出版社. 新时代背景下"劳动教育"的意义[EB/OL]. (2018.12.07)[2023.03.15].http://www.pep.com.cn/xw/zt/hd/xxgcqgjydhjs/btqzw/201812/t20181207_1934171.html.

[2] 张建涛，叶小耀，陈旭辉. 走向真实学习：劳动教育的现实困境和未来出路[J]. 新课程评论，2022(6): 39-49.

[3] 刘升忠. 课程思政视阈下高职院校劳动教育融入专业课程的实施策略[J]. 南方职业教育学刊，2021(6): 55-63.

[4] 田甜，李生. 高校劳动教育与思想政治教育融合发展路径研究[J]. 成才，2023(1): 36-37.

高职院校美育途径研究

秦佳梅

四川国际标榜职业学院，四川成都，610103

【摘　要】本文以学生综合素质提升与优化为切入点，探讨高等职业院校开展美育的有效途径，以期职业院校学生综合素质能在美育的作用下得到有效提升。

【关键词】高等职业教育；综合素质；美育；途径

　　近年来，随着素质教育的逐步完善，美育也越来越多地得到各高校的重视。但是在高等职业院校，美育的实施仍然不同程度地存在着各种问题。美育在我国高职院校的推行效果不甚理想，几乎绝大多数高职院校都没有系统地整合美育的内容并将其形成一套完善的体系来推行，这很不利于学生整体素质的形成与发展。目前，大多数高职院校对于美育教育还没有系统的课程设置、专业的师资队伍、健全的管理机构。美育内容的不完善，实施途径的局限性，都严重影响到学生道德修养、心理素质、审美水平等方面能力的提升，导致综合素养跟知识技能发展不协调，学生整体素质发展不平衡。

　　高职院校如何进行有效的美育教育，是值得研究的重要课题。

一、美育的内涵与美育的改革发展

　　美育也叫美感教育，它归根到底是一种情感教育。其主要任务是培养和提高人们对自然美、社会美和艺术美的感知、鉴赏、欣赏及创作和表现能力，帮助人们树立崇高的审美理想、正确的审美观念和健康的审美情趣，从而使人们能够按照美的规律来美化自身和改造客观世界。

　　"美育"的概念由美学家席勒首次提出，其哲学基础是康德美学。

　　康德的美学思想和席勒的美育理论，曾深刻影响了我国近代教育史上早期倡导美育的人。其中比较重要的有王国维和蔡元培。两人对美育的研究对我国近代美育体系的构建起到相当重要的作用。

1993年，国务院办公厅颁布的《中国教育改革和发展纲要》中，关于美育有这样的论述："美育对于培养学生健康的审美观念和审美能力，陶冶高尚的道德情操，培养全面发展的人才，具有重要作用。"此论述对我国高等教育美育的目标、意义及定位给出了纲领性指导。此后，直到2015年，国务院办公厅印发了《关于全面加强和改进学校美育工作的意见》，作为新中国成立后教育部对学校下达的第一个美育工作的文件，才对各级各类学校推进美育工作做出了全面的明确部署。

党的十八大以来，随着综合素质教育理念的深入人心，高校美育工作在全面改革过程中，始终贯彻党的教育方针、落实立德树人的根本任务，在各方面取得了突破性进展。

2018年9月10日，习近平总书记在全国教育大会上强调"要全面加强和改进学校美育，坚持以美育人、以文化人，提高学生审美和人文素养"；同年，总书记在给中央美术学院老教授回信中要求"做好美育工作，要坚持立德树人，扎根时代生活，遵循美育特点，弘扬中华美育精神，让祖国青年一代身心都健康成长"。

2019年4月，教育部印发《关于切实加强新时代高等学校美育工作的意见》。《意见》中对新时代高等教育美育工作从政策制度和发展路径上都提出了明确要求，成为高等教育美育工作改革和发展的重要指南。

二、美育在高职教育中的意义

美育是素质教育的重要组成部分，这是教育界及全社会的共识。中共中央、国务院印发的《中国教育改革和发展纲要》第35条明确指出"美育对于培养学生健康的审美观念和审美能力，陶冶高尚的道德情操，培养全面发展的人才，具有重要作用。要提高认识，发挥美育在教育教学中的作用，根据各级各类学校的不同情况，开展形式多样的美育活动。"

美育在高等职业院校的素质教育中有着举足轻重的地位。在素质教育的实施过程中，美育不但对于高职学生个人综合素质培养起到一定作用，还有利于高职院校素质教育的有效开展。美育既可以促进高职院校的校园文化水平提升，还能够帮助学校形成良好的校风、学风，从而实现良好的校园文化氛围和精神文明的共建。

目前，我国部分高等职业院校的学生自身审美水平存在局限性，审美能力、鉴赏能力低于同龄本科院校学生，甚至有一部分学生此方面能力缺失。面对林林总总的时尚、流行文化，没有能力审美和解读，只能一味盲从，甚至以怪为美；对影视、文艺等方面的专业知识匮乏，无法评论、难以鉴赏、才思枯竭。加之时下网络快餐文化的侵袭，很多学生在学习之余，完全没有对人生的思考，生活品质和精神层面毫无追求。全部时间都耗费在看网络短视频和网络直播上，终日无所事事，虚度时光。针对这些现象，高等职业院校如能将美育工作有效开展，通过多种有效途径，用相关美育课程和活动加强学生审美能力、品德修养、智力发展、心理健康等方面的培养，就可以大大解决此类问题。

三、国内高职院校美育的现状

美育的基础是美学。尽管学界对美的概念争论不休，但对于美育的功能却是一致认可的。无论美学界还是教育界，都公认美育是一种以实现人的全面发展为目标的教育手段。其功能在于培养学生积极向上的健康审美观，发展学生感受、鉴赏及创造美的能力，提升学生的道德情操和文明素养。从这一功能出发，无论培养何种人才，美育都是不可缺少的教育内容。然而目前国内高等学校除了师范、艺术及研究型大学外，几乎都没有专门开设系统的美学和美育课程。尤其在高等职业院校，美育在教育过程中的重要性更是被严重忽略的。因其人才培养的重点在于技能与应用，所以美育在高职院校的推行和发展状况并不理想。

高等职业院校过于注重知识技能的传授，以满足就业市场的需求。在人才培养方面很难将美育作为一个独立完整的系统来推行。大多数高职院校在美育方面没有系统的课程设置、专业的师资队伍、健全的管理机构。这种现象使高职学生在审美能力、道德修养、心理健康、智力发展等方面的发展，都不能很好地匹配知识与技能发展，对学生综合素质的提升与发展形成一定的阻碍。因此，高等职业院校必须形成一套有的放矢的美育实施方案，配合职业技能教育，使学生整体素质得到优化，以实现培养社会主义合格接班人的教育功能。

四、高职院校美育途径

《中共中央、国务院关于深化教育改革、全面推进素质教育的决定》明确提出："实施素质教育，必须把德育、智育、体育、美育等有机地统一在教育活动的各个环节中……美育不仅能陶冶情操、提高素养，而且有助于开发智力，对于促进学生全面发展具有不可替代的作用。"可见，美育的实施基本上是落实在日常的教育教学过程中的。

针对高等职业院校教学内容和师资结构的特点，要想有的放矢地实施美育，应做到寓美育于整个教育环节之中。具体实施途径如下：

（一）寓美育于课堂教学

高等职业院校由于人才培养目标和人才培养方式的限制，系统全面地开设美育课程是不现实的。因此应以更有效的方式开展美育。建议在公共必修课程中设置一门通识美育课程，作为美育内容的基础教学，其他并行的公共课做有效补充，再辅以纵向专业课程的延伸与拓展，将美育贯穿人才培养的全过程。

美育内涵丰富，在学校教育中，美育无处不在。我们应该努力构建一个全方位美育的大格局育人观，寓美育于各门课程的课堂教学中，发挥各门课程课堂教学的主阵地作用，从不同的学科与角度，不同的方位与层次，更加有效地实施美育，发挥其教育功能。

通识美育课程的内容应包含较全面的美育理论知识。通过学习美育的通识课程，学生需要了解"美的定义""美的分类与体现"等基本知识，为学生在学习和生活中的审美活动提供理论上的指导。

与美育通识课程并行的公共必修课程和专业课程中，根据课程自身内容和教学目标设置相关美育内容模块。如艺术类课程补充艺术审美指导内容；文学类课程可以通过相关内容补充进行文学审美、语言艺术审美和自然审美指导；职涯规划、就业指导、礼仪、心理类课程可以补充社会审美指导内容；计算机技术类课程可做科技审美内容补充指导。

因此，无论是哪种类型的高等职业院校，其培养的人才无论对接哪种行业，最终都将体现人与人、人与社会、人与自然的关系，从而表现出丰富多样的美。这些美或者美感因素，就蕴藏在各门课程中，需要我们不断挖掘提炼。

（二）寓美育于社团活动

同样道理，高职院校学生工作部、团委、学生会等机构应有目的、有计划地发展成立相应的学生社团，如文学类社团、艺术类社团、体育类社团等。学生根据自己的兴趣、爱好等参与相关社团组织的活动，就会投入很高的热情。在活动过程中，学生会自觉地感受美、认识美，甚至创造美，不光自我兴趣和特长得到培养和锻炼，更会在活动实践中获得某些方面的深层次美感体验,从而达到更好的美育效果。

除了学生社团的常规活动外,定期举行一些与美育相关的参观活动及文艺演出活动、作品展等也非常必要。参观活动是认识世界、认识社会的有效途径。通过参观、游览和鉴赏活动,可以使学生的民族自豪感和历史责任感有效提升;可以引导学生认识科学和劳动对美的创造过程,激发学生的学习热情。而比赛类、展示类活动,则可以让学生利用各种形式进行审美个性的自我展示,从中相互学习,认识美好的事物,净化情感,陶冶情操,丰富自己的精神世界。

(三)寓美育于环境影响

校园环境对学生的成长有着潜移默化的影响。和谐美好的校园环境是一种润物无声的美育。我们应当深刻认识校园环境的美育功能。校园环境包括自然环境和人文环境两个方面,在美育实施过程中,校园的自然环境与人文环境要和谐统一。自然环境应追求洁净、井然、宁静、典雅的格调;人文环境应彰显人文气息与艺术氛围,力求潜移默化地感染学生。

柏拉图说:"就应该找一些有本领的艺术家,把自然的优美方面描绘出来,青年们像住在风和日暖的地带一样,四周一切都对健康有益,天天耳濡目染于优美的作品中,像从一种清幽境界呼吸一阵春风,来接受他们的好影响,使青年们不知不觉地从小就培养起对于美的爱好,并且培养起融美于心灵的习惯。"

对于高校学生来说,校园是他们学习和生活的主要场所,要广泛利用学校的各种文化艺术设施,组织学生开展相关艺术活动,使校园成为学校美育活动的主要阵地,为学生构筑精彩纷呈的精神世界。校园环境氛围良好,学生会对学校产生强烈的归属感,校园环境可以引导学生的审美品位,是一种潜移默化的教育力量。

五、结束语

美育在促进大学生的全面和谐发展方面具有一种天然的优势。高等职业院校一定要从自身实际出发,形成一套适合自己校情的美育实施方案,才能使美育真正落地。

参考文献

[1] 蔡元培. 蔡元培教育文选[M]. 北京：人民教育出版社，1980.
[2] 王武宁，丁绚. 浅析美育在高职院校素质教育中的地位[J]. 湖北经济学院学报，2012(6).
[3] 闫兴亚. 对高校美育教育创新的思考[J]. 教育与职业，2012(3).
[4] 原平. 美育与大学生思想政治教育[J]. 吉林大学学报，2012(16).
[5] 刘妍君. 浅论高校生态文明教育课程建设[J]. 教育观察，2015(23).

以环保社团为载体推进大学生生态文明教育实践探索
——以四川国际标榜职业学院绿世界环保协会为例

杨小平

四川国际标榜职业学院，四川成都，610103

【摘　要】本文立足于生态文明教育的角度，坚持实践与理论分析相结合，利用问卷调查等形式对四川国际标榜职业学院学生的生态文明素质情况科学了解，利用环保社团对学生进行生态文明教育情况进行了深入了解。基于调查问卷的数据总结了当前案例学校环保社团对学生生态文明教育存在的主要问题，并通过调查研究，结合实际，探讨如何以环保社团为载体探索出一套促进高校大学生生态文明教育的理论和实践方法。

【关键词】环保社团；大学生；生态文明；实践

党的十八大报告首次把生态文明建设纳入中国特色社会主义建设"五位一体"的总体布局，并提出了建设"美丽中国"的宏伟目标。在习近平总书记在十八届中央政治局第六次集体学习时的讲话指出：生态文明建设功在当代、利在千秋。我们要牢固树立社会主义生态文明观，推动形成人与自然和谐发展现代化建设新格局，为保护生态环境做出我们这代人的努力。明确提出大力推进生态文明建设，努力建设美丽中国，实现中华民族永续发展，这些都是时代的呼唤，是人类文明发展的必然需求。

因此，要走可持续发展的道路，就必须寻找一条能够有效推进大学生生态文明教育的好途径，而通过利用好高校的环保社团来加强和推进大学生的生态文明教育无疑是适合当前情况、具有效率的一种办法和途径。

一、环保社团推进大学生生态文明教育的可行性分析

（一）环保社团对加强大学生生态文明教育作用分析

1. 提升高校生态文明教育的一种新途径

在高职院校大学生中进行生态文明教育，既是高校育人工作的需要，

也是我国社会可持续发展的需要。高职院校环保社团作为学生社团的重要组成部分，具有组织自发性、目标趋同性、管理自主性等特点。高校环保社团通过开展环保宣教、环境治理等活动，营造环保氛围，构建环保价值体系，现已成为学校传统课程之外一种重要的隐性课程和体现 STS 理念的实践课程，在培养学生生态文明教育中发挥了重要的作用。

2. 搭建学生志愿服务意识的新平台

志愿服务意识是个人对志愿服务以及由志愿服务所决定的思想观念和行为准则的认识和态度。以环保社团为载体来推进生态文明教育是大学生们自发地、无私地为了改善环境状况建设美丽中国而贡献自己的时间和精力。社团开展的环境教育、生态修复、污染控制、再生利用等活动有助于提高大学生关心他人、勇于承担责任、乐于奉献的基本素质，因此高校环保社团发掘了大学生的环保创意，增强其主动性，为广大环保志愿者提供实践的舞台，引导他们将环保热情转化为实际行动，为青年大学生提供了一个提高志愿服务能力的好机会。

3. 拓宽大学生科学素养的新载体

科学素养除了包括公民具备必要的科学知识外，还强调科学的思维、科学方法和科学的精神。它不仅包含常见的认知领域，还涉及人生观、世界观、价值观和现代道德伦理内容。大学生作为社会主义建设和发展的中坚力量，其科学素养水平直接影响国家的发展，起到举足轻重的作用。高校是培养人才的重要基地，大学生环保社团在进行环保宣讲、污染治理等工作时经常接触到专家学者，通过听讲座、讨论交流、现场指导等方式，在思维能力、动手能力、社会责任感等方面提高学生的科学素养，深化了学生对环保知识的理解与掌握。

（二）环保社团与大学生生态文明教育契合点

1. 理念的契合

学校环保社团大多是学生根据自己的兴趣、爱好、理想、特长等需求，在学校有关部门的组织和管理下，自愿组成的、非正式的学生组织，是属于学校社团中的一种，它有自己的环保社团章程，并在此基础上开展各类文化活动和社会实践活动。四川国际标榜职业学院的环保社团都是以"树立环保理念用实际行动建设绿色校园、家园"为宗旨，开展各种环保宣传实践活动。学校生态道德教育的实现通过一定的方式和载体对周围事物产生较大的影响。学校环保社团在生态教育中的作用主要是学校环保社团通过环境保护实践、生态教育实践活动等形式，影响该校学生生态环保意识，提高学生的道德素养。因此，二者在理念上是一致的，都是在积极推进学校和社会的生态文明建设，为国家的可持续发展贡献力量。

2. 目标的契合

学校环保教育目标的实现，离不开学校环保社团活动的开展。环保社团在遵循人类思想道德品质发展的规律基础上，用符合该政党、阶级或团体的意志对其成员开展社会实践活动。因此，在当前党和国家大力推进生态文明建设的新形势下，学校的环境教育，需要通过环保社团的实践活动和方法来实现，二者在目标上是契合的。

3. 活动内容的契合

生态文明教育是以人与自然和谐为出发点，以科学发展观为指导思想，培养全体公民的生态文明意识，使受教育者能正确认识和处理人、自然、生产力之间的关系，形成健康的生产、生活、消费行为，而在中华环保基金会联合北京师范大学社会发展与公共政策学院社会公益研究中心、百胜餐饮集团必胜客，于2013年发布了《全国大学生环保社团发展现状报告》，从其中的数据可以看出，环保社团所进行的项目分为探寻自然之美、应对环境污染、践行和倡导低碳环保生活、青少年环境教育、环保科技创新五大类。从这些项目开展的频率来看，践行和倡导低碳环保生活在大学生环保实践中比重最高，为45%。从活动内容看，二者契合。

二、以环保社团为载体推进高职院校大学生生态文明教育实践现状

（一）绿世界环保协会活动开展情况

2013年4月22日，四川国际标榜职业学院绿世界环保协会成立，全体成员以"树立环保理念·共建绿色校园"作为自己的使命，以"PDCA"活动循环理念作为行动指导，"PDCA"是"策划（Play）—实践（Do）—检查（Check）—改进（Act）活动循环理念"（简称PDCA循环），充分发挥大学生实践能力。利用校内参观交流、垃圾资源教育中心开放日活动等，截至目前，共接待98批社会团体参观垃圾资源教育中心，涵盖人群达1896

人次，校内集中接待152批，涵盖6400人次。组织招募了三支生态环保科普志愿者队伍，分别从绿色环保、垃圾分类、水资源保护三个方面对社区进行了环保知识的普及。

（二）绿世界环保社团在生态文明教育实践中的成效分析

通过调查结果分析，绿世界环保社团在经过多年的实践活动，取得了不错的成绩，也在很大程度上提高了学生的生态环保意识，学生环保社团是学校进行生态德育教育的重要载体，在弘扬环保理念，推动生态德育教育中发挥着重要作用。

1. 通过开展生态文明宣传活动，增强了大学生的生态文明意识

绿世界环保社团的会员们通过共同的爱好、共同的追求、共同的理念把来自各年级的同学聚集在一起。在这个团体中信息传播速度快、受众面大，成员都接受绿色社团的特定文化内容和环保的理念。绿色生态导览协会、绿世界环保协会、公益协会等绿色社团，利用每年的环保日如植树节、地球日、世界水日、世界环境日开展多种多样的生态文明宣传活动，每年也会做一些毛毛虫夜行校园、校园农夫计划、绿色剪刀手、校园星厨师等活动，在学校各种公共场所对学生进行生态环境现状教育，组织环保研讨会、报告会、座谈会等生态文明知识普及活动。这些活动的有效开展给学生带来了示范引领作用，增强了学生对环境问题的危机感，提升了当代大学生的生态文明意识。

2. 通过实践活动推动大学生的生态文明行为

纸上得来终觉浅，绝知此事要躬行。实践是开展生态文明教育的一个重要环节，我院环保社团不仅在校内广泛开展了垃圾分类回收、废旧物品创意设计大赛等一系列生态文明普及活动，同时积极组织社团走出校园，在社会上广泛开展居民生活垃圾定点分类堆放示范活动、废旧电池回收与处理活动、街头环保宣传等丰富多彩的环保实践活动。通过这些大家喜闻乐见的实践活动，把环保生态理念渗透学生学习生活的各个方面，并带动更多的人参与到生态文明建设活动中来。

3. 通过公益号倡导大学生树立绿色消费观

我院的环保社团除了在本校开展一些绿色环保活动，还积极在学校号召和倡导绿色环保的消费观，通过他们开展一些倡导绿色消费方式的活

动，引导大学生传递绿色消费、低碳生活理念，倡导节约资源能源，保护生态环境。如2015年9月，由环保社团发起的光盘行动，在全校刮起了一阵光盘浪潮，不浪费一粒粮食，一切从节约出发号召大家行动起来，保护我们的地球、保护我们的资源，做节约文明的第一人。

4. 通过服务地方促进社会整体生态文明意识的提升

学校发展离不开地方的支持，学校一直遵循服务地方的理念来回报社会，学校环保社团一直秉承这一理念，积极与地方政府合作，致力于社区的生态文明建设服务，每年都会联合其他中学、高校社团进行科普宣传等活动，加强和引导社区居民，给予他们更为专业的指导和系统的培训，并通过他们吸收更多的学生参与到地区环保事业中去，让他们深入社区、街道，将生态文明的理念输送到更多的人群中去，有效地促进社会整体生态文明意识的提升。

三、以环保社团为载体推进大学生生态文明教育实践中存在的问题及原因分析

（一）环保社团在生态文明教育实践中存在问题

学校环保社团立足于学生群体，以提升当代学生的环保素养、唤醒社会公众环保意识、服务国家生态文明建设为目标，是促进学校环境教育的重要依托力量，四川国际标榜职业学院环保社团在学校教育育人体系中的地位不断提升，已发展成为影响力较大的学生社团。但同时环保社团也面临着诸多现实发展困境：

1. 会员来源松散，缺乏管理

环保社团的建立是由兴趣爱好相同而集结在一起的青年学生组成的团体，社团成员大多来自不同的年级，来源比较松散，加之社团成员的主观意识较强，学生社团对成员的约束又较弱，故而使得社团成员的流动性较大；另外，在环保社团中大部分的成员来自低年级的学生且社团成立的时间不长，缺乏组织和管理经验，专业知识程度尚浅，机构建设和部门设置不科学，信息传输不到位，分工不明确等问题突出，导致社团内部管理低效。

2. 专业水平不强，缺乏指导

针对学生生态文明教育的相关概念进行调查显示，学生对生态文明概

念了解不多,听过但不清楚的占 54.72%,完全不了解占了 13.68%。学生通过网络了解生态环保方面的知识占到了 78.61%,而通过社会活动了解到环保知识占 27.36%,可见学校及环保教育社团对生态文明教育理念指导不够,活动组织和宣传的覆盖面不大,从访谈调查看,学生提到很多原因是环保社团人员专业水平不够,对环保知识了解不深入,无法做好宣传工作。

3. 社团持久性差,缺乏活力

我院环保社团虽然经过几年的发展,社团也在不断壮大,人数也在不断增多,活动也在有序开展。但是社团活动活跃度、学生参与度明显不够,活动质量始终得不到提高,活动影响力和覆盖面太窄,缺乏持久的生命力,在众多环保社团的发展过程中,经常会出现"一年兴,两年旺,三年衰"的现象,另外,社团活动开展没有计划性和连续性,多数是根据学校领导层的临时安排,社团本身缺乏主动意识和民主意识,直接影响学生社团活动的质量,导致社团活动活跃度较低。根据走访社团会员了解到,他们没有学年的计划活动安排,基本都是"被安排",且由于经费来源由学校拨款,因此活动开展是拨一次,开展一次,社团没有计划和安排的主动权。

4. 活动形式单一,缺乏创新

环保社团是一种专业性要求相对较高的社团,因为这是科普宣传工作需要,才能保证活动顺利进行,但是很多社团缺乏专业教师的指导,管理部门也很难进行全面、专业的指导,对社团发展提供的技术支撑和专业保障非常有限,因此,社团活动专业性较弱,质量不高,活动单一,大众参与热情不高,许多环保活动难以获得较高的社会效应。目前活动依然停留在发传单、捡垃圾等单一活动上,活动参与性、互动性和创新性都较弱。

(二)环保社团在生态文明教育实践中存在问题的原因分析

1. 制度不够健全

学校环保社团在进行生态活动实践过程中,缺乏有效的制度保障,导致内部的机构建设和项目活动开展上不够科学,分工不明,信息不完整,工作效率低下,成员之间沟通困难,直接影响整个活动的开展。

2. 缺乏专业指导

社团成员专业知识素养较低,没有持续的动力促进社团的发展,最关键的就是社团缺乏专业的指导教师和骨干社团成员。四川国际标榜职业学院绿世界环保社团自2013年成立以来,没有一位专业的指导教师,环保社团学生负责人欠缺专业知识,只能勉强应付学校安排的生态文明教育活动。但随着社会的发展,学生知识水平的提高,原有的环保社团活动已无法满足学校和学生的需要,因此需要有生态环保、节能健康、科技普及等专业知识的老师来指导环保社团,来提高社团和社团成员专业知识体系。

3. 经费来源单一

首先,现在大部分的高校环保社团活动都是靠学校的经费支持,有经费就做活动,没有经费就不做活动,环保社团就没有开展活动的主动权,经费会经常会出现"一年兴,两年旺,三年衰"的现象。其次,学生的主动性和自发性决定了环保社团不可能像其他社团那样由学生自筹、赞助、学校支持等多方筹集资金,这就直接影响了学校环保社团活动的数量和质量,导致社团活动活跃较低,使得一些长期项目中途夭折。

4. 活动缺乏创新

环保社团在社团中本来就不具有足够的竞争优势,也常常被边缘化,加之活动和内容的单一性,缺乏足够的吸引力,明显创新不足。在以往的环保社团活动中,无非就是搞些宣传、讲座、社会实践活动等,在形式上缺乏活力和创新,生态道德教育本来就是很枯燥的事情。因此,须在活动的内容和形式上推陈出新,以适应当代学生的兴趣点。

四、以环保社团为载体推进大学生生态文明教育的对策思考

(一)建立一套完善的管理机制

1. 会员招募

会员招募是组建稳定、高素质的环保服务队伍的基础性工作。设立规范的会员服务岗位职责、明确招募选拔标准、建立规范的招募机制是做好社团会员招募工作的前提。会员的招募标准应根据环保社团工作的实际,兼顾长期性工作和短期项目工作的需要来考虑。在会员选拔上,一些重要的常设岗位应更多地考虑使用退休后愿意发挥余热的有志之士。

2. 会员培训

会员培训工作是否到位会直接影响到生态德育工作和环保社团工作的质量。培训除要做好专业知识的培训外,还要注意做好服务意识、服务技

巧的培训。培训工作可采取授课式和互动交流相结合的形式。培训要主要抓社团负责人和核心成员的培训，这些人将成为社团发展核心骨干，也是环保社团工作的重要生力军，这样可以让他们成为主要培训师，以老带新，并且发挥个人才能，激发会员成就感。

3. 会员权益

会员的权益保障与激励是环保社团工作可持续发展的重要保障，也是最容易忽略、最难做好的工作。要做好这项工作，首先要在财力上给予支持，可设立社团表彰和激励的专项资金，为会员提供必要的权益保障。其次，可实行学分制，会员在社团内的服务时间可折算为社会实践学分，激励更多人参与到社团生态德育服务工作中来。最后，做好期满会员的沟通联系工作，保持良好的沟通是社团发展的后续保障。因此，建立完善的激励机制则有利于会员自觉地提高个人素质，进一步激发其参与环保工作的热情，保持队伍的稳定，促进生态环保队伍整体素质的提升。

4. 社团管理

环保社团作为学校的一个普通社团组织，虽然隶属于学校的团委，但是其他的相关部门也要承担起管理和指导的责任，例如学校的基建部门可以为社团进行节能环保方面的指导，后勤服务中心可以对社团生态文明方面进行指导，校医务室可以对社团安全健康方面进行指导，如果条件允许，可以指派一名专任老师负责，在业务上进行指导，在思想认识上加以引导。

（二）培养一支专业化的环保队伍

1. 加强对社团负责人的专业培训

在管理的制度和培训上，除了加强对会员的培训外，社团负责人的培训至关重要，负责人是带领整个社团走向发展的关键人物，负责人没有培训好，整个社团就会出问题。因此，社团负责人的培训应该是制度化、模式化，管理部门应当经常邀请行业专业导师对社团负责人进行环保专业知识和管理能力培训，培训合格后方可上岗。制定环保社团负责人培训管理制度，定期进行培训和考核，加强他们的专业能力，不断提高社团负责人的专业水平。

2. 聘请环保社团的专家、顾问团

学校的生态文明教育和社团的发展离不开专业人士的支持，随着社会对生态文明的重视，生态文明教育的组织形式和活动类型也在不断发生变化，这就需要学校主动去寻找有专业背景的专家来指导环保活动的组织，协助协会的管理和提供信息支持等。学校对环保社团给予充分重视，重点扶持并发放聘任证书，给予一定的经费保障和支持，经常召开社团研讨会，提出社团的建设和发展的建议和方案，不断为学校的生态文明教育工作和环保社团的活动建言献策。

（三）创新一条社团资金供给链条

一是完善社团财务管理制度，包含接受社团赞助管理办法，从制度上规范社团资金链条管理；二是学校应大力支持环保社团的发展，从学校管理部门单独拨款支持环保社团活动的开展，保障学年的特色性的环保生态活动顺利进行；三是扩大环保社团的影响力，先从内部管理入手，建立健全机制和制度，外部资金融通，向政府和环保类型协会申请项目专项资金，借助项目来发展和提高社团的整体实力；四是利用学校的各层关系、校友平台、各种机构和企业建立广泛的联系，接受社会赞助，定期公开公示财务使用情况，保证赞助人的权益。

（四）打造特色科普品牌活动

1. 依托科普教育基地丰富的产教资源，创新环保社团活动品牌

四川国际标榜职业学院作为成都市的生态环保教育基地，有着丰富的产教资源，绿色环保社团的志愿者们充分利用科普基地的资源优势，依托独学校垃圾分类文化特色展品资源，开展了一系列颇具特色的活动。如"大手拉小手"系列特色科普活动、环保教育资源中心开放日、毛毛虫夜行校园、李子采摘节和水果丰收节、绿色小超人、暑期科普志愿服务活动、应急救援健康知识讲座、生态环保主题学习交流、一滴水的旅程等，这些项目的开展，大大激发了环保社会会员和学生参与环保活动的积极性。

2. 不断创新生态文明教育活动形式，加快新德育模式探索

学校的德育模式不该停留在以往的以学院某个部门为主要管理部门，开展自上而下的活动，而应该以社团、志愿者组织为主题开展创新性的生态教育活动，让学生真正融入大自然，珍惜和爱护大自然，绿世界环保协

会开展的"校园农夫"计划是学校生态文明教育模式的一种创新。传统的生态文明教育以课堂为主、说教的方式，学生内心易于产生抵触情绪。经过多年的实践，绿世界环保协会以"体验式德育模式"的环保社团品牌活动——校园农夫计划已经进行第三期，从校园农夫计划第一季——《我和"李"有个约会》作为一个开端，让学生体验了采摘的幸福，丰收喜悦，增强了大学生尊重和保护大自然的信心。

（五）创建一个生态文明田园学堂

四川国际标榜职业学院在生态教育实践过程中，突出自然活力农耕式的永续发展理念，主张适度开发，合理利用自然资源，让大自然恢复生机，期望永续发展，从而达到环境生态保持生生不息的风貌。为保持生态环境，学院在有限的校园内充分利用土地资源，大量发展立体绿化，绿墙、绿篱、绿棚、绿帘、绿廊、绿园等立体绿化效果凸显。为突出龙泉"水果之乡"的特点，在校园内种植梨树、桃树、李树、樱桃、枇杷、柑橘等水果，形成多处果树景观区。种植果树既创收，又赏景，学生自主参加劳动护果、摘果，果子成熟后送给学生品尝，让学生感悟成长，体会劳动和收获的快乐。一部分水果由学生会组织出售，所得收入用于资助在校贫困学生，其影响远远大于水果本身的价值和收益。学生真正认识到参与环境绿化建设的重要意义，从而营造了和谐的校园氛围。

因此，以环保社团为载体开展生态文明实践的教育活动，不但可以有效宣传校园的绿色文化，还可以锻炼学生各方面的能力，让大学生亲身体验维护生态环境的乐趣，使大学生在具体实践中受到教育启发，增强生态文明意识，提高生态文明素养。

参考文献

[1] 陈丽鸿，孙大勇. 中国生态文明教育理论与实践[M]. 北京：中央编译局，2009.

[2] 辛鹏睿. 大学生生态文明教育问题及对策研究[D]. 长春师范大学，2017.

[3] 卢红雁，颜炯. 中国大学生环保社团现状调查[J]. 环境教育，2000(7).

[4] 杨志华，严耕. 高校开展生态文明教育是时代发展的新要求[J]. 中国林业教育，2010，28(5): 1-4.

[5] 张雪萍. 高校应大力开展生态文明教育[J]. 唯实·现代管理，2014(4): 43-44.

[6] 胡锦涛. 高举中国特色社会主义伟大旗帜，为夺取全面建设小康社会新胜利而奋斗[N]. 人民日报，2007-10-25(2).

[7] 温家宝. 温家宝在十一届全国人大一次会议上的政府工作报告[N].人民日报，2008-03-06(2).

[8] 团中央、教育部. 关于加强和改进大学生社团工作的意见[N]. 中国教育报，2005(3).

[9] 刘晓星、高嵘. 大学生环保社团的格局与走向—中华环保基金会（全国大学生环保社团发展现状报告）综述[N]. 中国环境报，2013(4).

[10] 习近平. 坚持节约资源和保护环境基本国策 努力走向社会主义生态文明新时代[N]. 新华网:www.xinhuanet.com/newscenter/index.htm.